Edgar Wolfrum

Krieg und Frieden in der Neuzeit

W0040398

Kontroversen um die Geschichte

Herausgegeben von
Arnd Bauerkämper, Peter Steinbach und Edgar Wolfrum

Edgar Wolfrum

Krieg und Frieden in der Neuzeit

Vom Westfälischen Frieden
bis zum Zweiten Weltkrieg

Wissenschaftliche Buchgesellschaft

Einbandgestaltung: schreibervis, seeheim

Die Deutsche Bibliothek verzeichnet diese Publikation
in der Deutschen Nationalbibliografie;
detaillierte bibliografische Daten sind im Internet über
http://dnb.ddb.de abrufbar.

Das Werk ist in allen seinen Teilen urheberrechtlich geschützt.
Jede Verwertung ist ohne Zustimmung des Verlages unzulässig.
Das gilt insbesondere für Vervielfältigungen,
Übersetzungen, Mikroverfilmungen und die Einspeicherung in
und Verarbeitung durch elektronische Systeme.

© 2003 by Wissenschaftliche Buchgesellschaft, Darmstadt
Gedruckt auf säurefreiem und alterungsbeständigem Papier
Printed in Germany

Besuchen Sie uns im Internet: www.wbg-darmstadt.de

ISBN 3-534-15832-6

Inhalt

Vorwort der Reihenherausgeber

Kontroversen begleiten nicht nur die wissenschaftliche Arbeit, sondern sind deren Grundlage. Dies gilt auch für die Geschichtswissenschaft. Weil wissenschaftliche Auseinandersetzungen nicht leicht zu durchschauen und noch schwerer zu bearbeiten sind, ist es notwendig diese aufzubereiten.

Die Reihe „Kontroversen um die Geschichte" ist als Studienliteratur konzipiert. Sie präsentiert die Auseinandersetzungen zu Kernthemen des Geschichtsstudiums; ihr Ziel ist es, Studierenden die Vorbereitung auf Lehrveranstaltungen und Examenskandidaten ihre Prüfungsvorbereitung zu erleichtern. Entsprechend kennzeichnet sie ein didaktischer und prüfungspraktischer Darstellungsstil.

Über diesen unmittelbaren Nutzen hinaus nimmt die Reihe die Pluralisierung der Historiographie auf, ohne dem Trend zur Zersplitterung nachzugeben. Gerade in der modernen Gesellschaft mit ihrer fast nicht mehr überschaubaren Informationsvielfalt wächst das Bedürfnis nach einer schnellen Orientierung in komplizierten Sachverhalten. Ergebnisse der historischen Forschung werden in dieser neuen Reihe problemorientiert vermittelt. Die einzelnen Bände der „Kontroversen um die Geschichte" zielen dabei nicht auf eine erschöpfende Darstellung historischer Prozesse, Strukturen und Ereignisse, sondern auf eine ausgewogene Diskussion wichtiger Forschungsprobleme, die nicht nur die Geschichtsschreibung geprägt, sondern auch die jeweilige zeitgenössische öffentliche Diskussion beeinflusst haben. Insofern umschließt der Begriff „Kontroversen" zwei Dimensionen, die aber zusammen gehören.

Die Spannbreite der „Kontroversen um die Geschichte" reicht vom 16. Jahrhundert bis zur Zeitgeschichte. Einige der Bände sind jeweils einzelnen Themengebieten wie der Verfassungsgeschichte gewidmet, die im historischen Längsschnitt behandelt werden und überwiegend über den deutschen Sprach-, Kultur- oder Staatsraum hinaus eine vergleichende Perspektive zu anderen Regionen und Staaten Europas eröffnen. Andere Bände behandeln einzelne Epochen oder Zeitabschnitte europäischer und deutscher Geschichte wie etwa den Absolutismus oder die Weimarer Republik. Gelegentliche Überschneidungen sind somit nicht nur unvermeidbar, sondern auch durchaus sinnvoll.

Der Aufbau der Bände folgt einem einheitlichen Prinzip. Die Einleitung entfaltet den Gesamtrahmen der behandelten Epoche oder des dargestellten Querschnittbereichs. Daran schließt sich ein Überblick an: Er begründet die Auswahl der behandelten Deutungskontroversen und ordnet diese in den Gesamtrahmen ein. Der Hauptteil der Bände umfasst sechs bis acht Forschungsprobleme. Dabei werden nicht vorrangig alle Entwicklungen und Stadien der Forschung nachgezeichnet, vielmehr Schlüsselfragen und zentrale Deutungskontroversen der Geschichtswissenschaft übersichtlich und problemorientiert präsentiert. Der Darstellung dieser Schlüsselfragen folgt zum Schluss eine kritische Bilanz des Forschungsstandes, in der auch offene Probleme der Geschichtsschreibung dargelegt werden. Historische Forschung ist ein nie beendeter Prozess, dessen Befunde immer einer kri-

tisch-distanzierenden Bewertung bedürfen. Auch dies soll in dem abschließenden Kapitel der Bände jeweils deutlich werden. Eine Bibliographie der
wichtigsten Werke steigert den Gehalt der Bände; das Register weist zentrale Personen- und Sachbezüge nach und dient einer schnellen Orientierung.

Unser Wunsch ist es, dass die Reihe „Kontroversen um die Geschichte"
einen festen Platz in den Bücherregalen von Studierenden der Geschichtswissenschaft, aber auch benachbarter Disziplinen einnimmt, die sich auf
Lehrveranstaltungen oder Prüfungen vorbereiten. Darüber hinaus sind die
Bände der Reihe an Leserinnen und Leser gerichtet, die Befunde der Geschichtsschreibung sachkundig vermitteln möchten oder ganz generell an
historisch-politischen Diskussionen interessiert sind.

Arnd Bauerkämper
Peter Steinbach
Edgar Wolfrum

I. Einleitung

Krieg und Frieden werden in der internationalen Forschung wieder intensiver diskutiert. Seit rund einem Jahrzehnt ist eine deutliche Ausweitung, Differenzierung und Pluralisierung auf dem Gebiet der Kriegs- und Militärgeschichte sowie der Historischen Friedensforschung zu beobachten. Die Wissenschaft hat sich in diesem Zusammenhang insgesamt den politik-, sozial-, kultur-, geschlechter- und mentalitätsgeschichtlichen Fragestellungen geöffnet. Mittlerweile sind die einzelnen Forschungsrichtungen, sind Literatur und Kontroversen so vielfältig und unübersichtlich geworden, dass eine Orientierungshilfe notwendig erscheint. Aktualität des Themas

Auch in den Medien ist das Thema Krieg allgegenwärtig. Eine zeitnahe Berichterstattung über Massaker, Katastrophen und Krieg gehört zum Geschäft der Medien, und die Zuschauer erwarten dies. Von Friedenszeiten, die sich nicht so leicht in Bilder übersetzen lassen, erfahren wir relativ wenig und sind doch froh, dass Kriege aus der eigenen, unmittelbaren Erfahrung verschwunden sind. Es gibt offenbar eine Sehnsucht nach Frieden und ein Interesse an Krieg. Schon Goethe beschrieb dieses Spannungsverhältnis in seinem „Faust" eindrucksvoll, als er einen Bürger selbstgerecht sinnieren ließ:

> „Nichts besseres weiß ich mir an Sonn- und Feiertagen
> Als ein Gespräch von Krieg und Kriegsgeschrei
> Wenn hinten, weit, in der Türkei,
> Die Völker aufeinander schlagen.
> Man steht am Fenster, trinkt sein Gläschen aus
> Und sieht den Fluss hinab die bunten Schiffe gleiten;
> Dann kehrt man abends froh nach Haus
> Und segnet Fried und Friedenszeiten."

Über Jahrhunderte hinweg wurde der Krieg von den meisten Menschen als ein unabänderliches, ja naturhaftes Verhängnis und als Strafe Gottes begriffen, er galt, neben Hunger und Pest, als dritter apokalyptischer Reiter. Einige Statistiken, so zweifelhaft sie im Einzelnen auch sein mögen, besagen, dass im Verlauf von 3400 Jahren Menschheitsgeschichte lediglich 243 Jahre ohne Krieg verlaufen sind. Ist also nicht der Frieden, sondern der Krieg der „Normalzustand" der bisherigen Geschichte?

Der Forschungsgegenstand Krieg und Frieden ist kompliziert und vieldeutig; nicht selten hat sich an ihm ein heftiger, auch weltanschaulich motivierter Streit entzündet. Allein die Frage, ob man bei der Analyse der Phänomene vom Zustand des Krieges oder vom Frieden auszugehen habe, spaltet die Meinungen bis heute. Hinzu kommt, dass befriedigende Antworten auf die Frage, was Krieg und was Frieden eigentlich seien, höchst schwierig zu geben sind.

In historischer Perspektive wirft das Thema grundlegende Probleme auf: Worin liegen gewaltsame Konflikte in Gesellschaften und zwischen Staaten begründet? Wie werden sie vorbereitet, wie ausgelöst und ausgetragen? Wie werden Kriege beendet? Wer handelt Friedensordnungen aus, was Zentrale Fragen sichert den Frieden? Welche gesellschaftliche oder politische Ordnung verdient das Prädikat: „Frieden"? Wie bestimmt sich das jeweilige gesellschaftliche Verhältnis zu Militär und „Zivilität"? Gibt es eine „Kriegskultur" bzw. eine „Friedenskultur"? Welche Erfahrungen und Erinnerungen werden von Generation zu Generation weitergegeben? Wie verändern sich Vorstellungen von Krieg und Frieden im Zeitverlauf?

Nach den Umbrüchen des Jahres 1989 ist weder das prophezeite Ende der Geschichte noch ein erhofftes neues goldenes Zeitalter des Friedens angebrochen. Vielmehr hat eine neue Friedlosigkeit begonnen. Aus der tiefsten Ächtung ist der Krieg in der westlichen Welt seit kurzem wieder zu starker Beachtung gelangt (1). Einige Autoren, wie beispielsweise der amerikanische Politikwissenschaftler Robert D. Kaplan, halten bereits den Frieden für eine gefährliche politische Utopie, deren Folgen Mittelmaß, Verweichlichung und politische Blindheit seien: „Krieg schärft den Sinn für Geschichte, Frieden neigt zu ahistorischem Denken." (2)

Clausewitz' aus dem ersten Drittel des 19. Jahrhunderts stammende berühmte Definition des Krieges als eine „Fortsetzung der Politik mit anderen Mitteln" ist brüchig geworden. Denn sie hatte zur Voraussetzung, dass der Staat als Monopolist des Krieges auftritt. Heute jedoch sind oft staatliche Erosionen der Ursprung von Kriegen. Auf den ersten Blick könnte diese Erosion des Staates durchaus willkommen sein, denn historisch zeichnete er, besonders der Nationalstaat, für Kriege verantwortlich. Das Problem ist nur, dass der Staat eben nicht nur den Krieg, sondern auch den Frieden ermöglicht. Frieden ist die Ordnung, die, wie unvollkommen auch immer sie sein mag, aus Vereinbarungen zwischen Staaten hervorgeht und ihrerseits nur durch diese Vereinbarungen aufrechterhalten werden kann. Frieden erscheint mithin als keine für die Menschheit natürliche Ordnung. Einzig durch Politik, durch Vereinbarung und Verständigung, ist der Frieden zu gewinnen (5).

Entstaatlichung des Krieges

Seit der zweiten Hälfte des 20. Jahrhunderts sind wir indessen zunehmend mit einer Entstaatlichung von Krieg konfrontiert; das staatliche Gewaltmonopol scheint nicht mehr (überall) zu gelten. Was bedeutet dies für Krieg und Frieden? Der Krieg hat sein Gesicht verändert. Es gibt beunruhigende Erscheinungen, wie etwa diese: Während der Kabinettskriege des Absolutismus waren nahezu alle Verwundeten und Gefallenen Soldaten, nur ganz wenige waren Zivilisten, also Nonkombattanten. Am Ende des 20. Jahrhunderts hat sich die Relation dramatisch verschoben: Nur noch etwa zehn Prozent der in den Kriegen des letzten Jahrzehnts des 20. Jahrhunderts Getöteten und Verwundeten waren erklärte Kombattanten, die restlichen 90 Prozent waren Nonkombattanten. Der Partisan, der gegen die Übermacht der Metropolen aufsteht, und der Terrorist, der im asymmetrischen Kampf alle Regeln der Zivilisation verletzt, sind Ausdruck neuer Erscheinungsformen von Gewalt. Die neuen Kriege scheinen keinen richtigen Anfang und vor allem kein Ende zu haben, kein Recht und keine Grenzen, die Verteidigung zielt oft ins Leere, und wie der Frieden zu gewinnen ist, verschwimmt. – Aus der historischen Forschung sind kaum tagesaktuelle Handlungsanleitungen zu erwarten, aber viele Zusammenhänge werden verständlicher, wenn man sich in zentralen Forschungskontroversen zu Krieg und Frieden auskennt.

II. Überblick

Periodisierungen der Geschichte sind arbiträr und umstritten. Die neuere Forschung hat den Beginn der Neuzeit – der Epoche, die sich dem Mittelalter anschließt – etwa auf die Schwellenzeit zwischen 1450 und 1500 angesetzt. Dafür sprechen gute Gründe, etwa die Erfindung des Buchdrucks, die Entstehung von Frühformen des modernen Kapitalismus, geistige Wandlungsprozesse hin zu einer Säkularisierung, die Entdeckung Amerikas oder die Reformation. Als Grobeinteilung hat sich zudem eingebürgert, etwa ab 1650 eine jüngere Neuzeit beginnen zu lassen. Dabei kommt der Zäsur des Jahres 1648 besondere Bedeutung zu.

Der zeitliche Rahmen dieser Darstellung beginnt mit dem Westfälischen Frieden von 1648. Bereits darüber ließe sich streiten. Besonders in der angelsächsischen politikwissenschaftlich orientierten Forschung ist oft vom „Westphalian System" gesprochen worden: Es habe sich damals das typische europäische Staatensystem ausgebildet, das bis zum Ausgang des 20. Jahrhunderts Gültigkeit besessen habe. Viele Historiker jedoch halten dieses Modell für zu holzschnittartig (siehe dazu Kap. III., 3. a). Dennoch: Trotz aller nötigen Differenzierungen im Einzelnen kann man wohl sagen, dass sich mit dem Westfälischen Frieden eine neue Grundlage der internationalen Ordnung, das moderne Staatensystem, Bahn brach. Hinzu kommt: Wenngleich weiterhin Kriege geführt wurden, so galt der Westfälische Frieden vielen Zeitgenossen nach den Verwüstungen und dem Grauen des Dreißigjährigen Krieges als die Erfüllung ihrer Sehnsucht schlechthin; in dieser Hinsicht war er ebenfalls ein bedeutender Einschnitt. Und schließlich war der Westfälische Frieden auch als reines Vertragswerk ein wichtiger Wendepunkt, der weit in die Zukunft wies. – Der zeitliche Endpunkt dieser Darstellung darf als weniger umstritten gelten: Der Zweite Weltkrieg als der bisherige Höhepunkt des totalen Krieges. Im abschließenden Ausblick werden die Veränderungen seit der zweiten Hälfte des 20. Jahrhunderts skizziert.

Zeitlicher Rahmen der Darstellung

Natürlich ist es angesichts einer so langen Zeitspanne von dreihundert Jahren nicht möglich, alle wichtigen Ereignisse und Entwicklungen „flächendeckend" zu betrachten. Dies ist auch nicht das Ziel der Reihe „Kontroversen um die Geschichte". Nicht Vollständigkeit wird angestrebt, sondern eine Diskussion von zentralen Forschungskontroversen.

Der vorliegende Überblick gibt keine chronologische Abfolge von Kriegen und Friedensschlüssen. Er geht vielmehr von einem problemorientierten Zugriff aus. Bei der Konzeptionalisierung dieses Bändchens und der Auswahl der zu behandelnden Schlüsselfragen bzw. Kontroversen standen am Anfang die Fragen: Welches sind die Schwerpunktsetzungen der Forschung zum Thema Krieg und Frieden? Welches sind die den jeweiligen Forschungen zugrunde liegenden Problemstellungen? Welche Kontroversen ergeben sich daraus? Anschließend wurde aus der Vielzahl der vorhandenen Forschungsprobleme wiederum eine Auswahl getroffen, zum Teil wurden zusammengehörende Forschungsprobleme aber auch gebündelt. Das Kriterium dafür war folgendes: Da ein Querschnittsbereich über einen langen historischen Zeitraum behandelt wird, sollte das Problem Krieg und Frieden systematisch von verschiedenen Seiten aus unterschiedlichen Perspektiven betrachtet werden: von der Seite der Friedensstrategien und der Friedenssicherungen in der Geschichte; von der Seite der Entstehung von Kriegen und der historischen Kriegsursachenforschung; aus der Perspektive des fundamentalen Umbruchs von Krieg und Frieden im Zeitalter der Französischen Revolution; von der zwischenstaatlichen Seite ebenso wie von der innergesellschaftlichen Seite; schließlich unter der Perspektive, wie es zu einer 'Totalisierung' des Krieges im 20. Jahrhundert kam, die auch den Frieden vor ganz neue Herausforderungen stellte.

Somit kann trotz aller notwendigen Beschränkungen, die die Reihe „Kontroversen um die Geschichte" auferlegt, exemplarisch und doch umfassend, problemorientiert und doch verständlich in ein weites Themenfeld eingeführt werden. Grundvoraussetzung dafür ist, dass auch Theorien über Krieg und Frieden sowie die verschiedenen wissenschaftlichen Ansätze ihrer Erforschung behandelt werden – hier werden ganz grundsätzliche Kontroversen ausgetragen, die zu kennen wichtig ist, weil sonst der gesamte Forschungskomplex verschlossen bliebe.

1. Kapitel

Am Anfang der „Forschungsprobleme" stehen deshalb zwei grundlegende theoretische und methodologische Kapitel. Das *erste Kapitel* geht der Frage nach, was Krieg und was Frieden eigentlich bedeuten. Die Begriffe sind keineswegs eindeutig, sondern höchst vieldeutig – und sie haben sich im Zeitverlauf teilweise dramatisch verschoben, wie im ersten Abschnitt über die historischen und ideengeschichtlichen Entwicklungslinien von der Antike bis in die Gegenwart dargestellt werden soll. Gehört Krieg notwendigerweise zum Dasein des Menschen, wie Augustinus meinte? Warum entfaltete die Lehre vom „gerechten Krieg" in der Folgezeit eine große Wirksamkeit? Diskutiert wird auch, wie sich die Vorstellungen von Krieg und Frieden wandelten, etwa vom *ius ad bello* (Recht zum Krieg) zum *ius in bello* (Recht im Krieg): Wie konnte Krieg geführt werden, ohne die internationale Gemeinschaft insgesamt nachhaltig zu schädigen? Schließlich sollte nach dem Krieg auch ein stabiler Friedensschluss möglich sein.

An den philosophischen und politischen Schriften von Hobbes, Rousseau und Clausewitz lassen sich Veränderungen im Begriffsverständnis in der Neuzeit aufzeigen, die zu den gegenwärtigen, in hohem Maße umstrittenen Theorien über Krieg, Konflikt, Gewalt und Frieden überleiten. Seit zu Beginn der 1960er-Jahre eine kritische Friedensforschung entstand, streitet man um einen geeigneten Friedensbegriff. Ist Frieden mehr als nur die Abwesenheit von Krieg? Was ist ein „negativer", was ist ein „positiver" Frieden? Was ist mit Johan Galtungs Begriff der „strukturellen Gewalt" gemeint, der seinerseits wieder höchst kontrovers diskutiert wird. Weiterhin: Wie lässt sich Krieg gegenüber anderen Formen der Gewalt abgrenzen? Welche Theorien dafür, dass immer wieder Kriege ausbrechen, gibt es? Vorgestellt werden hier die wesentlichen Erklärungsansätze, bis hin zur psychoanalytischen Lehre vom Aggressionstrieb des Menschen als Ursache von Kriegen.

2. Kapitel

Das *zweite Kapitel* diskutiert die methodischen Grundlagen, die Arbeitsweisen und die Erkenntnisinteressen der Fachdisziplinen Militärgeschichte und Historische Friedensforschung. Die traditionelle Militärgeschichte, wie sie sich vor allem im 19. Jahrhundert herausgebildet hat, galt lange Zeit als ein nahezu unwissenschaftliches Refugium der Militärs, die Kriegsgeschichte als eine Art handlungsorientierte Erfahrungslehre betrieben. Diese Zuordnung ist mittlerweile weitgehend passé, stattdessen hat eine „zivilistische Aneignung" (3, S. 91) der Militärgeschichte gegriffen, und es haben sich eine „New Military History" sowie eine Historische Friedensforschung etabliert. Pluralität der methodischen Ansätze und eine Multiperspektivität herrschen heute vor. Allerdings ist diese Militärgeschichte in der Erweiterung, die neue Themenfelder entdeckt und nicht mehr geschlechtsindifferent betrieben wird, selbst erneut umstritten. So wird ihr etwa vorgehalten, sie verliere das eigentliche Untersuchungsgebiet aus den Augen.

Fünf Epochen übergreifende Ansätze und Zugriffsweisen auf unser Thema werden in diesem Kapitel nach ihren Erkenntnismöglichkeiten und -grenzen überprüft. Sie sollen an dieser Stelle nur genannt werden: Krieg und Frieden in den internationalen Beziehungen, Kriegsalltag und Geschichte „von unten", Krieg und Frieden in den Erinnerungskulturen, Kriegserfahrungen und Friedenserfahrungen, schließlich Gender Studies und Kinder im Krieg.

Ab dem *dritten Kapitel* beginnt sodann die Diskussion der sachthematischen Kontroversen. Zuerst werden die Linien ab dem Schlüsseljahr 1648 gezogen: Das Kapitel handelt von der neuzeitlichen „Erfindung des Friedens". Der Westfälische Frieden ist einer der wichtigsten Friedensschlüsse der Geschichte überhaupt. Seine Charakterisierung war in den letzten Jahrhunderten jedoch extremen Schwankungen unterworfen. Galt er lange als französisch geprägtes, antideutsches „Machwerk", so ist ihm neuerdings das Prädikat „größtes Friedenswerk der Geschichte" verliehen worden. Wie erklären sich diese diametral entgegengesetzten Wertungen? War das Alte Reich die „Friedensmacht" in Europa? Woran scheiterte letztlich die Friedensfähigkeit im internationalen Rahmen? Stichworte der Debatte lauten: Staatensystem, Völkerrecht, Souveränität. Und sie verweisen alle auf die Entstehung der Diplomatie als Mittel zur Friedenssicherung. Die Diplomatie hatte sich als ein fest geordnetes System zwischenstaatlicher Beziehungen seit dem 16. Jahrhundert entwickelt und wurde im Absolutismus zu einem der wichtigsten Instrumente der Politik.

Die Kritik der Gebildeten an der Konfliktanfälligkeit und mangelnden Friedensfähigkeit des absolutistischen Staates nahm im 18. Jahrhundert zu. Bestand zwischen den Kriegsursachen, wie sie die zeitgenössischen Autoren sahen, und dem jeweiligen Friedensbegriff ein direkter Zusammenhang? Mit Immanuel Kants kleinem, aber inhaltsschwerem Werk „Zum ewigen Frieden" (1795) veranschlagen Teile der Forschung eine Art kopernikanische Wende in der Friedensdiskussion. Kant sei der Erste gewesen, der den Frieden philosophisch wirklich ernst genommen und ihn zu einem systematischen Zentrum seiner praktischen Philosophie erhoben habe. An Kant schieden sich zeitgenössisch und scheiden sich bis heute die Geister. Ob Ablehnung oder Befürwortung – seine Wirkungsgeschichte ist gewaltig.

Im letzten Abschnitt dieses Kapitels wird der Blick auf ein neues, erst in

3. Kapitel

jüngster Zeit bearbeitetes Forschungsfeld gerichtet: die gesellschaftliche und kulturelle Konstruktion von Frieden, etwa in Form von Friedensfesten. Denn es ist ja nicht so, dass nur „große Männer" Politik und dementsprechend auch den Frieden machen, sondern dieser hat viel mehr Facetten.

4. Kapitel

Im *vierten Kapitel* wird das Zeitalter der Französischen Revolution 1789–1815 unter die Lupe genommen – die alles entscheidende Umbruchzeit für das Verständnis von Krieg und Frieden. Niemals zuvor forderte eine einzelne Person die europäische Welt so heraus wie Napoleon. Am Ende des 19. Jahrhunderts fasste Friedrich Nietzsche die exemplarische Bedeutung Napoleons für eine national-ideologische Kriegskultur scharfsichtig folgendermaßen zusammen: „Napoleon verdankt man's (und ganz und gar nicht der französischen Revolution, welche auf 'Brüderlichkeit' von Volk zu Volk … aus gewesen ist), dass sich jetzt ein paar kriegerische Jahrhunderte aufeinander folgen dürfen, die in der Geschichte nicht ihresgleichen haben, kurz, dass wir ins klassische Zeitalter des Krieges eingetreten sind, des gelehrten und zugleich volkstümlichen Krieges im größten Maßstabe, auf das alle kommenden Jahrtausende als ein Stück Vollkommenheit mit Neid und Ehrfurcht zurückblicken werden – denn die nationale Bewegung, aus der diese Kriegsglorie herauswächst, ist nur der Gegenschock gegen Napoleon und wäre ohne Napoleon nicht vorhanden." (4, S. 235 f.)

Nationalisierung, Aufhebung der Trennung von zivilem und militärischem Bereich, Volksbewaffnung und Volkskrieg, aber auch eine völlig neue Zielsetzung und Legitimierung des Krieges: Viele Hemmschwellen, die das Ausmaß des absolutistischen Krieges begrenzt hatten, wurden in der Epoche der Französischen Revolution weggespült. Hier lag zugleich auch ein enormes Problem für mögliche Friedensschlüsse. Was konnten, angesichts der Ideologisierung, ein „gerechter Krieg" und ein „wirklicher Frieden" noch sein? Gab es – über diese Frage streitet die Forschung – in der Geschichte der Französischen Revolution eine Wechselbeziehung zwischen auswärtiger Bedrohung und innerer Entwicklung bzw. Radikalisierung? Handelte es sich im Zeitraum zwischen 1792 und 1815 gar bereits um einen ersten Weltkrieg, der zudem die Tore zu einem „totalen Krieg" öffnete?

In der Wissenschaft nicht minder umstritten ist die Situation in den deutschen Territorien zur Zeit der antinapoleonischen Befreiungskriege. Waren sie eine „Sternstunde der Nationalgeschichte"? War das Militär der Nationsstifter, und wurde die deutsche Nation durch Krieg zusammengeschmiedet und von Krieg geprägt? Oder handelt es sich hier um eine preußische Legendenbildung, die zwar weit über das 19. Jahrhundert hinaus wirkungsmächtig war, aber in sich zusammenbricht, wenn man den Blick über Preußen hinaus richtet? Denn Preußen war nicht Deutschland, und vieles, was diesbezüglich lange als unumstößlich galt, zeigt sich in der neueren Forschung in einem anderen Licht. Besonders wichtig sind hier die neuen geschlechtergeschichtlichen Studien zu Krieg und Frieden.

5. Kapitel

Eine der am häufigsten gestellten, aber am schwierigsten zu beantwortenden Fragen lautet: Wie entstehen Kriege? Darüber streitet sich die Kriegsursachenforschung, und im Längsschnitt vom Ende des Dreißigjährigen Krieges 1648 bis zum Imperialismus des ausgehenden 19. Jahrhunderts wird dieses Thema im *fünften Kapitel* behandelt. Es ist kompliziert, typische Bedingungsfaktoren für den Ausbruch von Kriegen zu finden. Eine Schlüsselkontroverse lässt sich mit dem Begriffspaar umschreiben: Staatenkrieg oder Staatsbildungskrieg. Kriege förderten die Herausbildung von Staaten, wie umgekehrt die Herausbildung von Staaten mit der Entwicklung des Krieges einher ging. Aber wie ist das Verhältnis von Staat und Krieg genauer zu bestimmen? Und welche Konsequenzen sind daraus zu ziehen?

Staaten schließen auch Frieden miteinander, und nach dem Westfälischen Frieden ist der Wiener Kongress von 1815 einer der wichtigsten europäischen Friedensschlüsse – und ebenso umstritten. Welches waren die jeweiligen Zielvorstellungen der beteiligten Mächte? Wie ragte die „Deutsche Frage" in den Kongress hinein? Wie war es um das Selbstbestimmungsrecht der Völker bestellt, welche Auswirkungen hatte diese internationale Friedensordnung auf die liberalen und nationalen Bewegungen in Europa? Das 19. Jahrhundert ab 1815 war für Europa eines der friedlichsten Jahrhunderte in seiner Geschichte überhaupt, deshalb schließt sich die Frage nach den politischen Deeskalationsstrategien, die Frage, wie Kriege vermieden wurden, an. Sie soll im zweiten Abschnitt dieses Kapitels untersucht werden.

Im *sechsten Kapitel* wird der Blick auf die innergesellschaftlichen Verhältnisse gerichtet, auf den Zusammenhang von Militär und Gesellschaft bzw. Friedensbewegung und Gesellschaft. Zunächst geht es darum, den umstrittenen Begriff der „Militarisierung" zu klären, um danach eine der großen Debatten der Historiographie nachzuzeichnen: ob es eine Sozialmilitarisierung gegeben habe, die als „deutscher Sonderweg" gelten kann. Eine lange Zeit vorherrschende „große Erzählung" in der Geschichtswissenschaft handelte bekanntlich vom preußisch-deutschen Militarismus und beschrieb den Sündenfall, der eine ganze Nation auf einen Abweg von einem unterstellten Normalweg gebracht hatte und im Nationalsozialismus mündete. Internationale Vergleichsstudien haben jedoch mittlerweile das Forschungsparadigma des „deutschen Sonderwegs" ganz erheblich relativiert und verschiedene Formen des Militarismus herausgearbeitet. Wenngleich somit das Deutsche Kaiserreich ab 1871 heute viel bürgerlicher erscheint als früher, so spielte das Militär dennoch eine gewichtige Rolle, nicht zuletzt als „Schule der Männlichkeit".

Die sozial- und kulturwissenschaftliche Forschung hat die Perspektive „Militär und Gesellschaft" darüber hinaus ausgedehnt auf die Epoche der Aufklärung, des Vormärzes und der Revolution von 1848. Sie rekonstruiert verschiedene Lebenswelten und Austauschprozesse zwischen Militär und Gesellschaft in Kriegs- wie in Friedenszeiten und fragt, wann tief greifende Wandlungsprozesse einsetzten. Vieles ist hier noch im Fluss und wird kontrovers beurteilt.

In diesen Kontext gehört auch die Frage, warum die organisierte Friedensbewegung, die ab Beginn des 19. Jahrhunderts von Amerika aus nach Europa übergriff, in Deutschland vergleichsweise schwach blieb. Oft wird die Konkurrenz zwischen der sozialistischen und der bürgerlichen Friedensbewegung als Grund dafür genannt, aber auch spezifische politische, soziale und ökonomische Bedingungen sowie nicht zuletzt innerorganisa-

6. Kapitel

torische Streitigkeiten. Vor 1914 waren viele pazifistische Organisationen einer Zerreißprobe ausgesetzt.

7. Kapitel

Das *siebte Kapitel* handelt von Vorläufern und der Vollendung des „totalen Krieges". Zeigten sich – so wird kontrovers diskutiert – bereits im Amerikanischen Bürgerkrieg der Jahre 1861–1865, im Deutsch-Französischen Krieg 1870/71 und in verschiedenen Kolonialkriegen totalisierende Tendenzen des Krieges? Welches sind die Faktoren und Dimensionen eines „totalen Krieges"? Ausführlicher werden unter dieser Perspektive anschließend Forschungskontroversen zum Ersten und zum Zweiten Weltkrieg behandelt.

Die Geschichte des 20. Jahrhunderts erklärt sich in vielerlei Hinsicht durch den Ersten Weltkrieg, der als dessen „Urkatastrophe" bezeichnet wurde. Ohne ihn hätte es vermutlich keine Russische Revolution gegeben, die USA wären nicht so rasch zur Großmacht aufgestiegen, Faschismus und Nationalsozialismus in Europa lassen sich ohne ihn nur schwer begreifen. Einige Folgen des Krieges gingen erst 1989 zu Ende, und die Balkankriege am Ausgang des 20. Jahrhunderts verweisen wiederum auf den Vorabend des Ersten Weltkrieges bzw. auf die territoriale und politische Nachkriegsgestaltung zurück.

Die Erforschung des Ersten Weltkrieges unterlag bis heute vielfältigen Paradigmenwechseln, von der Politikgeschichte über die Sozialgeschichte bis hin zu neuen Ansätzen der Mentalitäts- und Erfahrungsgeschichte. Er war ein moderner, industrialisierter Krieg mit Massenmobilisierung, Kriegsökonomien, der Einbeziehung von Mann und Frau, von Front und Heimatfront, er wirkte als Katalysator des sozialen Wandels und setzte destruktive Potenziale des technischen Forstschritts frei. Vieles antizipierte bereits den Zweiten Weltkrieg, wenngleich dieser durch den rassischen Vernichtungskrieg und das Ausmaß an Kriegsverbrechen eine neue, bisher nie da gewesene Stufe erreichte. Bereits der Erste Weltkrieg stellte einen Krieg der Ideologien dar: Zivilisation kämpfte gegen Kultur, Gut gegen Böse, ein Einlenken kam für beide Seiten nicht in Betracht. Es zeigte sich schon hier eine Unbedingtheit, die zum Grundmuster des Zweiten Weltkrieges werden sollte.

Kann es nach einem totalen Krieg, der die Leidenschaften der Menschen aufputschte und den Schrecken ins Unermessliche steigerte, einen Frieden geben? Oder setzte sich der Krieg in der Nachkriegszeit fort? Der Versailler Vertrag von 1919 und die Situation nach 1945 brachen in vielfältiger Weise mit dem Muster früherer Friedensschlüsse. Gerade am Versailler Vertrag – der kein „Vergeben und Vergessen" vorsah, wie die Friedensschlüsse vor ihm, sondern die deutsche Alleinkriegsschuld festschrieb – entzündete sich eine bis heute andauernde Kontroverse. Nach 1945 bildete der Nürnberger Kriegsverbrecherprozess das Scharnier zwischen Krieg und Frieden. Aber welche Wirkungen gingen von ihm aus? Und warum konnten eindeutige Verbrechen mit der Legende von der sauberen Wehrmacht vernebelt werden?

Ausblick

Am Schluss des Buches steht ein *Ausblick*. Er widmet sich den verschiedenen Interpretationen des Kalten Krieges und beleuchtet wichtige Rüstungstheorien, vor allem der amerikanischen Forschung. Er fragt nach der Bedeutung der UNO für die Friedenswahrung nach 1945: Kann Frieden ein Kriegsziel sein? Ist militärisches Eingreifen aus humanitären Gründen erlaubt? Schließlich skizziert er die Debatte über die „internationale Zivilgesellschaft" und die grundlegenden Wandlungen von Krieg und Frieden unter den gegenwärtigen Bedingungen der Globalisierung, die in Zukunft vermutlich ganz neue Friedensstrategien erfordern wird.

III. Forschungsprobleme

1. Was ist Krieg? Was ist Frieden?

a) Historische und ideengeschichtliche Entwicklungslinien von der Antike bis heute

Krieg und Frieden gab und gibt es als Phänomene in allen Kulturräumen der Erde und zu allen Zeiten. Folglich existierten und existieren darüber auch verschiedene Vorstellungen, die sich freilich durch die Zeitläufte hindurch immer wieder wandelten und wandeln. Für China und weite Teile Ostasiens erhielt die Philosophenschule des Mo Tse, Lao Tse und Kung Fu Tse (Konfuzius) um 550 v. Chr. eine Bedeutung, die bis heute reicht. Zwischen Euphrat und Tigris und in Südasien legten die Verfasser der althinduistischen Weden und Religionsstifter wie Zarathustra, Moses, Buddha und Mohammed den Grund für ethische Verhaltensweisen, die über Hinduismus, Buddhismus, Judentum, Christentum und Islam bis in unsere Tage die Moralbegriffe mitbestimmen (11, S. 600 ff.). Die folgende Skizze der Entwicklungslinien muss sich allerdings auf den europäischen Kulturkreis beschränken, sonst ergäbe sich ein anderes Buch. Nur vor diesem Hintergrund lassen sich dann – im Abschnitt b) dieses Kapitels – die gegenwärtigen Kontroversen über ein Verständnis von Krieg und Frieden diskutieren.

Griechische und römische Antike

Aus Heraklits (um 540–480 v. Chr.) nur fragmentarisch erhaltener Schrift über die Natur stammt der Satz: „Krieg ist aller Dinge Vater, aller Dinge König. Die einen erweist er als Götter, die anderen als Menschen, die einen macht er zu Sklaven, die anderen zu Freien." (Fragment 53) Die unaufhörlich sich bekämpfenden griechischen Stadtstaaten bildeten den Hintergrund von Heraklits Denken. Thukydides (um 460–405 v. Chr.), der die rationale, an Fakten orientierte Geschichtsschreibung begründete, stellte in seinem großen Werk über den Peloponnesischen Krieg – den er für die gewaltigste Erschütterung der bisherigen Menschheitsgeschichte hielt – den Zusammenhang von Machtstreben, Rüstungswettlauf und Krieg heraus. Bei ihm findet sich ein tiefes, kritisches Nachdenken über den Krieg, der nur noch wenig mit dem ursprünglich heldenhaftem Kampf zu tun hatte, sondern von Herrschsucht und Habgier gekennzeichnet war.

Dass der Krieg von Übel sei, dagegen der Friedenszustand als Inbegriff der ungestörten Einmütigkeit zu gelten habe – diese These floss seit Plato (427–348/47 v. Chr.) in die griechische Staatsphilosophie ein: Nur durch das Ziel des Friedens könne ein Krieg gerechtfertigt werden. Im Hellenismus gewann das Ideal der Eintracht unter den Völkern viele Anhänger. Und in der Philosophenschule der Stoa, die in der Folge auch das politische Denken Roms beeinflusste, wurde erstmals die Idee eines Weltstaates („Kosmopolis") vertreten. Die Wirkungen Roms auf das Kriegs- und Friedensdenken der späteren Zeit waren allerdings zwiespältig: Einerseits kam es zu einer gewaltigen territorialen Expansion durch Krieg, andererseits zur

Pax Romana, einem Rechtszustand, der dem Streit ein Ende setzte. Diese *Pax* erwies sich freilich als ein imperialer Frieden und beruhte allein auf der Allmacht Roms.

Die Traditionen des griechischen und römischen Verständnisses von Krieg und Frieden trafen im frühen Christentum auf die Friedensbotschaft der alt- und neutestamentarischen Überlieferung. Charakteristisch erscheint hierbei, dass Frieden Bedeutungsschichten aufweist, die über die Ordnung des politischen Gemeinwesens weit hinaus reichen: „Frieden bezieht sich auf die Gemeinschaft mit Gott wie mit den Menschen; er bezeichnet das Heilsein der Gemeinschaft wie eines jeden, der in ihr lebt. Dieser alttestamentarische Grundsinn von šalôm wirkt auch im Neuen Testament fort, wo Frieden als die eschatologische Gnadengabe verstanden wird, die an das Kommen Jesu und an seine Verkündigung der nahen Gottesherrschaft gebunden ist." (11, S. 619)

Frühes
Christentum

Doch die Erfahrung zeigte, dass sich die Welt in der alltäglichen Praxis nicht so darstellte, wie sie hätte sein sollen, vielmehr immer wieder von neuem Unfrieden geprägt war. Die überweltliche Dimension des christlichen Friedenspostulats beförderte deshalb die theologische Argumentation, wonach der von Jesus gebotene Frieden nicht von dieser Welt sei und es auf Erden keinen wahren Frieden gebe, so sehr er auch als Ziel erhalten blieb.

Das Christentum wurde zur römischen Reichskirche in einer Zeit, als die *Pax Romana* und das Reich selbst durch die Invasion fremder Völker aufs Schwerste bedroht waren und die Kirche ihre bis dato erworbene Macht auch gegen innere Gegner behaupten musste. In dieser Situation entwickelte die christliche Theologie ihre ersten politischen Lehren, gipfelnd in Augustins (354–430) großem geschichtstheologischen Entwurf vom Gottesstaat (*De civitate Dei*). So schroff er die beiden Reiche, den Erdenstaat (*civitas terrana*) und den Gottesstaat, gegenüberstellte und betonte, dass Gerechtigkeit und Frieden im eigentlichen Sinne nur im Zustand jenseitiger Vollendung möglich und der irdische Frieden allenfalls Zerrbild des ewigen Friedens, somit ein unechter, ja falscher Frieden sei, so ließt Augustin doch auch diesen falschen Frieden als Frieden gelten. Das politische Gemeinwesen habe die oberste Aufgabe, den irdischen Frieden herzustellen und zu erhalten, wenngleich dieser erst im himmlischen Frieden seine Vollendung finde. Die Lehre vom irdischen Frieden verband Augustin mit der Theorie des gerechten Krieges (*bellum justum*): Wenn ein gerechter Grund (*iusta causa*) gegeben sei, so dürfe ein Krieg geführt werden.

Dieser Gedanke wurde zur Grundlage der mittelalterlichen Lehre vom gerechten Krieg, dem Thomas von Aquin (1224/25–1274), der bedeutendste Theologe und Philosoph des Mittelalters, die klassische Formulierung verlieh: Die Beteiligung am Krieg sei für Christen dann erlaubt, wenn erstens die Kriegserklärung von der autorisierten politischen Gewalt ausgesprochen werde (*auctoritas principis*), zweitens ein gerechter Grund vorliege (*causa iusta*), drittens man sich an der Wiederherstellung des Friedens orientiere (*recta intentio*) und viertens die Kriegsführung auf legitime Kriegsmittel beschränke (*debitus modus*).

Bezeichnend war mithin eine Gewichtsverlagerung weg von der Frage:

Was gibt ein Recht zum Krieg und hin zu der Frage: Wer hat ein Recht zum Krieg? Wie sich die Richtigkeit der *intentio* feststellen lasse, blieb jedoch ebenso problematisch wie es die geforderte *causa iusta* war, denn es existierte ja keine übergeordnete, unparteiische Instanz, die diese Punkte hätte entscheiden können (17, S. 562; 11, S. 624).

Mittelalter

In der politisch-sozialen Ordnung des Mittelalters gab es keinen prinzipiellen Unterschied zwischen Krieg und Fehde. „Fehde" als ein Recht auf bewaffnete Selbsthilfe, also eine Art Privatkrieg zwischen zwei Freien oder ihren Sippen, machte eine allmähliche Bedeutungsverengung durch von „Rechtsstreit schlechthin" zum „gewaltsam ausgetragenen Rechtsstreit". Mittelalterliche Kriege waren demnach große Fehden, und Krieg wurde verstanden als das gewaltsame Durchfechten eines konkreten Rechtsstreits im Rahmen einer vorgegebenen Rechtsordnung. Die Gewaltaktionen beschränkten sich dabei allerdings auf ein Minimum: Ziel war es nicht, den Gegner zu vernichten, sondern ihn zu zwingen, den eigenen Rechtsstandpunkt als auch für sich verbindlich anzuerkennen. Frieden bedeutete vor diesem Hintergrund vor allem der Zustand wiederhergestellter Rechtsordnung (26).

Aufgrund des ausufernden Fehdewesens waren alle mittelalterlichen Frieden nurmehr Sonderfrieden. Besonders die Kirche versuchte, durch das ihr eigene Rechtsinstrument des Gottesfriedens, das später in die weltliche Rechtsetzung des Landfriedens überging, das Fehdewesen einzudämmen – es handelte sich bei diesen Maßnahmen um eine zeitlich befristete Waffenruhe. Nach solchen Anläufen ab dem 12. Jahrhundert konnte die Fehde 1413 in Frankreich verboten werden. Im Ewigen Landfrieden von 1495 wurde der Fehde auch im Heiligen Römischen Reich Deutscher Nation ein Riegel vorgeschoben, doch erst der moderne Staat, der nach und nach Rechtsschutz und Vollstreckungsgewalt ausbildete, mithin die Gewalt verstaatlichte, konnte das Fehdewesen schließlich ganz überwinden (27, S. 351 ff.).

Jenseits des Binnenkonflikts zwischen christlichen Brüdern herrschte – gleichsam nach außen gerichtet – ein anderes Verständnis von Krieg und Frieden, wie sich an den Kreuzzügen sehen lässt. Heiden standen außerhalb der christlichen Wirkungssphäre. Zwischen Christen und Heiden war allenfalls eine *concordia*, eine Art gewaltlosen Nebeneinanders möglich, nicht aber eine Rechts- und damit Friedensgemeinschaft. Alle großen universalen Friedensprojekte bis in das 18. Jahrhundert hinein hatten eine *pax christianitas* im Blick, die nicht über die Grenzen der Christenheit hinaus reichte; dort konnten nur unbefriedete Bereiche vorherrschen.

Für den mittelalterlichen Begriff von Frieden erwiesen sich die Glaubensspaltung und der neue Kriegstypus des Religionskrieges (7), der ein konfessioneller Bürgerkrieg war, als außerordentlich folgenschwer: Der bisherige Sinn von Recht, Gerechtigkeit und Christenheit wurde plötzlich problematisch. „Die konfessionell gespaltene Christenheit vermochte Recht und Friede nicht mehr zusammenzubringen" (16, S. 576); was die eine Konfession als Recht ansah, galt der anderen als Teufelswerk. Die Vorstellung von einem Frieden, der die als Einheit verstandene Christenheit umfassen sollte, war obsolet geworden.

Die Entwicklungslinien in der europäischen Neuzeit sind an dieser Stelle nur sehr gerafft zu umreißen, da vieles ab dem dritten Kapitel der Forschungsprobleme einer genaueren kontroversen Erörterung bedarf: Die Religionskriege des 16. und 17. Jahrhunderts verwüsteten nahezu den gesamten europäischen Kontinent und fanden erst im Westfälischen Frieden von 1648 ihr Ende. Mit ihm entstand das neuzeitliche Staatensystem. Das neue völkerrechtliche Grundprinzip der souveränen Gleichheit der Staaten schuf die Voraussetzung für die Lehre vom Gleichgewicht der europäischen Mächte. Daraus wurde auch das Recht abgeleitet, präventiv Krieg zu führen, falls ein Staat oder ein Staatenbündnis die Übermacht anstreben sollte. Der vormalige Bezugsrahmen der Christenheit wurde immer stärker durch den Begriff Europa ersetzt; Friedens- und Europaidee gingen eine enge Verbindung ein.

Als Erbschaft der Glaubensspaltung verlor der theologische Gedanke des „gerechten Krieges" an Verbindlichkeit. Das moderne Staats- und Völkerrecht ging vielmehr davon aus, dass beide Krieg führenden Seiten für berechtigte Interessen kämpfen könnten. „Interesse" stieg zum Zentralbegriff in den internationalen Beziehungen auf. Ein diplomatisches System entstand; Frieden wurde mit Friedensvertrag gleichgesetzt – „internationaler" Frieden galt als ein labiler Vertragszustand.

Das „klassische" Natur- und Völkerrecht (Francisco de Vitoria, Hugo Grotius, Emer de Vattel) reagierte auf die zunehmende Komplexität der zwischenstaatlichen Beziehungen, in denen beide Kriegsparteien rechtmäßige Ursachen anführen konnten, um in einen Krieg einzutreten. Das Problem, mit dem sich das moderne Völkerrecht zu befassen begann, war nun nicht mehr die Rechtfertigung, sondern die Regulierung des Krieges.

Die aufklärerische Kritik gegen die absolutistische Ordnung entzündete sich daran, dass der absolutistische Staat den Krieg nicht einhegte, sondern – etwa durch Eroberungssucht – offenbar die eigentliche Ursache des Krieges darstellte. Die Bruchstelle, ja eine Art Kehre in der Entwicklung des neuzeitlichen Kriegsbegriffes trat mit der Französischen Revolution ein: Galt bisher der Bürgerkrieg als das größte Übel überhaupt, welchen zu überwinden das Denken der Staatsphilosophie seit Thomas Hobbes beschäftigte, so erhielt der Bürgerkrieg nun die Weihe eines Krieges gegen den Krieg. „Entscheidend und für die Zukunft bedeutsam war, dass der Staatenkrieg nicht mehr, wie es etwa die Politiker des 16. und 17. Jahrhunderts getan hatten, als notwendiges Übel zur Vermeidung des Bürgerkrieges gerechtfertigt wurde, sondern dass genau umgekehrt der Staatenkrieg nur als eine von der überkommenen politischen Ordnung Europas erzwungene Spielart des Bürgerkrieges legitimiert war." (17, S. 589)

Mit dem Schlachtruf „Krieg den Palästen, Frieden den Hütten" wurde der Staatenkrieg zum zwischenstaatlichen Bürgerkrieg umgedeutet. Krieg war nicht mehr eine Beziehung von Staat zu Staat, sondern ein Akt der Unterdrückten gegen die Unterdrücker, der Guten gegen die Bösen. Ideologisch öffnete sich das Tor zu einem „gerechten Weltbürgerkrieg". Als logische Konsequenz riss die Französische Revolution in ihrem Friedensbegriff Staat und Frieden auseinander. Denkbar war allein ein allgemeiner Menschheitsfrieden.

Europäische
Neuzeit

19. und 20.
Jahrhundert

Die Demokratisierung des Krieges ließ sich fortan nicht mehr rückgängig machen. Krieg (und auch der Frieden) musste seither auch propagandistisch vorbereitet werden. Die Diskussion über Krieg und Frieden erfuhr so eine enorme gesellschaftliche Ausweitung: Einerseits entstand im ersten Drittel des 19. Jahrhunderts eine organisierte Friedensbewegung, andererseits keimte ein neuartiger Bellizismus auf, der zu einer positiven Bewertung von Krieg gelangte. Der Krieg wurde im 19. Jahrhunderts auf seine Würde hin befragt, man wollte in ihm den Motor zivilisatorischen Fortschritts und eine ewige, nicht nur historische Erscheinung sehen. Der „frische Krieg" stand dem „faulen Frieden" gegenüber.

Dieser Gesinnungsmilitarismus und der Lobpreis des Staatenkrieges hatten am Vorabend des Ersten Weltkrieges alle europäischen Gesellschaften erfasst. Die Tradition des revolutionären Bürgerkrieges wanderte seit der Aufklärung und der Französischen Revolution vom Liberalismus zum demokratischen Radikalismus und schließlich zum Sozialismus. In der marxistischen Geschichtstheorie war das Proletariat als historisch letzte Klasse dazu berufen, in einer letzten großen Schlacht, der Weltrevolution, die Herrschaft an sich zu reißen, damit alle Klassengegensätze endgültig zu beseitigen und so den „ewigen Frieden" möglich zu machen.

Die ideologiegestützte Mobilisierung aller Ressourcen der Gesellschaft kennzeichnete sowohl den Ersten als auch den Zweiten Weltkrieg. Letzterer wurde im Osten Europas vom Nationalsozialismus als rassischer Vernichtungskrieg geführt. Der millionenfache Tod und die immense Zerstörung beschleunigten nach 1945 völkerrechtliche Bemühungen zur Einhegung des Krieges, und in der UN-Charta wurde den Staaten das alte *ius ad bellum*, das Recht zum Angriffskrieg, entzogen; auch das Kriegsrecht wurde den Weltkriegserfahrungen angepasst. Rüstungswettlauf, Kalter Krieg und so genannte Stellvertreterkriege der Supermächte in der „Dritten Welt" blieben bis 1989/90 bestimmend. Neue „low intensity conflicts", die ohne formelle Kriegserklärung beginnen, ohne formelle Friedensverträge enden und jederzeit wieder aufflammen können, prägen das Bild bis in unsere Tage. Die Akteure dieser neuen Kriege haben oftmals kein nationales Interesse an seiner Beendigung mehr. So erscheint das bedrohlichste heutige Szenario in einer fortschreitenden Entstaatlichung des Krieges zu liegen; das staatliche Gewaltmonopol verliert offenbar für den Krieg der Zukunft weiter an Bedeutung.

b) Gegenwärtige Theorien über Krieg, Konflikt, Gewalt und Frieden

Was ist Krieg?
Was ist Frieden?

Antworten auf die Frage, was Krieg und Frieden überhaupt seien, bereiten der Forschung große Schwierigkeiten und führen auch zu Widersprüchen. Denn Krieg und Frieden sind, wie bereits gesehen, historischen Veränderungen unterworfen, ihre Definition ist abhängig von politischen Interessen sowie rechtlichen Interpretationen, und überdies bestimmen unterschiedliche kulturelle Traditionen ihr jeweiliges Verständnis. Krieg entzieht sich mithin „einer dauerhaften Definition gerade aufgrund seiner Historizität" (37, S. 17).

Manche der heutigen Forscher wollen den Kriegsbegriff ausschließlich auf bewaffnete Auseinandersetzungen zwischen Staaten beschränkt sehen, andere wiederum möchten ihn auch auf solche zwischen gesellschaftlichen Gruppierungen anwenden. Beim Friedensbegriff ist die Bandbreite der Ansichten nicht geringer, was Ernst-Otto Czempiel zu der fast resignativen Aussage veranlasste, Frieden könne ebenso wenig definiert werden wie Gesundheit (9, S. 5). Auch die theoretisch noch definierbare Scheidelinie zwischen Frieden (Nicht-Krieg) und Krieg ist empirisch häufig kaum genau auszumachen.

Die berühmteste moderne Definition des Krieges stammt von Carl von Clausewitz. In seinem Hauptwerk, „Vom Kriege", das zwischen 1816 und 1830 entstand, jedoch niemals ganz vollendet wurde, schrieb er: „So sehen wir also, dass der Krieg nicht bloß ein politischer Akt, sondern ein wahres politisches Instrument ist, eine Fortsetzung des politischen Verkehrs, ein Durchführen desselben mit anderen Mitteln." (8, S. 39)

Carl von Clausewitz

Clausewitz' Formel wurde viel zitiert und häufig missverstanden. Selbst Raymond Aron meinte, dass sich dessen Anliegen darauf beschränke, den Primat der Politik gegenüber der Kriegführung festzulegen (6, S. 427 f.). Für Clausewitz aber war Krieg grundsätzlich immer: ein politischer Akt, ganz unabhängig davon, welche Form er annimmt und unter welcher Leitung er steht. Krieg hatte für ihn zwar eine eigene Grammatik, aber keine eigene Logik. Gleichwohl lässt sich darüber streiten, ob die Grammatik des Krieges nicht auch zur Logik der Politik werden kann. Auf mindestens vier soziopolitischen Voraussetzungen beruhte Clausewitz' Kriegsdefinition: erstens auf der Durchsetzung des Territorialstaates als Monopolist des Krieges; zweitens auf der Trennung von innen und außen, also der Unterscheidung von Militär und Polizei, drittens auf der scharfen Trennung von Kriegszeiten und Friedensperioden sowie viertens auf der Trennung von Schlachtfeld und Hinterland, wodurch Krieg räumlich und zeitlich konzentriert, ferner eine Unterscheidung zwischen Kombattanten und Nonkombattanten vorgenommen wurde (35). Es handelt sich bei ihm somit um den zwischenstaatlichen Krieg als den klassischen europäischen Kriegstypus.

Krieg und Frieden sind nicht losgelöst voneinander zu behandeln, und bis heute stehen sich, idealtypisch betrachtet, zwei weltanschauliche Grundpositionen gegenüber. Die eine ist mit dem Namen des englischen Staatsdenkers Thomas Hobbes (1588–1679) verbunden: Für ihn, der unter dem Eindruck des englischen Bürgerkrieges schrieb, ist der Mensch von Natur aus ein streitbarer Egoist, ein Wesen, das sich durch Konkurrenz, Misstrauen und Ruhmsucht auszeichnet. Der Naturzustand wird somit als ein „Krieg aller gegen alle" geschildert, was zu der berühmten Formel *homo homini lupus* (der Mensch ist dem Menschen ein Wolf) führte. Nur durch eine mächtige Staatsgewalt, hergestellt durch einen inneren Vertrag und durch Gesetze, mit dem die Individuen Rechte abtreten, kann der – wohlgemerkt – innere Frieden hergestellt werden. Der Staat vereint so die gesamte Macht der Vertragspartner; er sorgt für den inneren Frieden und die Verteidigung – oder einen Abschreckungsfrieden – nach außen (14).

Thomas Hobbes

Durch diese Machtkonzentration nimmt allerdings die Gefahr äußerer Kriege zu. Mit Blick auf den Kalten Krieg und die Abschreckung – wofür Hobbes immer wieder als Kronzeuge genommen wurde – schrieb der Politologe Dolf Sternberger: „... wir wollen den Zustand der Kampflosigkeit bei gleichzeitiger Hochrüstung nicht als einen Zustand des Friedens, eher schon, wie man gesagt hat, des 'Schreckensfriedens' oder des 'Zitterfriedens', aber gewiss ebenso wenig als einen Zustand des Krieges bezeichnen, sondern als einen solchen des Unkrieges, wenn die Prägung erlaubt sei; sie entspricht und antwortet dem älteren und vertrauten Wort 'Unfriede'" (5, S. 13).

Jean-Jacques Rousseau

Die andere Grundposition verkörperte der französische Philosoph Jean-Jacques Rousseau (1712–1778), der als Vordenker der Französischen Revolution in die Geschichte einging. Anders als Hobbes lebte er in einer Zeit, in der sich der moderne Staat bereits konsolidiert hatte. Die Sicherung des inneren Friedens erschien nicht mehr als das drängendste Problem, sondern die des äußeren. In Rousseaus Denken ist der Mensch von Natur aus gut und gesellig, doch diese Tugenden sind durch den Staat und die Gesellschaft des Absolutismus verdorben worden. Käme es zum freien Ausleben menschlicher Bedürfnisse, würde die Unterdrückung der natürlichen Güte des Menschen durch das bestehende absolutistische Herrschaftssystem beseitigt, würde sich der Frieden von alleine wieder einstellen. In der Logik dieses Denkens ist die Freiheit dem Frieden vorgelagert, ein Umstand, der allerdings dazu führen kann, dass im Namen der Freiheit Kriege vom Zaun gebrochen werden (29).

Gegenwärtige Antworten

Wenn Krieg ganz allgemein bestimmt werden kann als kollektives Gewalthandeln, so müssen zur Präzisierung unterschiedliche qualitative und quantitative Kriterien herangezogen werden. Melvin Small und J. David Singer definierten für ihre Forschungen, man könne quantitativ dann von Kriegen sprechen, wenn es eine Mindestzahl von Toten – sie nannten die Zahl von mehr als 1000 Toten – gebe (32). Doch eine solche quantitative Festlegung erscheint vielen Wissenschaftlern zu Recht höchst problematisch. Wie kann man, so lautet eine damit zusammenhängende Frage, Krieg qualitativ von Unruhen, Massakern, Terroraktionen oder Staatsstreichen unterscheiden? Allgemein anerkannte qualitative Bedingungen, zumindest für die Zeit nach 1945, beruhen auf den Forschungen von Klaus-Jürgen Gantzel und Torsten Schwinghammer (13, S. 31): Krieg sei ein gewaltsamer Massenkonflikt, der alle folgenden Merkmale aufweise: 1. An den Kämpfen sind zwei oder mehrere Streitkräfte beteiligt, bei denen es sich mindestens auf der einen Seite um reguläre Streitkräfte der Regierung handelt. 2. Bei allen Beteiligten muss ein Mindestmaß an zentral gelenkter Organisation der Truppen und des Kampfes gegeben und entsprechend muss eine politische Verantwortlichkeit für den Gewalteinsatz erkennbar sein. 3. Die bewaffneten Operationen müssen sich mit einer gewissen Kontinuität und nicht nur als gelegentliche spontane Zusammenstöße ereignen.

Wie schwierig es letztlich aber ist, Krieg gegenüber anderen Gewaltformen abzugrenzen, zeigt sich allein schon im Sprachgebrauch: Nicht selten werden Synonyme wie bewaffneter Konflikt verwendet oder Attribute bzw. Komposita wie ethnischer Krieg oder Stammeskrieg hinzugefügt. Typologisch lassen sich prinzipiell eine ganze Reihe von Kriegen unterscheiden. Nach ihrer historischen Erscheinung etwa Kabinettskriege im Absolutismus oder Kolonial- und Dekolonisationskriege im 19. und 20. Jahrhundert; nach Art der Kriegsführung etwa Stellungskriege oder Guerillakriege; nach Art der Kampfmittel etwa konventionelle Kriege oder Atomkriege; nach Ausmaß der Kämpfe etwa begrenzte oder totale Kriege. Eine rechtstheoretische Definition von Krieg geht vor allem auf das erstmals 1942 erschienene Werk von Quincy Wright „A Study of War" zurück. Er bezeichnete Krieg als „den Rechtszustand, der es zwei oder mehr feindlichen Gruppen gleichermaßen zulässt, einen Konflikt mit Waffengewalt auszutragen" (38, S. 698).

Die historische und sozialwissenschaftliche Forschung hat sich ausgiebig mit den jeweiligen Legitimationsstrategien von Kriegen beschäftigt. Jede Kultur entwickelt demnach charakteristische Rechtfertigungsschemata für ihre Kriege (23; 28). Trotz vieler Versuche ist die Forschung dennoch weit von gesicherten Theorien über Kriegsursachen bzw. die Bedingungen für den Ausbruch von Kriegen entfernt. Bisher hat beispielsweise die Überlegung nur wenig Aufmerksamkeit gefunden, ob und gegebenenfalls welche strukturell ähnlichen Prozesse im Vorfeld von Kriegen zu beobachten sind. Zumeist werden drei miteinander verbundene Ebenen unterschieden: die gesellschaftspolitische, die internationale und die sozialpsychologische. Nützlich sind in diesem Zusammenhang die Überlegungen von Nicholas S. Timasheff (34), demzufolge Kriege ausbrechen, wenn vier Bedingungen zusammentreffen: 1. Es gibt ernsthafte Konflikte, die wesentliche Elemente des Machtsystems der beteiligten Parteien berühren (Konfliktbedingung). 2. Alle friedlichen Mittel der Konfliktlösung müssen zumindest von einer Partei als äußerst unangemessen oder erschöpft angesehen werden (Gewaltbedingung). 3. Die relative Stärke jeder Seite muss von der anderen so wahrgenommen werden, dass jede Seite meint, sie habe wenigstens eine gleiche Siegeschance (Gleichheitsbedingung). 4. Die Abwesenheit von starken normativen Barrieren gegen den Krieg (Normbedingung).

Wie entstehen Kriege?

In der Forschung formierte sich bald eine Gegenbewegung, die argumentierte, dass die Frage nach den Bedingungen des Friedens nicht auf die Frage nach den Ursachen des Krieges eingeengt werden dürfe. Daraus entstand in den 60er-Jahren des 20. Jahrhunderts eine neue, sich selbst als „kritisch" titulierende Friedensforschung. Vertreter dieser Richtung kritisierten an der bisherigen „konventionellen" Friedens- und Konfliktforschung, dass diese eher an einer Stabilisierung der internationalen und innerstaatlichen Beziehungen interessiert gewesen sei denn an einer Aufdeckung der tatsächlichen Konfliktursachen und daraus abzuleitender Veränderungen der internationalen Beziehungen wie der gesellschaftlichen Verhältnisse (19, S. 220 ff.; 18; 26).

Seither streitet sich die Forschung um einen geeigneten Friedensbegriff. Die „kritische Friedensforschung" weitete den Frieden auf den Gesamtbereich der sozialen Gerechtigkeit aus. So kam es zu einer Neuformulierung des Friedensbegriffes, der nun die Abwesenheit von direkter Gewalt (Krieg) und struktureller Gewalt (z. B. ungleiche Machtverhältnisse, ungerechte Ressourcenverteilung, Hunger und Verelendung) unterschied.

Der norwegische Friedensforscher Johan Galtung, der als Vater der „kritischen Friedensforschung" gilt und das Konzept der strukturellen Gewalt entworfen hat, schrieb: „Gewalt liegt dann vor, wenn Menschen so beeinflusst werden, dass ihre aktuelle somatische und geistige Verwirklichung geringer ist als ihre potenzielle Verwirklichung." (12, S. 57) Seine These beruht auf der Annahme, dass Macht und Herrschaft keineswegs allein der militärischen Gewalt bedürfen, um ausgeübt zu werden, sondern sie sich sehr viel subtilerer Instrumente bedienen können, um Vorteile zu sichern oder ungerechte Strukturen durchzusetzen bzw. zu erhalten. Mit anderen Worten: Die Schädigungsfolgen von Gewalt können angestrebt oder unbeabsichtigt sein, sie können direkt oder indirekt, latent oder potenziell auftreten, physische oder psychische Formen annehmen. Innerstaatliche und zwischenstaatliche Gewalt werden von Galtung zwar unterschieden, zugleich jedoch der enge Zusammenhang zwischen beiden Formen hervorgehoben.

Aber wenn „Gewalt" weit über „physische Gewalt" hinaus reicht, wenn also überall Gewalt diagnostiziert wird, gehen mit Blick auf die wissenschaftliche Operationalisierung der Gegenstand Gewalt und auch der Gegenstand Frieden verloren, wie Galtungs Kritiker sofort einwandten. Die Entgrenzung des Gewaltbegriffes rief unzählige heftige Reaktionen hervor. Peter Graf von Kielmansegg etwa bemerkte: „Die Vorstellung von der Allgegenwärtigkeit der Gewalt, wie sie der Begriff der strukturellen Gewalt einführt, hat nun zwei Konsequenzen. Die eine: wer zu Gewalt greift, überschreitet keine Grenze – wir alle leben, als Betroffene wie als Handelnde, immer schon jenseits dieser Grenze. Die zweite: es gibt keine politische Ordnung, die nicht als illegitime Gewaltherrschaft begriffen werden könnte und das heißt: Gegengewalt kann immer gerechtfertigt werden." (DGFK-Mitteilungen 1/79, S. 22)

Angesichts der terroristischen Bedrohung in der Bundesrepublik Mitte der 1970er-Jahre warnte Karl-Dietrich Bracher, die verführerische Theorie der strukturellen Gewalt „liefert das intellektuelle Rüstzeug zum Ausbruch aus der Gesellschaft und ermöglicht ein anfängliches Verständnis für die Taten des Terrorismus" (Die Zeit, 2. 12. 1977). Aber provoziert Gewalt notwendigerweise Gegengewalt? Der Gegenbegriff von Gewalt, so wurde repliziert, sei ja nicht Gegengewalt, sondern Gewaltfreiheit. Auch für die „kritische Friedensforschung" ist unstrittig: Konflikte sind aus dem menschlichen Zusammenleben nicht wegzudenken. Sie haben indes, wenn sie nicht gewalttätig, sondern gewaltfrei ausgetragen werden, eine Reihe positiver Funktionen, so vor allem, dass sie Alternativen vorstellen und der Demokratie ihre Dynamik verleihen.

Dass Gewalt in den Strukturen, also in den Prozessmustern selbst, liegen kann und nicht direkt ausgeübt zu werden braucht – darauf haben Galtung und der immer breiter werdende Strom der „kritischen Friedensforschung" aufmerksam gemacht. Ernst-Otto Czempiel verdeutlichte jedoch, wie schwierig im konkreten Fall eine Begriffsbestimmung von Gewalt sein kann: „Wie beispielsweise die Diskussion um die Neue Weltwirtschaft zeigt, wird von einigen Ländern in der Dritten Welt sogar als 'Gewalt' der Industriestaaten empfunden, was aus deren Perspektive sich so überhaupt nicht darstellt. Ein industriell hoch entwickelter Staat, der im internationalen Wirtschaftssystem seine Standortvorteile wahrnimmt, übt sicher keine Gewalt aus, wenn er durch die Ausnutzung seiner Vorteile anderen Ländern wirtschaftliche Vorteile nimmt und dadurch Hunger und Armut bewirkt. Hier hat also ein Verhalten, das beim besten Willen nicht als Gewalt bezeichnet werden kann, Folgen, die auf der Adressatenseite zu Recht als gewaltsam angesehen werden." (10, S. 49 f.)

Weite Verbreitung hat in der Folge dieser heftigen Debatte um einen neuen Friedensbegriff vor allem die Unterscheidung zwischen „positivem" und „negativem" Frieden gefunden. Unter einem negativ bestimmten Frieden wird die Abwesenheit von Krieg verstanden („negativer Frieden" erscheint allerdings als unglücklich gewählter Begriff, suggeriert er doch zunächst, es handele sich um eine schlechte Sache). Unter einem positiven Frieden wird die höchst variabel interpretierbare Realisierung sozialer Gerechtigkeit und Gleichheit, die Entfaltung menschlicher Fähigkeiten und Selbstverwirklichungsmöglichkeiten gefasst. Von „organisierter Friedlosigkeit" – Frieden als Fortsetzung des Krieges mit anderen Mitteln – sprach Dieter Senghaas (30). Frieden erhält bei ihm den Charakter eines historisch erstmals zu schaffenden dauerhaften oder „ewigen Friedens" und wird zu einem utopischen Zielbegriff.

Positiver und negativer Frieden

Die Unterscheidung von positivem und negativem Frieden hat das Augenmerk der Forschung darauf gelenkt, wie wichtig es ist, verschiedene Analyseebenen und Handlungsniveaus zu beachten. Mittlerweile werden vier solcher Untersuchungsebenen unterschieden: Individuum, Gesellschaft, Staat, internationales System (10). Als Konsequenz hieraus folgt, dass ein anspruchsvolles Modell „negativen" Friedens Anregungen des „positiven" Friedens aufzunehmen im Stande sein muss. Frieden erscheint somit nicht allein als Nicht-Krieg, sondern als eine dauerhafte Abwesenheit von Kriegen und Kriegsvorbereitung. Er erscheint als eine Art höherer Systemzustand auf allen genannten vier Ebenen, der gewaltsame Konfliktbearbeitung durch andere, gewaltfreie Konzepte ersetzt und diese Gewaltfreiheit institutionalisiert. Dafür wäre allerdings ein Paradigmenwechsel der Politik notwendig (10).

Kriege sind keine Naturereignisse, sondern Folgeerscheinungen von Politik – manche begreifen sie gar als die Logik politischer Ohnmacht (15). Sieht man den Krieg als künstliches Machwerk, so bedeutet dies, ihn als vermeidbar zu denken. Frieden braucht eine entsprechend ausgerichtete Politik; soll er den Menschen, den Parteien, den Klassen, den Völkern, den Staaten und den Systemen möglich sein, so muss er, wie Dolf Sternberger betonte, auf einer Grundlage beruhen: der Vereinbarung. Sternberger schlug diesen Begriff vor, weil er eine ganze Skala von möglichen Verfahren umfasst, „vom stillschweigenden Einverständnis bis zum förmlichen Vertrag und der Annahme gemeinsamer Kampfregeln bis zur Aufstellung einer dauerhaften Verfassung (denn auch eine Verfassung lässt sich als eine friedliche Vereinbarung konkurrierender Gewalten verstehen)" (5, S. 126).

Dem Krieg mit seiner destruktiven Kraft wird gemeinhin Dynamik zugeschrieben; Frieden hingegen kennzeichnet offenbar ein statischer Zustand. Aber dieser Eindruck täuscht: Frieden ist einer der schwierigsten dynamischen Zustände überhaupt. Wenn man Krieg definieren kann als die Anwendung organisierter militärischer Gewalt in den Beziehungen zwischen zwei oder mehreren politischen Einheiten, so lässt sich Frieden zunächst als das Fehlen dieser Gewaltanwendung bezeichnen.

Senghaas: Frieden als Prozess

Auf dieser Überlegung aufbauend entwickelten Dieter und Eva Senghaas 1992 ein „zeitgemäßes Friedenskonzept", in dem sie vier notwendige Bausteine einer Friedensstruktur beschrieben: Rechtsstaatlichkeit (Schutz der Freiheit), Erwartungsverlässlichkeit (Schutz vor Gewalt), ökonomischer Ausgleich (Schutz vor Not) und Empathie (Schutz vor Chauvinismus). *Si vis pacem, para bellum* (Wenn du Frieden willst, rüste zum Krieg), lautet die Maxime für Friedenssicherung im engen militärischen Sinn; Dieter und Eva Senghaas formulierten nun aber *Si vis pacem, para pacem* (Wenn du Frieden willst, rüste zum Frieden) und begründeten dies so: Gegenüber der *para-bellum*-Maxime reflektiere die *para-pacem*-Maxime die gewaltträchtigen Problemlagen, aus denen heraus es immer wieder zur Erschütterung des inneren und des zwischenstaatlichen Friedens gekommen sei – Machtbesessenheit und Expansionismus, politische Diskriminierung und Missachtung von Menschenrechten, ökonomische Disparitäten, Chancenungleichheit und Feindbildprojektionen.

Was ihre Überlegungen vor allem auszeichnet ist, dass sie erstens den Prozesscharakter von Frieden betonen und somit Frieden als das Produkt gelungener Zivilisierung zu begreifen versuchen, zweitens dessen verfassungspolitische, institutionelle, materielle und emotionale Voraussetzungen reflektieren sowie drittens den zwischenstaatlichen mit dem inneren Frieden verklammern.

Ihre Definition lautet: „Friede sowohl in inner- als auch zwischenstaatlicher Hinsicht sollte verstanden werden als ein gewaltfreier und auf die Verhütung von Gewaltanwendung gerichteter politischer Prozess, in dem durch Verständigungen und Kompromisse solche Bedingungen des Zusammenlebens von gesellschaftlichen Gruppen bzw. Staaten und Völkern geschaffen werden, die nicht ihre Existenz gefährden und nicht das Gerechtigkeitsempfinden oder die Lebensinteressen einzelner oder mehrerer von ihnen so schwer wiegend verletzen, dass sie nach Erschöpfung aller friedlichen Abhilfeverfahren Gewalt anwenden zu müssen glauben. Um Frieden zu erreichen, sind deshalb anhaltende Bemühungen um Rechtsstaatlichkeit, Erwartungsverlässlichkeit, ökonomischen Ausgleich und Empathie erforderlich." (31, S. 239)

„Zivilisierung" als übergeordnete Kategorie

Als übergreifende friedenswissenschaftliche Basiskategorie hat sich in den letzten Jahren der Begriff der „Zivilisierung" herausgebildet. Er meint das komplizierte Geflecht jener Bedingungen und Entwicklungen, die im Sinne friedensfördernder Kompetenzen und Qualitäten dazu beitragen, erstens Gewalt zu minimieren, zweitens eine zivile Konfliktbearbeitung auszubauen und drittens institutionelle Bedingungen für die Gestaltung eines stabilen, gerechten und nachhaltigen Friedens herzustellen, zu erhalten und ständig zu verbessern. Die UNESCO und mit ihr die historisch-empirische, soziologische und politologische Friedens- und Konfliktforschung diskutieren verstärkt eine solche „Friedenskultur" als Zielpunkt gesellschaftlicher Entwicklung (21, S. 14 ff.).

Aggressionstrieb
als Kriegsursache?

Eine weitere Kontroverse zum Thema Gewalt und Krieg muss abschließend noch erwähnt werden. Sie durchzog das gesamte 20. Jahrhundert und
dauert nach wie vor an. Ihr Ursprung lag in der Psychoanalyse und der
Verhaltensforschung: Äußerst umstritten ist Sigmund Freuds These, die er
nach dem Ersten Weltkrieg entwickelte, wonach dem Sexualtrieb des Menschen gleichgewichtig ein Todestrieb gegenüberstehe. Der Verhaltens-
forscher Konrad Lorenz variierte diese These ab den 1960er-Jahren: In allen
höheren Lebewesen gebe es, wenn schon nicht einen Aggressionstrieb, so
doch einen aggressionsauslösenden Instinkt (22; 25).

Große Verbreitung findet überdies seit den 1940er-Jahren die Frustra-
tions-Aggressions-Hypothese, also die Annahme, dass aggressives Verhalten aus Enttäuschungen und einem Gefühl der Ausweglosigkeit entspringe.
Ist der Krieg gar ein angeborenes Verhaltensmuster? Aus psychoanalyti-
scher Sicht ist der menschliche Aggressionstrieb Movens zum Krieg, er
vermag Massaker, Exzesse und 'Heldentum' zu erklären. Aber ist er auch
auslösender Impuls für die Entfesselung von Kriegen? Hier gehen die Ex-
pertenmeinungen innerhalb der Psychoanalyse weit auseinander – die
einen bejahen die eben gestellte Frage, die anderen meinen, kriegerische
Auseinandersetzungen würden „gebraucht", um narzisstische Bedürfnisse
und Defizite zu kompensieren (als Überblick und mit weiterer Literatur:
24). Erst wenn diese Zusammenhänge verstanden würden, ließe sich eine
erfolgreiche Kriegsprävention denken. Denn obwohl Kriege gewaltsame
Lösungsversuche von realen, machtpolitischen und ökonomischen Interes-
senkonflikten darstellten, die man nicht „wegpsychologisieren" könne, be-
harren einige Fachleute darauf, dass diese Faktoren allein Konflikte nicht
hinreichend erklären könnten. „Vielmehr wird die Bereitschaft, einen Konflikt kriegerisch und somit nicht auf dem Verhandlungsweg zu lösen, im
gleichen Maß auch durch psychologische Prozesse erzeugt." (24, S. 12)

Zweifel an der Fruchtbarkeit solcher Aggressionstheorien für die Kriegsursachenforschung sind vielfach vorgebracht worden. So wurde argumentiert, dass die Gründe, die eine Staatsführung zum Krieg bewegen, sich wesentlich von jenen Gründen unterscheiden, die für eine individuelle Gewaltbereitschaft maßgeblich sind. Nicht aggressive oder animalische
Instinkte hätten im Wesentlichen die Urheber von Kriegen bestimmt, sondern abwägende und kalkulierende Machtpolitik (20). Andererseits wurde
auch gefragt, inwieweit aggressives Verhalten gesellschaftlich erst erlernt
werde. Gerade die neue Geschlechtergeschichte versucht, die gesellschaftlichen Mechanismen aufzudecken, die vor allem bei Männern immer neue
Aggressivität erzeugen. Gleichfalls umstritten ist schließlich die Frage, ob
die westliche Zivilisation ein aus ihrer Geschichte zu erklärendes besonders hohes Potenzial an Aggressivität enthalte.

Nicht allein im Verlauf der Geschichte – so muss man festhalten – sind
mit den Begriffen Krieg und Frieden unterschiedliche Vorstellungen, Wün-
sche und Projektionen verknüpft worden. Vielmehr leiden auch heutige
Diskussionen häufig daran, dass nicht alle mit diesen Begriffen – und vor
allem auch mit dem Begriff der Gewalt – das Gleiche meinen und das
Gleiche verbinden.

2. Moderne Militärgeschichte und Historische Friedensforschung – Entstehung, Abgrenzung und die wichtigsten methodischen Ansätze

Die Darstellung der Geschichte von Schlachten und kriegerischen Auseinandersetzungen war seit der Antike die Urform der Geschichtsschreibung überhaupt und angesiedelt im weiten Bereich zwischen Mythos und überprüfbarem Bericht. Seit dem späten Mittelalter bildete sich eine „Kriegswissenschaft" heraus, deren Ziel es war, Lehren aus der Kriegsgeschichte und der Entwicklung der Waffentechnik für die Gegenwart zu ziehen. Im Zeitalter des Absolutismus fand vor allem in Frankreich eine Verwissenschaftlichung des Krieges statt (57), aber erst durch Clausewitz' tiefenscharfe Auseinandersetzung mit dem Phänomen Krieg im ersten Drittel des 19. Jahrhunderts erfuhr die wissenschaftliche Beschäftigung mit dem Krieg „eine Art Quantensprung" (63, S. 181).

Militärwissenschaft und Militärgeschichte

Die Militär- und Kriegswissenschaft blieb dabei jedoch für lange Zeit allein den „Praktikern" in den Generalstäben und Kriegsakademien überlassen und schottete sich vom zivilen Bereich ab. Das traf für viele Länder zu, nicht zuletzt für Deutschland. Auch Hans Delbrück, der 1896 an die Berliner Universität berufen wurde und zwischen 1908 und 1920 eine vierbändige „Geschichte der Kriegskunst im Rahmen der politischen Geschichte" vorlegte (49), die wegweisend für eine moderne Militärgeschichte wurde, konnte sich mit seiner Forderung nicht durchsetzen, die Militärwissenschaft stärker an den Universitäten zu verankern und dadurch zu „zivilisieren". Bis zum Zweiten Weltkrieg beschränkte sich die Militärwissenschaft somit auf eine amtliche, an den spezifischen Bedürfnissen der Streitkräfte orientierten „Kriegsgeschichte"; sie diente der Schulung des Offizierskorps und der Identitätsstiftung der militärischen Elite. Im „Dritten Reich" musste sie überdies als „Wehrgeschichte" die Ziele des Nationalsozialismus abstützen.

Nach dem Zweiten Weltkrieg verstrichen noch weitere Jahrzehnte, bis sich die Militärwissenschaft gegenüber der Geschichtswissenschaft endlich öffnete. Mit der thematischen, theoretischen und methodischen Öffnung dieses Wissenschaftszweiges seit den 1990er-Jahren wurde deutlich, dass Militärgeschichte und Militärwissenschaft streng zu trennen sind – nur letztere beschäftigt sich ausdrücklich mit der Operationsgeschichte als einem Kernbereich der militärischen Ausbildung. In beiden Teilen Deutschlands standen beide zuerst unter dem Bann des Kalten Krieges. 1956 wurde in der Bundesrepublik eine dem Verteidigungsministerium unterstellte militärhistorische Forschungsstelle gegründet, aus der das Militärgeschichtliche Forschungsamt (MGFA) in Freiburg, heute Potsdam, hervorging. Und in der DDR entstand unter der Federführung der Nationalen Volksarmee das Militärgeschichtliche Institut (MGI) in Potsdam.

Die Folgen der historiographischen Schlüsselkontroverse der „alten" Bundesrepublik – der „Fischer-Kontroverse" um den Ausbruch des Ersten Weltkriegs, die Anfang der 1960er-Jahre begann und sich bis in die

1970er-Jahre und z. T. noch darüber hinaus fortsetzte – ließen schließlich auch die Militärgeschichte nicht gänzlich unberührt: Neue sozialwissenschaftliche Ansätze, ein Generationswechsel an den Universitäten und das Aufkommen der Friedens- und Konfliktforschung führten insgesamt zu einem „zivilistischeren" Umgang mit der Geschichte des Militärischen. Aber im Vergleich zu anderen westlichen Ländern war in der Bundesrepublik sowohl die Scheu der Militärgeschichte vor der Sozialgeschichte wie umgekehrt der Sozialgeschichte vor der Militärgeschichte besonders groß. Berührungsängste und gegenseitige Ablehnung bestimmten im Grunde bis in die 1990er-Jahre hinein das Bild. Militärgeschichte galt vielen Universitätsgelehrten als unwissenschaftliches Residuum der Militärs – gleichsam als eine Selbstdarstellung der Truppe –, die offenbar aus der Geschichte des Krieges eine Art handlungsorientierter Erfahrungslehre ableiten wollten.

Allerdings war dieses Bild nicht ganz zutreffend. Denn es muss auch betont werden, dass seit dem Ende der 1960er-Jahre das MGFA eine Reihe von Untersuchungen publizierte, die dem Anspruch gerecht wurden, der an die Universitätshistorie gestellt wird, und die internationale Reputation verbuchen konnten. Besonders die grundlegenden Arbeiten von Manfred Messerschmidt über die Wehrmacht im nationalsozialistischen Staat (384) und von Wilhelm Deist über Flottenrüstung und Flottenpropaganda im Kaiserreich (48a) – beide Historiker waren zeitweise wissenschaftliche Leiter des MGFA – öffneten die Tür zu einer kritischen Militärgeschichte. Dies ging jedoch nicht ohne Konflikte innerhalb des „Amtes" vonstatten.

Die moderne Militärgeschichte, die sich um eine zivilistische Aneignung des Untersuchungsgegenstandes Krieg und Frieden bemüht und dabei das soziale und kulturelle Beziehungsgefüge miteinbezieht, wird heute von ihren Vertretern oft als „neue Militärgeschichte" (67) oder als eine „Militärgeschichte in der Erweiterung" (61) bezeichnet. Einige wichtige Arbeitskreise wurden gegründet, aus denen heraus die Forschungen angetrieben werden, so z. B. der Arbeitskreis Militär und Gesellschaft in der Frühen Neuzeit oder der thematisch offenere Arbeitskreis Historische Friedensforschung. Außerdem folgt eine neue Schriftenreihe „Krieg in der Geschichte" den methodischen Fortschritten der Geschichtswissenschaft und füllt damit für den deutschen Sprachraum eine empfindliche Lücke.

„Neue Militärgeschichte"

Mit dieser neuen Militärgeschichte – das zeigt bereits der Name des zuletzt genannten Arbeitskreises – überschneidet sich die heutige Historische Friedensforschung. Die Anfänge der sozialwissenschaftlichen Friedensforschung sind zu Beginn des 20. Jahrhunderts in den USA zu suchen; dort entstanden bis heute zahlreiche Friedensforschungsinstitute, die eng mit der akademischen Lehre verknüpft sind. In Europa hat die Friedensforschung erst Ende der 1950er-Jahre richtig Fuß fassen können – einerseits unter dem Einfluss der amerikanischen Forschung, andererseits als eigenständige Reaktion auf den Zweiten Weltkrieg.

Auch in Europa wurden zahlreiche Institute, Stiftungen und akademische Gesellschaften gegründet, anfangs vor allem in London, Oslo und Groningen, später in Deutschland, hier besonders in Frankfurt am Main und jüngst in Marburg (19, S. 191 ff.). Interdisziplinäre Zusammenarbeit ist das

Historische Friedensforschung

Credo der Friedensforschung; so schrieb einer ihrer wichtigsten deutschen Vertreter, Karl Kaiser, schon im Jahr 1970: „Nicht das parallele Arbeiten, sondern das Zusammengehen verschiedener Wissenschaften ist ... entscheidend. Der multidisziplinäre Ansatz ist also ein wesentliches Merkmal der modernen Friedensforschung." (18, S. 18) Die sozialwissenschaftliche Friedensforschung macht es sich zur Aufgabe, die Friedensverträglichkeit von gesellschaftlichen Erscheinungen, Institutionen, Verfahren, Konzepten usw. zu hinterfragen und neue, auch politisch handlungsleitende Konzepte zu entwickeln.

In der Historischen Friedensforschung als thematischem Teilbereich der Geschichtswissenschaft haben sich in den letzten 25 Jahren fünf wesentliche Untersuchungsfelder herausgebildet: 1. Konfliktlagen des internationales Systems und seiner Akteure (Kriegsursachen und -vermeidung, Konfliktlösung, Friedensschlüsse), 2. Institutionalisierte Friedenssicherung (z. B. Völkerrecht, internationale Organisationen), 3. alternative Vorstellungen und Strategien, etwa der Friedensbewegung, 4. Mentalitätsstudien zu Frieden und Krieg und deren Folgen, 5. die materiellen Gewaltmittel und ihr Einsatz (Rüstung, Abrüstung) (52).

Die Historische Friedensforschung richtet ihr Augenmerk bevorzugt darauf, welche Anstrengungen in der Geschichte jeweils zur Erhaltung des Friedens unternommen wurden und woran sie im speziellen Fall scheiterten. Dabei geht die Fragestellung nicht zuletzt von der Annahme aus, dass aus den heute erkennbaren historischen Fehlern für die Zukunft gelernt werden könne und somit Kriege zu vermeiden bzw. Friedensprozesse herzustellen oder zu erhalten seien (69). Dieser häufig mit Nachdruck postulierte Praxisbezug ist jedoch höchst umstritten, ähnlich umstritten jedenfalls wie die Vorgehensweise der älteren Militärgeschichte. Denn berechtigt erscheint ja die Frage, „ob eine dezidiert 'friedenspraxeologisch' orientierte Kriegsursachenforschung nicht prinzipiell die gleichen Schwächen und Risiken birgt, wie sie aus anderen Versuchen, sich der Geschichte als Lehrmeisterin für das Morgen zu nähern, bekannt sind" – einfach deshalb, weil so die Gefahr droht, dass gerade jene historisch bemerkenswerten Seiten des Untersuchungsgegenstandes aus dem Blick verschwinden könnten, die sich nicht in das Bild jeweils aktueller Konfliktkonstellationen einpassen lassen (37, S. 11).

Kritik an den neuen Ansätzen

Ebenso bleibt die Frage strittig, ob eine geforderte Erweiterung der Militärgeschichte bisweilen nicht zu weit ausgreift und damit über das Ziel hinausschießt. Die moderne, „zivile" Militärgeschichte könnte, so wird von ihren jüngeren Vertretern – die sich für eine Erweiterung stark machen – argumentiert, einen Beitrag zur Historischen Friedensforschung leisten. Ihnen erscheint es sinnvoll, „die Militärgeschichte als historische Soziologie organisierter Gewaltverhältnisse zu begreifen und in dieser Richtung die spezifische Bestimmtheit des Militärs im Krieg wie im 'Frieden' herauszuarbeiten" (61, S. 39). Kritiker wenden demgegenüber ein, dass aller Pluralität zum Trotz die Zentralperspektive nicht aus den Augen verloren werden dürfe. Man müsse sich auf den Ausgangspunkt der militärgeschichtlichen Problematik besinnen: auf das Phänomen Krieg (260).

Solche Kontroversen verdeutlichen vor allem eines: Krieg und Frieden werden seit einigen Jahren in der Geschichtswissenschaft wieder intensiver diskutiert. Die Forschung hat einen lebhaften Aufschwung erfahren, und es haben sich im Wesentlichen fünf neue, Epochen übergreifende Ansätze herausgebildet bzw. ältere Ansätze sind konzeptionell „modernisiert" worden. Fragestellungen, Chancen und Perspektiven dieser grundsätzlichen Zugriffe werden nachfolgend skizziert.

a) Internationale Beziehungen

Forschungen zu den internationalen Beziehungen gehörten lange zu den „klassischen" Themen der Geschichts- und der Politikwissenschaft. Sie analysieren Rahmenbedingungen des Staatensystems, dessen politische Akteure, die Geschichte der Diplomatie, Bündnisse, Verträge, Friedenskongresse und die Entwicklung des Völkerrechts. Zu diesen Untersuchungen, die Ereignisse und Konstellationen in Krieg und Frieden erforschen, treten ideengeschichtliche Arbeiten zu den Friedensvorstellungen von Gebildeten, angefangen bei Erasmus von Rotterdam und dessen „Querela pacis" (1517) über den Abbé de Saint-Pierre, der einen Plan zur Errichtung eines europäischen Staatenbundes als Grundlage eines beständigen Friedens entwarf („Projet pour rende la paix perpétuelle en Europe" 1713–17) bis zu Immanuel Kant und seiner bekannten Schrift „Zum ewigen Frieden" (1795).

Alte und neue Diplomatiegeschichte

Ab den 1960er-Jahren allerdings wurden Forschungen zu den internationalen Beziehungen und zur Ideengeschichte von sozial-, mentalitäts- und wirtschaftshistorischen Untersuchungen zunehmend an den Rand gedrängt. Sie galten vom wissenschaftlichen Ansatz her als veraltet und gerieten, besonders in Deutschland, zusehends aus der Mode. Der zwischenstaatlichen Welt wurde von vielen Fachleuten keine Autonomie zugebilligt, ein Urteil, das sich jedoch als Trugschluss erweisen sollte.

Denn mittlerweile kann man von einem wieder erwachten Interesse an den historischen Dimensionen der internationalen Beziehungen, ja von einer neuen Morgenröte, sprechen (64). Die Ursache liegt in den veränderten, unerwarteten Konstellationen, denen man plötzlich relativ hilflos gegenüberstand: Die welthistorische Zäsur von 1989/90 zeigte die Wirkungsmächtigkeit internationaler Entwicklungen. Zugleich gingen alte Ordnungsmuster verloren, und es bestand ein neuer Orientierungsbedarf.

Die neuen Forschungen zu den internationalen Beziehungen unterscheiden sich in vielerlei Hinsicht von den alten, sie sind insgesamt moderner geworden, beschränken sich nicht mehr auf „Staatsaktionen" und eine „reine" Diplomatiegeschichte, sondern öffnen sich methodisch ganz erheblich. Besonders deutlich wird dies in einem neuen, neunbändigen Handbuch der Geschichte der Internationalen Beziehungen, das den Bogen spannt von der spätmittelalterlichen *Res publica Christiana* um 1450 über das Balance-of-Power-System von 1700 bis 1785 bis hin zu der Welt im Kalten Krieg von 1945 bis 1990. „Dabei wird", so schrieben die beiden Herausgeber Heinz Duchhardt und Franz Knipping, „den modernen Forschungsansätzen in der angelsächsischen und französischen Geschichtswissenschaft entsprechend, ein breit gefasster Begriff des Politischen zugrunde gelegt, der die Diplomatiegeschichte alten Stils überholt und in multiperspektivischem Zugriff wirtschaftliche, kulturelle, konfessionelle, mentale, geopolitische, strategische usw. Gegebenheiten und Interessen in die Interpretation der internationalen Beziehungen einbezieht" (51, Vorwort).

Neue Kriegsgründe im 19. und 20. Jahrhundert

In methodisch ähnlich differenzierter Weise wird heute verstärkt auch untersucht, welche Ursachen es waren, die Staaten und Völker von der Antike bis zu den Balkankriegen des ausgehenden 20. Jahrhunderts in bewaffnete Konflikte trieben und ob man strukturell vergleichbare Prozesse im Vorfeld von Kriegen beobachten kann, die eine Bildung von aussagekräftigen Modellen und Theorien erlauben (37). In einer Untersuchung, die 177 kriegerische Konflikte im Zeitraum von 1648 bis 1989 analysiert, wird die These entwickelt, dass sich die Kriegsgründe im 19. und 20. Jahrhundert im Vergleich zur Frühen Neuzeit grundlegend gewandelt hätten: Sie seien viel abstrakter geworden. Nicht mehr handfeste dynastische, wirtschaftliche oder Handelsinteressen waren demzufolge seit dem beginnenden 19. Jahrhundert die wichtigsten kriegsauslösenden Motive, sondern eher diffuse nationale oder ideologische Ambitionen (56).

Friedensstrategien im Zeitalter der Globalisierung

Aus unserer heutigen Perspektive lässt sich schließlich fragen, ob das internationale System nicht inzwischen ein solch hohes Niveau erreicht hat, welches es erlaubt, Konflikte friedlich auszutragen. Wie Krieg und Frieden sich unter den Bedingungen der Globalisierung verändern, ist ein zunehmend wichtigerer Forschungsschwerpunkt der Politikwissenschaft geworden. Da wir es heute nicht mehr mit einer Staatenwelt zu tun haben, in der – wie im 19. und weithin auch im 20. Jahrhundert – allein souveräne Nationalstaaten handeln und die Macht aus den Gewehrläufen kommt, sondern internationale Zusammenschlüsse, große Wirtschaftskonzerne, mächtige Nicht-Regierungsorganisationen und erstarkende Terrorgruppen als Akteure des internationalen Systems auftreten, müssen sich auch die Strategien ändern, die künftig Frieden, Freiheit und Wohlstand schaffen. Aus der alten Staatenwelt sei eine Gesellschaftswelt geworden, argumentierte einer der bedeutendsten Theoretiker der internationalen Beziehungen, Ernst-Otto Czempiel, und deshalb dürfe, wer in der Außenpolitik heute Erfolg haben will, sich nicht an der Welt von gestern orientieren: „Die veränderten Bedingungen der Gesellschaftswelt verlangen neue Strategien der auswärtigen Politik. Sie müssen der Gewalt vorbeugen, statt ihrer immer wieder mit Gegengewalt und immer zu spät entgegenzutreten. Kluge Macht beseitigt die Ursachen der Gewalt, die in den Strukturen und Prozessen stecken." (47, S. 245)

b) Kriegsalltag – Geschichte „von unten"

Wie erlebten die „kleinen Leute" den Krieg?

Während Wissenschaftler, die sich mit den internationalen Beziehungen beschäftigen, gleichsam mit dem Fernrohr arbeiten, legen Alltags- und Mentalitätshistoriker ihren häufig kleinräumigen Untersuchungsgegenstand unter ein Mikroskop. Der regionale oder lokale sozialräumliche bzw. der alltagsgeschichtliche Bezug ist von einem neuen Forschungszweig seit den 1980er-Jahren stark heraus gestellt worden. Dabei hat diese Forschung auch ein methodisches Instrumentarium entwickelt, mit dem die der Widerständigkeit von handelnden Menschen im „Parterre der Gesellschaft" (Dieter Langewiesche) und ihr Eigensinn gegenüber Regierungsansprüchen „von oben" unterschieden werden können. Nicht die großen politischen und militärischen Ereignisse werden analysiert, sondern wie der Krieg von „gewöhnlichen" Menschen vor Ort erlebt wurde, welche Überlebensstrategien ausgebildet wurden, wie Soldatenleben und Frauenschicksale aus der Nähe aussahen.

Solche alltagsgeschichtlichen Fragen sind vor einigen Jahren in einem bemerkenswerten Band an den Dreißigjährigen Krieg 1618–1648 herangetragen worden, der das Spannungsfeld zwischen Alltag und Katastrophe durchmisst (59). Dabei stützt sich die Analyse vor allem auf „Ego-Dokumente", Selbstzeugnisse einfacher Menschen, aber auch auf bildliche, musikalische und literarische Quellen, die Krieg und Frieden verarbeiteten.

Selbstzeugnisse der Neuzeit, also Aufzeichnungen, die individuelle und auf das „Selbst" bezogene Beobachtungen und Erfahrungen zum Ausdruck bringen, sind für alle Versuche unverzichtbar, soziale Praxis, Erfahrungszusammenhänge und Lebenswelten besonders von Unter- und Mittelschichten zu rekonstruieren. Sie eröffnen Zugänge, um Menschen als empfindende, leidende oder handelnde Personen zu zeigen. Das gilt für den Dreißigjährigen Krieg ebenso wie für den Deutsch-Französischen Krieg von 1870/71 oder für die beiden Weltkriege des 20. Jahrhunderts.

Als Quelle, um Aufschlüsse über die Lebensweise, Erlebnisverarbeitung, das Denken und Fühlen von „kleinen Leuten" im Krieg zu erhalten, sind vor einigen Jahren die Millionen erhalten gebliebener Feldpostbriefe entdeckt worden. Gerade mit Blick auf den Ersten Weltkrieg sind Feldpostbriefe zur Standardquelle der Erforschung von Kriegsalltag geworden. Da sie stets eine Doppelperspektive umfassen – es handelt sich ja um einen Briefwechsel zwischen Soldaten und ihren Frauen, Freunden oder Angehörigen in der Heimat –, können sie einmal Auskunft geben über den Kriegsalltag an der Front. Zugleich können sie als ein Barometer für die Stimmung in der Heimat und als Gradmesser für die Durchschlagkraft offizieller Kriegspropaganda gelesen werden. Dazu muss man sich allerdings bewusst sein, dass mit dieser Quellengattung zahlreiche methodische Probleme verbunden sind, worüber sich auch Kontroversen entzündet haben (siehe dazu Kap. III., 7. b). So darf – um nur ein Beispiel zu nennen – die Zensur der Militärbehörden nicht außer Acht gelassen werden.

Geschichte „von unten" betrifft ein weiteres, umstrittenes Themenfeld: die Desertion, über die die meisten Geschichtsbücher schweigen. Wurde Desertion öffentlich oder auch in der Wissenschaft thematisiert, so geschah dies lange Zeit meist im Zusammenhang einer politischen Agitation gegen das Militär. Zu diesem Zweck wurden dann nicht selten Deserteure idealisiert. Abseits von solchen Instrumentalisierungen hat die neuere Forschung die Desertion eingehender untersucht: Wie wirkten sich Behandlung und Versorgung der Soldaten auf die Desertion aus? Welche Faktoren bestimmten Loyalität und Einsatzbereitschaft von Soldaten? Wie wurde Desertion zu unterschiedlichen Zeiten bewertet, verfolgt und bestraft? Solche Fragen

Desertion

machen deutlich, dass sich im Spiegel der Desertion charakteristische Merkmale von Armeen und ihren Soldaten unterschiedlicher Epochen und Gesellschaften freilegen lassen (42).

c) Krieg und Frieden in den Erinnerungskulturen

„Kriegsgrund" Geschichte

Dass die Geschichte als Argument für Krieg und Frieden in Anspruch genommen wird, ist seit der Antike selbstverständlich, ein Blick auf klassische Autoren wie Homer, Herodot oder Thukydides genügt, um dies zu erkennen. Neuere Forschungen, die den Untersuchungsbogen von der Antike bis in die Gegenwart hinein spannen, fragen, aus welcher politischen Situation heraus, mit welcher Intention und von welchen politischen Akteuren historisch argumentiert wurde, schließlich, welche Wirkungen diese Inanspruchnahmen von Krieg und Frieden in der breiteren Öffentlichkeit hatten. (43).

So ist zum Beispiel argumentiert worden, dass bei Deutschlands Weg in den Ersten Weltkrieg der Kriegsgrund Geschichte eine nicht zu unterschätzende Rolle spielte. Um den Krieg von 1914 gegen Frankreich gesellschaftlich abzustützen, wurde an die Leipziger Völkerschlacht von 1813 erinnert. Eine aggressive Erinnerungskultur wirkte konfliktverschärfend. Die Geschichte senkte die Hemmschwelle für Krieg und suggerierte eine Unvermeidbarkeit von Kriegen überhaupt, die so als eine geschichtsnotwendige – und letztlich für die Deutschen siegreich ausgehende – Erscheinung galten (44). Damit fügen sich Forschung zu Krieg und Frieden ein in das seit etwa einem Jahrzehnt auf internationaler Ebene und in interdisziplinärer Verflechtung intensiv beackerte Feld der Geschichts- oder Erinnerungskultur, der „lieux de mémoire", der „invention of tradition", der Herstellung kollektiver oder nationaler Identitäten.

Kollektive und individuelle Erinnerung

Kriege haben – dies gilt wie man mittlerweile sieht für alle Gesellschaften – sowohl für die kollektive wie auch für die individuelle Erinnerung eine zentrale Bedeutung und zwar in dreifacher Hinsicht. Sie bilden erstens einen dramatischen Kontinuitätsbruch. Als tiefer Eingriff in das Leben müssen sie nicht nur verarbeitet, sondern auch in die Erinnerung integriert, sie müssen tradiert werden, um Sinn in der Deutung des eigenen Schicksals zu erhalten, um Opfer und Leid zu „bewältigen". Zweitens stellen Kriege häufig eine entscheidende Wende im gesellschaftlichen wie im individuellen Leben dar, und die dem Krieg folgende Zeit wird als Nachkriegszeit erinnert. Kriege führen schließlich drittens auch zu einer neuen Sicht der Zeit, die dem Krieg vorausging, denn diese wird nun auf den Krieg hin erinnert und erscheint als Vorkriegszeit. Insofern sind Kriege Schleusen der Erinnerung: Sie verengen und kanalisieren auch häufig den Zugang zur Vorkriegszeit (40).

Die erinnerungskulturellen methodischen Zugänge fragen nach den Medien und den Formen der Erinnerung: Welche Erinnerungssegmente werden von wem miteinander verknüpft? Wie werden sie massenhaft verbreitet, etwa in Denkmälern, Schulbüchern, Literatur oder Film? Wie gestaltet sich das spannungsreiche Verhältnis von individueller und offizieller Erinnerung? Welche Rolle spielt dabei die Geschichtswissenschaft? Wie verarbeiten unterschiedliche Gesellschaften und Kulturen – im intertemporalen und internationalen Vergleich – Kriege und Frieden in ihrer Erinnerung? Gibt es Unterschiede in der Erinnerung bei den Siegern und den Besiegten? Liegt in der Erinnerung bereits der Keim für künftige Konflikte verborgen? Vielfach wird ein Zusammenhang zwischen Kriegserinnerung und nationaler Integration aufgedeckt, dies gilt für Frankreich und Deutschland nach dem Deutsch-Französischen Krieg von 1870/71, dies gilt aber beispielsweise auch für Großbritannien, wo die Erinnerung an den Ersten Weltkrieg – „The Great War" – das kollektive Gedächtnis über Jahrzehnte prägte und die britische Gesellschaft integrieren konnte.

Deutlich wird in den erinnerungskulturellen Untersuchungen überdies, dass die Interpretationen von Krieg und Frieden zwischen einzelnen Gruppen der Gesellschaft hochgradig umkämpft waren (und sind); sie können nämlich auch zum Mittel gesellschaftlicher Spaltung und Ausgrenzung werden. Schließlich gehören propagandistisches Gedenken wie verordnetes Vergessen gleichermaßen zu den Untersuchungsfeldern. So verfiel beispielsweise die öffentliche Erinnerung an den Zweiten Weltkrieg in der Sowjetunion und vielen Ländern Osteuropas einer unsäglichen Schönfärberei, die mit den Primärerfahrungen der Zeitzeugen, dem Leiden der Soldaten und der Bevölkerung, kaum mehr etwas zu tun hatte. Erst mit dem Untergang des Kommunismus und der Rückkehr der Geschichte seit 1989 konnten auch lange unterdrückte Erinnerungen und wissenschaftliche Kontroversen über den Zweiten Weltkrieg öffentlich ausgedrückt und ausgetragen werden, wobei häufig ein ganz anderer Krieg als der bis dahin offiziell erinnerte, zum Vorschein kam (71).

Wenngleich Kriege auf die Menschen einen viel stärkeren Eindruck hinterlassen als Friedenszeiten, weil mit ihnen menschliches Leid, Bewältigung des Todes usw. angesprochen sind, so wohnen doch auch jedem Friedensschluss und jedem Frieden emotionsweckende Komponenten inne. Friedensfesten und Erinnerungsfeiern aber, in denen Frieden symbolisiert und ritualisiert wurde, hat sich die Forschung bisher vergleichsweise wenig gewidmet, obwohl es in den letzten Jahren einige bedeutende Ansätze dazu gab (50; 53).

Schließlich spielen Erinnerungskultur und Erinnerungsarbeit in der Friedenspädagogik eine zunehmend wichtigere Rolle. Zwar sind die geschichtsdidaktischen Konzepte der 1970er- und 1980er-Jahre, die unter der Überschrift „Geschichtsunterricht und Friedenserziehung" geführt wurden (62), weitgehend aus der Mode gekommen, aber unter friedenspädagogischen Gesichtspunkten wird doch verstärkt diskutiert, wie eine Erinnerungsarbeit aussehen könnte, die sich um Grundlagen für eine Kultur des Friedens bemüht.

Friedenspädagogik

Damit geraten Museen, Gedenkstätten und Schulen in das Blickfeld. Umstritten ist hier nicht allein die Frage, ob sich Frieden in einem Museum überhaupt konservieren und archivieren lasse, sondern vor allem: Wie kann man den abstrakten Gegenstand Frieden überhaupt im Museum ausstellen, ohne sich ihm doch wieder nur von seiner ausstellungstechnisch viel einfacheren Kehrseite, dem Krieg mit seinen zahlreich vorhandenen

Exponaten, zu nähern? Solche praxisbezogenen Ansätze werden nicht dadurch entwertet, dass die Vielzahl von Kriegen in der Geschichte eigentlich gegen die Friedfertigkeit der Welt sprechen müsste. Vielmehr sind sie in der Lage aufzuzeigen, dass Kriege historisch vorhanden waren und erklärbar sind, aber dass der Wille zum Frieden historisch wandelbar ist und sich erst in jüngster Zeit zu einem zentralen Wert der westlichen Kultur entwickelt hat, den es zu fördern gilt (65).

d) Kriegserfahrungen und Friedenserfahrungen

Hinter dem Stichwort „Kriegserfahrungen", das erst jüngst als ein neues Paradigma in die Forschung eingeführt wurde, steht ein neues kulturwissenschaftliches Forschungsprogramm, welches die sozial-, kultur- und alltagsgeschichtlichen Dimensionen des Krieges zusammen in den Blick nimmt. Es signalisiert also nicht allein das Anliegen, die historischen Subjekte, die Menschen, mit ihrer Nahperspektive auf das Kriegsgeschehen wieder zum Sprechen zu bringen, sondern holt weiter aus und zielt auf kollektive Deutungen, Sinnstiftungen und Bewältigungen von Kriegen; es modifiziert und erweitert somit den erinnerungskulturellen Ansatz.

Was heißt „Erfahrung"? Lange Zeit standen die politisch-militärischen und die sozialgeschichtlichen Aspekte des Krieges im neuzeitlichen Europa und dessen kulturgeschichtlichen Aspekte in der Forschung relativ isoliert nebeneinander. Diese Trennung soll durch den theoretisch untermauerten Begriff „Erfahrung" aufgehoben werden. Dieser neue starke Forschungszweig ist aus dem seit 1999 bestehenden Tübinger DFG-Sonderforschungsbereich „Kriegserfahrungen. Krieg und Gesellschaft in der Neuzeit" hervorgegangen.

Da „Erfahrung" als historische Kategorie bislang in unterschiedlicher Weise verstanden und ausgelegt wurde, ging es zunächst um eine theoretische Fundierung des Begriffs und seine Etablierung als kulturwissenschaftliche Leitkategorie. Angeknüpft wurde dazu an verschiedene Theorieangebote, die ab den 1960er-Jahren im Bereich der philosophischen Hermeneutik und der Wissenssoziologie entwickelt worden waren. Die wissenssoziologische Fassung des Erfahrungsbegriffs beruht auf drei Grundüberlegungen: erstens der deutenden Aneignung der Wirklichkeit als eines dialektischen Prozesses, der sich zwischen gesellschaftlichen Vorgaben bzw. Konventionen und dem Individuum abspielt – Wirklichkeit erscheint mithin als das Produkt eines permanenten Kommunikationsprozesses; zweitens den Bedingungen von Erfahrungswandel im Zeitverlauf und über die Generationen hinweg; und drittens dem praxeologischen Bezug, womit die Frage angesprochen ist, welche jeweiligen Handlungen in der Praxis aus den Erfahrungen abgeleitet werden.

Damit wird deutlich, was den Begriff der Erfahrung auszeichnet und was ihn methodisch so fruchtbar macht: Dass in ihm nämlich „die Dualität von Strukturphänomenen – also das dialektische Verhältnis zwischen Akteur und Gesellschaft, zwischen Handeln und Sozialstruktur, zwischen subjektiven und objektiven Faktoren menschlicher Wirklichkeit – zum Ausdruck kommt" (46, S. 17).

Vor dem Hintergrund dieser theoretischen Überlegungen konnten für die Epoche des Dreißigjährigen Krieges, die Epoche der französischen Revolutionskriege und die antinapoleonischen Befreiungskriege sowie für das Zeitalter der Weltkriege im 20. Jahrhundert Fragestellungen entwickelt werden, die über die „klassischen" Fragen der Militärgeschichte hinausweisen, z. B.: Wie entstehen einerseits die großen Bilder und Mythen von Siegen und Niederlagen in verschiedenen Gesellschaften? Wie vertragen sich diese andererseits mit den Erfahrungen der Individuen, also Erfahrungen von massenhaftem Erleiden von Gewalt, Zerstörung, Verwüstung, Flucht, Hunger sowie Verstümmelungen und Tod in Kriegszeiten? Wie entstehen überhaupt Kriegserfahrungen? Existieren neben den Prozessen nationaler Integration und Desintegration regionale Erfahrungen, die quer zu diesen allgemeinen – und oft auch viel zu schnell verallgemeinerten – Prozessen liegen? Welche Bedeutung im Sinnstiftungsprozess hat der Faktor Religion (39)? Wie werden Kriegserfahrungen in den Medien und den Künsten symbolisiert, in den Primärerfahrungen der Zeitgenossen kommuniziert und welche Rolle spielten die Wissenschaften bei der Verbreitung von Kriegserfahrungen? Schließlich: Wie lassen sich angesichts der Monstrosität der Kriegsverletzungen Kriegsinvalidität und Körperbilder als Teil einer Erfahrungsgeschichte von Kriegen beschreiben? (58)

In diesem weit ausholenden Forschungsprogramm blieb allerdings eine wichtige Frage weithin offen: diejenige nach der Bereitschaft zur Konfliktentschärfung, kurz gesagt, die Frage nach der Kehrseite von Krieg, dem Frieden und den „Erfahrungen des Friedens". Auch Frieden lässt sich ja als ein soziales und kulturelles Konstrukt begreifen, und deshalb könnten hier ebenso wie beim Krieg Deutungs- und Verarbeitungsmuster aufgedeckt werden. Wie etwa verändert sich durch die Erfahrung des Krieges das Gefühl für den Zustand des Friedens?

Neue Fragestellungen

Defizite

e) Gender Studies und Kinder im Krieg

Lange Zeit kennzeichnete die Militärgeschichtsschreibung ein doppelt männlich geprägter Blick: männliche Historiker beschäftigten sich mit männlichen Akteuren. Die geschlechtergeschichtliche Perspektive blieb nahezu vollständig ausgeblendet. Mehr noch: Feministische Wissenschaftlerinnen der ersten Stunde gingen ihrerseits lange von einer Dichotomie aus, derzufolge die bürgerliche Gesellschaft vom Gegensatzpaar „friedfertige" Frau und „kriegerischer" Mann geprägt sei und es sich deshalb erübrige, sich mit dieser Männerdomäne zu befassen (41). Die heutige Geschlechterforschung hat jedoch diese Dichotomie selbst als ein Produkt sozialer, kultureller und politischer Konstruktion erkannt. Sie fragt deshalb nach den Zusammenhängen von Militärverfassung, Kriegführung und Geschlechterordnung von der Zeit der Söldnerheere der Frühen Neuzeit bis zum Beginn einer industriellen Massenkriegführung im Zeitalter der Weltkriege (55).

Friedfertige Frauen, kriegerische Männer?

Die scharfe Trennung zwischen Bevölkerung und Armee ist erst eine Erscheinung seit der Mitte des 19. Jahrhunderts. Zuvor überschnitten sich zivile und militärische Welt permanent. Die Tross- und Lagergesellschaft der Frühen Neuzeit bestand bis zu 50 Prozent aus Frauen und Kindern, mitziehende Soldatenfamilien gehörten zu den Heeren auch noch des 18. Jahrhunderts. Erst im Zuge tief greifender Wandlungsprozesse seit der zweiten Hälfte des 18. Jahrhunderts, die fast alle Länder Europas erfassten und zur allgemeinen männlichen Wehrpflicht sowie zur Kasernierung führten, änderte sich dies schlagartig. Der Gegensatz zwischen „Front" und „Etappe" stellt sich im Lichte geschlechtergeschichtlicher Betrachtung weniger als eine militärisch-funktionale Grenzziehung dar, sondern als eine symbolische, die zwischen Männern und Frauen gezogen wurde.

Geschlechterbilder

Neuere Untersuchungen haben mittlerweile beispielsweise herausgearbeitet, dass Geschlechterbilder für die Entwicklung nationaler Ideologien und Bewegungen sowie für die Mobilisierung von nationaler Kriegsbereitschaft eine nicht zu unterschätzende Bedeutung besaßen (54), und dass zudem die Kriege im 19. und 20. Jahrhundert auf die Entwicklung von Geschlechterordnungen eine zutiefst konservative Wirkung hatten. Veränderungen im Verhältnis zwischen Mann und Frau, die während der Kriegszeit eintraten, erscheinen in der heutigen Forschung mehr und mehr oberflächlich und provisorisch; sie hatten in der Nachkriegszeit häufig keinen Bestand. Die neue Geschlechterforschung widmet sich auch militärischen Männlichkeitsvorstellungen, sei es im Krieg oder in der zivilen Welt. Wie wurden, so lauten einige ihrer bevorzugten Fragen, Geschlecht in den militärischen Diskursen von Kriegs- und Nachkriegszeiten konstruiert, wie in Beziehung gesetzt zum staatlich legitimierten Töten? Wie beeinflussten sich militärische und zivile Deutungsmuster gegenseitig? Daneben wird freilich auch nach den aktiv teilnehmenden Frauen in kriegerischen Auseinandersetzungen gesucht, wobei längst nicht mehr umstritten ist, dass es seit der Antike Frauen in Waffen gab, und Frauen von derselben Aggressionsbereitschaft beseelt sein konnten und können wie Männer.

Frauen als Soldatinnen

Kontrovers und z. T. polemisch diskutieren Wissenschaftlerinnen und Wissenschaftler hingegen, ob es sich bei den Frauen in Waffen um Emanzipationserscheinungen handelt (66) oder vielmehr um Tendenzen des militärischen Niedergangs, wie einer der führenden israelischen Militärhistoriker der Gegenwart, Martin van Creveld, argumentiert. Seine höchst provokative These lautet, dass Frauen zwar als Anstifterinnen, Ursachen und Ziele, als Opfer oder Schutzbefohlene der Männer unverzichtbar für den Krieg seien, ja dass es ohne Frauen keinen Krieg gäbe; aber jenseits dieser „Funktionen" würden sich Frauen und Militär nicht vertragen. Van Creveld versucht detailliert darzulegen, „wie dem Niedergang des Militärs der Zustrom von Frauen folgte und der Zustrom der Frauen den Niedergang des Militärs weiter beschleunigte" (68, S. 18). Je mehr Frauen in die Streitkräfte verschiedener Länder der Erde eingetreten seien, desto weniger würden die Streitkräfte bereit und in der Lage sein zu kämpfen. Schon aufgrund ihrer physischen Unterlegenheit gegenüber Männern gehören nach van Creveld Krieg und Kampf nicht zur Rolle der Frau – alles andere zu behaupten sei eine große Illusion.

Bei solchen Thesen fragt man sich natürlich, wie es dann um Kinder im Krieg bestellt ist. Zu allen Zeiten haben Kriege auch Kinder und Jugendliche betroffen, als Opfer und Täter, und in den gegenwärtigen Medienberichten aus den Kriegszonen der Welt erschüttert es manchen Betrachter schon nicht mehr, Kindersoldaten mit schweren Maschinengewehren zum Töten bereit zu sehen. Wie gehen Gesellschaften in Extremsituationen mit ihren Kindern um? Wer überhaupt ist in unterschiedlichen historischen Gesellschaften als „Kind" oder „Jugendlicher" zu bezeichnen? Wie prägen kindliche Kriegserfahrungen das spätere Erwachsenenleben? Während die konventionelle Militärgeschichte diesen Themen fast gar keine Aufmerksamkeit gewidmet hat, möchten neuere Untersuchungen herausfinden, „wie in je unterschiedlichen zeitlichen und kulturellen Kontexten Kinder und Jugendliche während und nach Kriegen behandelt wurden, ob und inwieweit Gesellschaften dies überhaupt wahrnahmen und wie sie darauf reagierten" (48, S. IX). So ist der geschlechtergeschichtliche Zugriff auf das Thema Krieg und Frieden um den ebenso wichtigen, aber noch in den Kinderschuhen steckenden generationengeschichtlichen Zugriff erweitert worden.

Kinder im Krieg

3. „Ewiger Frieden" – Die Erfindung des Friedens in der Neuzeit

a) Der Westfälische Frieden 1648: Von der Verdammung zur Charakterisierung als „größtes Friedenswerk"

Der Westfälische Frieden – der Frieden, der am 24. Oktober 1648 nach vierjährigen Verhandlungen von 148 Gesandten zwischen dem Kaiser einerseits und Frankreich und seinen Verbündeten (in Münster) sowie Schweden und seinen Verbündeten (in Osnabrück) geschlossen wurde und den Dreißigjährigen Krieg beendete – war ein Friedensschluss der Superlative und ist in dreierlei Hinsicht von fundamentaler Bedeutung. *Erstens*: Seine europäische und welthistorische Bedeutung ergibt sich daraus, dass er die staatliche Souveränität betonte und eine zwischenstaatliche Kooperation begründete. Hier lag die Geburtsstunde der europäischen Ordnung prinzipiell gleichberechtigter Staaten. Die Eidgenossenschaft und die Generalstaaten schieden aus dem Reichsverband aus. Der Westfälische Frieden verstand es, eine höchst komplizierte Gemengelage kriegstreibender Konflikte durch Verhandlungen, Diplomatie und Verträge zu lösen. Er schuf ein durch Garantien abgesichertes europäisches Friedenssystem. *Zweitens*: Er schlichtete den Streit zwischen den Konfessionen. Der Augsburger Religionsfrieden von 1555 zwischen Katholiken und Protestanten wurde anerkannt und auf die Kalvinisten ausgedehnt. Eine drohende Majorisierung der Protestanten wurde durch die paritätische Besetzung der Reichsbehörden verhindert. Die Grundlage für religiöse Toleranz und Religionsfreiheit war gelegt. *Drittens*: Er entschied die zwischen Kaiser und Reich strittigen Verfassungsfragen. Die kaiserliche Zentralgewalt wurde beschränkt, die Reichsstände erhielten die volle Landeshoheit, dazu

Fundamentale
Bedeutung

das Recht, Bündnisse untereinander und mit auswärtigen Mächten zu schließen, die sich jedoch nicht gegen das Reich richten durften. Bei der Führung der Reichsgeschäfte erhielten die Reichsstände wichtige Mitbestimmungsrechte; im Kräftespiel des europäischen Staatensystems waren sie zu eigenständigen Akteuren aufgestiegen. Diese innere Ausgestaltung des Reiches, die im Westfälischen Friedensvertrag ausdrücklich als Reichsgrundgesetz bezeichnet wurde, dauerte bis zum Ende des Alten Reiches im Jahr 1806.

Als historisches Thema ist der Westfälische Frieden gründlich erforscht (89). Zum 350. Jubiläum dieses säkularen Ereignisses der europäischen Geschichte im Jahr 1998 erschienen zahlreiche grundlegende Werke, die den neuesten Stand der internationalen Forschung widerspiegeln. Namentlich der von Heinz Duchhardt herausgegebene Sammelband, der eine Tagung von weit über hundert Fachleuten aus ganz Europa und den USA dokumentiert, ist hier zu nennen (85; auch 125), aber auch der voluminöse dreibändige Ausstellungskatalog „1648 – Krieg und Frieden in Europa" (79).

Verunglimpfung

Das Bild des Westfälischen Friedens schwankte indessen durch die Zeitläufte hindurch ganz beträchtlich, er hat überaus kontroverse Deutungen und zeitbedingte Wertungen erfahren – in der Geschichtsschreibung, aber auch in der politischen Auseinandersetzung. In dieser Hinsicht steht er dem Versailler Vertrag von 1919 in nichts nach, es wurden sogar wiederholt Parallelen zwischen beiden Friedensschlüssen gezogen.

Während der längsten Zeit des Bestehens des Alten Reiches erfreute sich das Vertragswerk einer Wertschätzung, die großenteils auch noch im Zeitalter der Aufklärung aufrechterhalten blieb (109). Mit der Französischen Revolution, dann aber vor allem mit der Auflösung des Alten Reiches im Jahr 1806 begann ein dramatischer Historisierungs- und Politisierungsschub (130). Als die „Nation" in der Epoche der Befreiungskriege die Spitzenstellung in der Hierarchie der Loyalitäten errang und ältere Bezüge wie Konfession, Stand oder Dynastie auf die Plätze verwies, als zudem dieses neue deutsche Nationalbewusstsein sich aus der Feindschaft gegenüber Frankreich speiste – sah man den Westfälischen Frieden als Produkt einer angeblichen deutsch-französischen Erbfeindschaft.

Die dann aufkommende borussisch-kleindeutsche Geschichtsschreibung seit Johann Gustav Droysen (1808–1884) brach endgültig den Stab über diesen Frieden. Wenn einzig und allein die Idee eines mächtigen zentralen Nationalstaates unter Preußens Führung zur Richtschnur genommen wurde, um den Westfälischen Frieden zu bewerten, lagen die vernichtenden Urteile auf der Hand: Deutschland sei ohnmächtig gehalten und zum Spielball fremder Interessen degradiert worden. Dem Kardinal Duc de Richelieu (1585–1642), der als Vordenker eines Universalfriedens im Interesse der französischen Außenpolitik gelten kann, wurde nun eine antideutsche Politik vorgeworfen: Sein Ziel sei es gewesen, einen deutschen Nationalstaat zu verhindern. Und dieses Ziel, nämlich das „ewige" Vormachtstreben Frankreichs, habe 1648 wahre Triumphe gefeiert.

Eigensüchtige Sonderinteressen der deutschen Fürsten hätten Deutschland zugrunde gerichtet. Die einschlägigen Verdikte lauteten: „Kleinstaaterei", „Duodezfürstentümer", „Zersplitterung", „Flickenteppich". Schwäche,

Zerrissenheit, Verfall: Das Jahr 1648 erschien so als der Tiefpunkt der deutschen Reichsgeschichte

Solche Wertungen blieben nach Weltkriegsniederlage, Monarchiesturz und Republikgründung auch in den 1920er-Jahren bestehen, erhielten durch den Versailler Vertrag allerdings noch zusätzliche politische Imprägnierungen: Das zweite Mal sei ein französisches Diktat zur Niederhaltung und Erniedrigung des Deutschen Reiches erfolgt, gegen welches sich das deutsche Volk wehren müsse (98, S. 374). Besonders die Nationalsozialisten hatten Interesse an einer solchen negativen Kontinuitätslinie 1648–1919, sie propagierten deshalb lautstark die Zerstörung des angeblich 1648 in Münster geschaffenen und 1919 in Versailles gekrönten Werkes französischer Hegemonialpolitik zur Unterwerfung Deutschlands. Die neue Universalmacht auf dem europäischen Kontinent sollte fortan das „Großdeutsche Reich" sein.

Nach Nationalsozialismus, Zweitem Weltkrieg und bedingungsloser Kapitulation des Deutschen Reiches gedachte man 1948 öffentlich aufwändig der 300-jährigen Wiederkehr des Westfälischen Friedens. Die Verdammung des Friedenswerkes durch die nationalistische Historiographie war nach ihrer für alle sichtbaren Diskreditierung zu Ende, es begann die Zeit einer historisch neutralen, empirischen Detailforschung im Westen Deutschlands, die ihren Höhepunkt mit dem Werk von Fritz Dickmann erreichte (82). Während die DDR-Geschichtswissenschaft mit dem Westfälischen Frieden wenig anfangen konnte, weil man dort auf die „frühbürgerliche Revolution" fixiert blieb, der für einen Übergang vom Feudalismus zum Kapitalismus größte Bedeutung zugemessen wurde, erfreut sich das Alte Reich in der Bundesrepublik seit den 1970er-Jahren nicht nur eines steigenden Interesses. Es wurde unter föderalen, europa- und friedenspolitischen Gesichtspunkten sogar zunehmend freundlicher beurteilt und aus der „unangemessenen nationalgeschichtlichen Betrachtungsweise herausgelöst" (120, S. 61; 73). Viele Frühe-Neuzeit-Experten versuchten, „eine Brücke zur historisch-politischen Kultur der Gegenwart" zu schlagen, das frühneuzeitliche Geschichtsbild kehrte sich fast vollends ins Positive, ja Vorbildhafte um (128, S. 10). Am pointiertesten rückte Johannes Burkhardt den Westfälischen Frieden anlässlich seines 350. Jubiläums in eine neue Perspektive und beschrieb ihn als das „größte und grundlegendste Friedenswerk der Neuzeit, vielleicht der Geschichte überhaupt" (77, S. 593).

Als Friedensrezept sei das Staatensystem etabliert worden, das als Grundprinzip des Friedensschlusses bis in die Gegenwart fortwirke. Das alte universalistische Europabild, an dessen Spitze ein Imperium und ein Herrscher zu stehen habe, sei vollständig revolutioniert worden. Die allgemein geteilte Einsicht nach dreißigjährigen grausamen Kämpfen hieß: Keine der Mächte konnte mehr die Spitzenstellung in Europa einnehmen, die neue Ordnung musste auf einem staatlichen Nebeneinander beruhen. „Der Friede war nur zu erlangen durch ein prinzipielles Abrücken aller von Maximalzielen und wurde dabei zu einer wichtigen Zäsur in der Ausbildung des europäischen Staatensystems. Das Staatensystem ist als Friedenskompromiss entstanden und erwies sich so als grundlegendes Konfliktlösungsmittel Europas." (77, S. 595) Das Modell der prinzipiellen Gleich-

Wiederentdeckte Bedeutung

rangigkeit aller Staaten ist so in das Völkerrecht gelangt – und dies bereits eineinhalb Jahrhunderte, bevor das moderne Prinzip der Gleichheit der Menschen vor dem Gesetz in der Französischen Revolution formuliert wurde. Warum der Frieden allerdings nur wenige Jahre hielt und anschließend wieder zahlreiche Kriege ausbrachen – diese Frage lässt sich nur mit einer neuen Theorie der frühneuzeitlichen Bellizität beantworten (siehe dazu Kap. III., 5).

Altes Reich als Friedensmacht

Als die am meisten verkannte Leistung des Westfälischen Friedens bezeichnete Burkhardt die frühmoderne deutsche Verfassung. Sie etablierte in der Mitte Europas eine Friedensmacht mit geradezu erstaunlich modernen Zügen. Der Westfälische Frieden wurde zu einer Art Grundgesetz des Alten Reiches, und diese Verfassung war nicht nur die bislang dauerhafteste in der deutschen Geschichte überhaupt, sondern strahlte normativ auch nachhaltig in die Zukunft aus. „Mit dem Westfälischen Frieden bekamen und gaben sich die Deutschen früher als alle anderen in Europa ihre erste geschriebene Verfassung." (77, S. 598) Dieser deutsche „Verfassungsstaat" habe unterschiedliche Kräfte auf zentraler und föderaler Ebene meisterhaft ausbalanciert, er habe zukunftsweisende Institutionen wie den Reichstag als erstes „stehendes" Parlament oder das Reichskammergericht als Hüter des „Rechtsstaats" etabliert und so geradezu vorbildlich den inneren Frieden gesichert. „Wer in der Bundesrepublik Deutschland lebt, dem wird dieses politische System bei allen Gewichtsverschiebungen zwischen Bund und Ländern nicht ganz unbekannt vorkommen. Der Westfälische Friede kodifizierte bis heute wirksame föderalistische Traditionen der deutschen Verfassungsgeschichte." (77, S. 602)

Reich und Territorien waren in der Frühen Neuzeit somit direkt aufeinander bezogen und angewiesen. Nirgends zeigte sich dies so deutlich wie bei der Reichskriegsverfassung; armiert waren die Territorien, ein Reichskriegsrat fehlte, das Reichsheer war ein Heer der Reichskreise. In einem anderen Beitrag formulierte Burkhardt deshalb: „Die Verteilung der Staatlichkeit auf zwei Ebenen eigenen Rechts, deren Zusammenwirken erst einen Reichskrieg überhaupt ermöglichte, erfüllt fast schon das heutige politische Ideal struktureller Nichtangriffsfähigkeit eines politischen Systems." (196, S. 536 f.) Des Weiteren habe der Westfälische Frieden den Religionskrieg zumindest im Reich überwunden und dort den Religionsfrieden geschaffen. Fasst man diese neuen Deutungen, die auch Eingang in eine neue Gesamtdarstellung des Alten Reiches gefunden haben (132), zusammen, so lassen sich drei wichtige Friedensstrategien benennen: 1. Frieden durch Staatensystem, 2. Frieden durch Recht, 3. Frieden durch Normbildung.

„Westphalian System"

Allerdings ist die Kritik an dieser sehr aktualitätsbewussten Deutung, die das Alte Reich in struktureller Hinsicht fast als Vorläuferstaat der Bundesrepublik interpretiert, nicht ausgeblieben. Abgesehen von der grundsätzlichen Frage, wie stark man Geschichte aus der Optik der Gegenwart und zur aktuellen politischen Orientierung schreiben darf, sind ferner empirische Einwände vorgebracht worden: Die gerade auch in der amerikanischen Politikwissenschaft vorherrschende Denkfigur des „Westphalian System" – die eine Kontinuität vom Westfälischen Frieden bis zur gegenwärtigen europäischen oder gar weltweiten Staatenordnung postuliert (116) – erscheint demzufolge fraglich.

Für die Geschichtswissenschaft sei das Modell vor allem mit Blick auf den sehr langen Zeitraum viel zu holzschnittartig, um produktiv genutzt werden zu können. Heinz Duchhardt schrieb: „Nun zuckt der Historiker hier natürlich zurück. Staatswerdungsprozesse auf einen Punkt zu fokussieren, den Übergang zur staatlichen Souveränität erst in der Mitte des 17. Jahrhunderts zu verorten – das widerspricht ja wohl allen Tendenzen der Forschung der letzten Jahrzehnte." (90, S. 308) Frankreich und Spanien etwa waren bereits souveräne Staaten. Der Westfälische Frieden verhinderte auch nicht, dass ein souveräner Staat wie Polen formal seiner Souveränität wieder beraubt wurde. Das Prinzip der Ebenbürtigkeit aller Staaten auf der diplomatischen Ebene schloss seinerseits wiederum nicht aus, dass sich privilegierte Staatengruppen wie im 18. Jahrhundert die Pentarchie (England, Frankreich, Österreich, Preußen, Russland) herausbildeten. Das Gleichgewicht als internationales System ist Duchhardt zufolge erst ein halbes Jahrhundert nach dem Friedensvertrag, also in den 1690er-Jahren, geschaffen worden. Und was schließlich die Hochschätzung der Flexibilität, Integrationskraft und regionalen Vielfalt des Alten Reiches anbelangt, so könne – wie etwa Heinz Schilling einwandte – diese Sichtweise die Reformunfähigkeit des Reiches am Ende des 18. Jahrhunderts nicht hinreichend erklären (129).

Wenngleich man auch diese Schwächen der Friedensordnung von 1648 benennen muss, so ist es doch bemerkenswert, in welcher Art und Weise die Beteiligten am Westfälischen Frieden aus dem Dreißigjährigen Krieg herauskamen, dessen Grausamkeit alle bisherigen Dimensionen gesprengt und der eine höchst verfahrene politische und religiöse Situation in Europa hinterlassen hatte. Angesichts einer massiven Erschöpfung der Krieg führenden Parteien gab es einen starken Impuls zur Beendigung des Konflikts. Zudem war die Fähigkeit zum Ausgleich und Kompromiss, die sich auch auf neue Ordnungsansätze einließ, erstaunlich. Es ist eindrucksvoll zu sehen, wie inmitten einer Ständegesellschaft eine Form von partnerschaftlicher Gleichheit – und zwar zwischen Staaten, zwischen kooperierenden Reichsebenen und zwischen paritätischen Konfessionen – als Lösungskonzept herangezogen wurde (77, S. 609). Und es spricht auch nichts dagegen, interessante Entwicklungspotenziale, die die frühe Neuzeit im Allgemeinen und das Alte Reich im Besonderen in sich bargen, stärker als es lange Zeit geschehen war, an die deutsche Geschichte erkenntnisproduktiv anzukoppeln. Der Westfälische Frieden war nur *eine* Station auf dem Weg zu einem Staatensystem, und die Staatsbildung verlief zudem von Land zu Land unterschiedlich – aber ein neues Modell war 1648 gefunden worden: Erstmals wurde in Europa politisch-rechtlich von der Vorstellung abgerückt, dass eine einzige Macht in Europa den Vorrang haben müsse. Vieles im Alten Reich war historisch andersartig als es heutige Strukturen sind – aber gerade in dem oben genannten institutionellen Bereich (Verfassung, Rechtsstaatlichkeit, föderative Strukturen) lagen innovative Potenziale begründet, die, aller später eingetretenen Wandlungen zum Trotz, weit in die Zukunft wiesen.

b) Die diplomatische Revolution und die Entstehung des modernen Völkerrechts

Zentralbegriff
„Interesse"

Der alte theologische Gedanke eines „gerechten Krieges" hatte durch die Glaubensspaltung seine Verbindlichkeit verloren. Bei den Staatsrechtlern setzte sich die Vorstellung durch, dass beide Konfliktparteien für berechtigte Interessen kämpfen könnten – das „Interesse" stieg deshalb zum Zentralbegriff der aufkommenden Lehre von den internationalen Beziehungen auf. Der Ausgleich zwischen den widerstreitenden Interessen wurde zur Kunst der Diplomatie, die in den Jahrzehnten nach 1648 zur vollen Blüte gelangte. Seither wurde durch die Einrichtung ständiger Gesandtschaften eine permanente Kommunikation aller europäischen Staaten untereinander hergestellt. Zwar hatten auch die alten Hochkulturen Gesandte gekannt, aber diese *ständigen* diplomatischen Vertretungen waren etwas welthistorisch Neues.

Unter dem Aspekt der Friedenssicherung betrachtet, stellt sich der Zeitraum zwischen dem Westfälischen Frieden 1648 und dem Wiener Kongress 1815 als eine Einheit dar, die durch die französische Revolution nur vorübergehend unterbrochen wurde. Selbst das 19. Jahrhundert lässt sich vom Stil der internationalen Beziehungen großenteils noch dieser „hohe(n) Zeit der alteuropäischen Diplomatie" (128, S. 148) zuordnen.

Die Diplomatie verdankte ihre Entstehung, wie es Wolfgang Reinhard trefflich ausdrückte, „einer Stabilisierung der Instabilität von Staatenbeziehungen" in Europa (27, S. 177). Sie kann zurecht als maßgebliche Institution des modernen westlichen Staatensystems angesehen werden. Die Trennung von Innen- und Außenpolitik stellte ihre unabdingbare Voraussetzung dar. Allerdings wirkte sie nicht nur friedlich und schon gar nicht gewaltfrei; häufig diente sie sogar zur Vorbereitung eines Krieges, und ihre geheimdienstlichen Dimensionen gipfelten nicht selten in einem staatlich sanktionierten Mord. Gleichwohl: Dauerhaft bewegte sich die diplomatische politische Kultur in eine friedliche Richtung; es zeichnete sich ein zukunftsträchtiges Modell präventiver diplomatischer Friedenswahrung ab.

Gleichgewichts-
doktrin

Als Regulativ gegen Hegemonialbestrebungen hatte der Westfälische Frieden ein multipolares System von einzel- und territorialstaatlicher Souveränität etabliert. Seither war Europa vielgestaltig und uneinheitlich. Die historische Bedeutung des Utrechter Friedenskongresses von 1713 liegt darin, diese Vielzahl an Machtzentren in Europa weiter bestärkt zu haben (74, S. 790). Das „Gleichgewicht der Kräfte", ein seit etwa 1690 aufkommendes Schlagwort stieg zum Leitstern des Friedens auf und sollte der staatlichen Dynamik eine gewisse Konstanz verleihen. Frieden wurde so als ein notwendiger Gleichgewichtszustand begriffen (84; 81). „Allerdings fanden schon die Zeitgenossen, eigentlich sichere das Gleichgewichtsprinzip keineswegs den Frieden, weil ja zu seiner Aufrechterhaltung Kriege geführt werden müssten. Demgemäß sind die meisten Kriege jener Zeit Koalitionskriege. Bei Völkerrechtlern des 18. Jahrhunderts findet sich durchaus die Vorstellung, dass zur Aufrechterhaltung des Gleichgewichts geführte Präventivkriege gerechte Kriege seien. Aber ideologisch motivierte Kriege gehörten damals der Vergangenheit oder der Zukunft an; das konfessio-

nelle Zeitalter war vorüber, und das nationale hatte noch nicht begonnen."
(27, S. 379)

Das Machtkartell der Großmächte – seit dem ersten Drittel des 18. Jahrhunderts England, Frankreich, Österreich, Preußen und Russland – unter-
warf die schwächeren Staaten seinem Diktat. Vor allem Polen wurde
immer wieder das Opfer der gegenseitigen Kompensationen und Terri-
torialverschiebungen im Dienste des Mächtegleichgewichts. Erst mit den
Friedensverträgen nach dem Ersten Weltkrieg 1919 wurde die Gleichge-
wichtsdoktrin verabschiedet und die neue Weltordnung basierte nun auf
dem nationalen Selbstbestimmungsrecht.

Einen nur kurzen, aber wichtigen neuen Impuls gab es in der Entspan-
nungsphase, die vom Ende der beiden großen Kriege – dem spanischen
Erbfolgekrieg 1701–1713/14 zwischen Frankreich und dem Kaiser um die
Nachfolge in den spanischen Ländern und dem nordischen Krieg 1700–
1721, bei dem Schwedens einstige Großmachtstellung auf Russland überging – bis zum Ausgang der 1720er-Jahre dauerte. In diesem Zeitraum fanden zwei große internationale Kongresse statt: 1722–25 in Cambrai und
nach einer Pause bis 1729 in Soissons. Auf ihnen wurden freimütig anste-
hende europäische Streitfragen gemeinsam diskutiert und friedliche Lösungen gesucht. Auf eine dauerhafte Grundlage konnte dieses Kongresssystem
damals dagegen nicht gestellt werden, die Ansätze zu einem übergreifenden Sicherheitssystem blieben bescheiden, doch wiesen sie in die Zukunft
des 19. Jahrhunderts: Kriegen sollte durch Verhandlungen zuvorgekommen
und die Staatenpolitik rationaler, durchsichtiger und kalkulierbarer gemacht werden.

> **Weiterentwick-
> lung des
> Völkerrechts**

Jeder einzelne Friedenskongress zwischen 1648 und 1815 führte zu
einer Weiterentwicklung des *ius publicum europaeum*, des Völkerrechts.
Durch die Anfänge des modernen Völkerrechts (103) seit Hugo Grotius
(1584–1645) wurde festgeschrieben, was Staaten als verbindlich ansahen;
außerdem wurde der Krieg selbst in die Zucht des Rechts genommen und
von der Kriegserklärung bis zur Schonung der Zivilbevölkerung oder der
Kriegsgefangenenfrage rechtlich geregelt. Immer, vom Mittelalter bis in die
Gegenwart hinein, bestand dabei eine grundlegende Alternative: Entweder
das Völkerrecht mit dem Naturrecht zu identifizieren und somit von
menschlicher Setzung unabhängig zu machen; oder es ausschließlich als
positives Recht, als menschliche Setzung, zu definieren (108). Haupt-
bestandteil des Völkerrechts seit dem 17. Jahrhundert waren die Friedensverträge bzw. die in ihnen niedergelegten Rechtssätze.

Das Standardwerk zur Entstehung der europäischen Diplomatie, ja zur diplomatischen Revolution, zum Rollenverständnis und zur Sozialgeschichte
der Diplomaten zwischen 1450 und 1919 hat A. S. Anderson vorgelegt, der
an der London School of Economics internationale Geschichte lehrte. Das
Werk macht deutlich, dass sich der Charakter der internationalen Ordnung
und ihrer Träger lange Zeit nur wenig wandelte. Erst seit der zweiten Hälfte
des 19. Jahrhunderts, als neue Rahmenbedingungen wie Telegrafie und Tele-
fon durchschlugen, veränderte sich der diplomatische Dienst stark. Bis
dahin aber waren Konstanten und Kontinuitäten vorherrschend (72).

Was die Entwicklung des Völkerrechts anbelangt, so hat ein neues bahnbrechendes Werk die Forschung bereichert. Lange Zeit hatte es keinen Zweifel daran gegeben, dass die Institution der internationalen Schiedsgerichtsbarkeit nach einer Blütezeit im Mittelalter in der Frühen Neuzeit in Vergessenheit geraten und erst wieder 1794 im Jay-Vertrag zwischen den USA und Großbritannien (der zur Räumung des Nordwestterritoriums der USA durch die Engländer führte und beiderseitige Entschädigungsansprüche regelte) in neuer, moderner Form wiederentstanden und zu einem bedeutenden Element der zwischenstaatlichen Streitbeilegung geworden sei. Karl-Heinz Lingens' Untersuchung förderte aber andere Ergebnisse zutage: Auch zwischen 1648 und 1794 wurde das Institut der völkerrechtlichen Schiedsabreden und Schiedsgerichtsbarkeit in reichhaltigen Formen vereinbart. Zwar gab es zwischen 1730 und 1790 eine „schiedsgerichtslose" Zeit – die Lingens auf die Schwerfälligkeit des Schiedsverfahrens (lange Verfahrensdauer, Umständlichkeit, Kosten) sowie auf die Ausbreitung anderer Formen friedlicher Konfliktregelung im Rahmen der diplomatischen Revolution zurückführte –, aber insgesamt „muss die Kontinuität zwischen mittelalterlicher und heutiger Schiedsgerichtsbarkeit weit stärker als bisher betont werden" (113, S. 158).

Friedensverträge Von großer Bedeutung für die Forschung ist auch die universalgeschichtliche Pionierstudie von Jörg Fisch „Krieg und Frieden im Friedensvertrag", die den Grundlagen und Formelementen des Friedensschlusses nachspürt (93). Der Friedensvertrag ist ja noch kein Frieden, sondern ein Vertrag im Hinblick auf Frieden. Was aber bedeuten Krieg und Frieden in den Verträgen selbst? Antworten auf diese Fragen eruierte Fisch mit begriffsgeschichtlicher Methode anhand von Verträgen aus der orientalischen Frühgeschichte bis ins 20. Jahrhundert hinein. Zwar wurde an dieser rein linguistischen Methode auch Kritik geübt: So vernachlässigt sie die politischen, sozialgeschichtlichen und psychologischen Hintergründe; die Praxis der Kriegsbeendigung und der Friedensherstellung bleibt unterbelichtet (88). Aber die Studie zeigt deutlich den jeweiligen Stellenwert und die Merkmale des Friedens sowie ihre Wandlungen auf.

So war beispielsweise seit 1648 in den Verträgen von einer „ewigen" Dauer des Friedens die Rede. Darin nur eine bedeutungslose Floskel zu sehen – de facto dauerte der Frieden ja nie wirklich lange – führt in die Irre. Tatsächlich setzte das Postulat von der ewigen Dauer des Friedens eine Höherbewertung von Frieden gegenüber Krieg voraus. Darüber hinaus verdeutlicht die Sprache der Friedensverträge, dass es zu einer Rationalisierung des Politischen kam. Besonders aufschlussreich sind ferner die Bestimmungen über Schuld und Amnestie: Seit dem 17. Jahrhundert bildete die Vorstellung, dass Amnestie und Vergessen konstituierend für ein Vertragsverhältnis seien, die Grundlage aller Verträge. Selbst der schlimmste Feind wurde nicht kriminalisiert – hier hatte sich eine neue europäische Norm herausgebildet. Dieses zentrale Merkmal galt auffälligerweise jedoch nicht für die an Zahl zunehmenden Kolonialverträge, die im Zuge der europäischen Expansion geschlossen wurden. Sie begründeten im Gegenteil, nämlich mit dem Verweis auf die Schuld, das ungleiche Verhältnis der Vertragspartner.

Im europäischen Raum gründete die „Kunst des Friedensschließens" auf

bestimmte Leitideen: Die Anrufung Gottes, die Friedens- und Freund-
schaftsbeteuerungen sowie die Vergessensformel waren unverzichtbare Bestandteile für einen christlichen, allgemeinen, immer währenden Frieden.
Es handelte sich um Bestimmungen auf Gegenseitigkeit, denen sich alle
Vertragspartner gleichermaßen unterwarfen. Die Voraussetzung für die Amnestie war, dass man dem vormaligen Gegner das Recht zum Krieg nicht
bestritt und ihn auch während des Krieges als Völkerrechtspartner anerkannte.

c) Die Republik und der Frieden: Immanuel Kant, seine Vorläufer und seine Wirkungen

Der britische Jurist Sir Henry Maine schrieb in der Mitte des 19. Jahrhunderts: „Der Krieg scheint so alt wie die Menschheit, aber der Frieden ist
eine moderne Erfindung." (102, S. 9) Man wird ihm Recht geben müssen.
Frieden ist auf jeden Fall eine sehr viel komplexere Angelegenheit als
Krieg, und erst seit der Aufklärung konzipierten Gebildete und Philosophen
den Frieden als das Resultat einer internationalen Ordnung, in der Kriege
kein Mittel zur Konfliktaustragung mehr sind. Krieg sollte durch eine rationale soziale Organisationsform abgeschafft werden – ein Gedanke, der
nach den beiden Weltkriegen des 20. Jahrhunderts zum Fundament der
beiden Institutionen Völkerbund und Vereinte Nationen geworden ist.
Wenn jemand als „Erfinder" eines solchen Friedens apostrophiert werden
kann, dann ist es Immanuel Kant. Mit seinem 1795 erschienenen philosophischen Entwurf „Zum ewigen Frieden" (105), übte er sowohl zeitgenössisch wie auf die Nachwelt eine enorme Wirkung aus.

Auch vor der Aufklärung und vor Kant hat es durch die Zeitläufte hindurch unzählige „Friedensrufer" gegeben, mit denen sich die Forschung
eingehend befasst hat. Kurt von Raumer versammelte in seiner 1953 ver-
öffentlichten „klassischen" Studie „Ewiger Friede. Friedensrufer und Friedenspläne seit der Renaissance" wichtige Auszüge aus den Schriften und
interpretierte die Gedankengebäude von Erasmus und Sebastian Franck
über Grotius, Sully, Rousseau, Penn, Bentham und viele andere mehr bis
hin zu Kant, Jean Paul und Novalis. Im 18. Jahrhundert, so von Raumer, sei
die manchmal nur schwer erkennbare Spur des europäischen Friedensden-
kens „plötzlich zur breiten Straße (geworden), an der alle bauen" (123,
S. VII). Auf Friedensvisionen aus der ersten Hälfte der Frühen Neuzeit zwischen 1500 und 1649 konzentrierte sich übrigens die neuere ideengeschichtliche Arbeit von Martin Vogl (133).

Insgesamt sind wir heute über die Friedenssehnsucht und die Friedens-
motive sowie über die Friedensrhetorik und politische Friedenspropaganda
vergangener Zeiten auf breiter Grundlage gut informiert. Das vor allem in
wohlmeinenden didaktischen Sammlungen von Äußerungen großer Pazifisten aus allen Jahrhunderten geführte überzeitliche Gespräch zwischen
edlen, aber häufig weltfremden „Friedensrufern" (124) kann jedoch in eine
interpretatorische Falle führen. Denn oft haben bedingungslos konsequente

Friedensrufer seit
der Renaissance

Pazifisten an den harten Fakten und Gründen machtpolitischer Auseinandersetzungen vorbeigeschrieben und die Realitäten nicht zur Kenntnis
genommen. Die „Friedensrufe" an sich sagen wenig über die jeweilige
politische und sozialgeschichtliche Wirklichkeit aus.

Viel zu selten noch wird in den Forschungen das Erfordernis ernst genommen, Ideengeschichte mit politischer Geschichte und Sozialgeschichte
zu verknüpfen. Heinrich Lutz hat indessen in einem anregenden Aufsatz
zur Frühen Neuzeit die Interaktion von Ideen und „Realprozessen" hervorgehoben und den dialektischen Zusammenhang zwischen Veränderungen
der staatlichen Systeme und der Denkrichtungen bzw. normativen Ideen
skizziert (114). Mit dem säkularen Staat entstand nach dem Westfälischen
Frieden von 1648 gleichsam eine neue Weltordnung: das Staatensystem.
Die weltliche Obrigkeit hatte über die kirchlichen Ansprüche obsiegt, der
Staat gewährleistete die innere Ordnung und schuf befriedete Binnen-
räume, trat aber nach außen in einen oft kriegerischen Wettbewerb mit anderen Staaten (siehe dazu Kap. III., 5). Entscheidend für die Macht des absolutistischen Fürsten war die unterstützende Haltung der Kirche und der
Aristokratie. An diesem Modell des Ancien Régime übten die Friedensprojekte eine immer stärkere Kritik.

Friedens-
vorstellungen der
Aufklärung

Man kann mit dem bedeutenden britischen Historiker Sir Michael
Howard sagen: Die Aufklärung erfand den Frieden, und zwar „als Vorstellung einer gesellschaftlichen Ordnung, die den Krieg abgeschafft hatte".
Nicht aufgrund einer „am Paradies orientierten göttlichen Einwirkung, die
den Löwen dazu bewegen würde, sich friedlich neben das Schaf zu legen,
sondern dank der Einsicht vernünftiger Menschen, die sich der Sache selbst
angenommen haben" wurde der Frieden erfunden (102, S. 14). Die bedeutendsten Köpfe dieses Projektes finden sich im 18. Jahrhundert: die französischen Aufklärungsphilosophen – der Abbé de Saint-Pierre, Montesquieu,
Rousseau, die allesamt die Beziehungen zwischen verschiedenen Typen
der Herrschaftsorganisation in den modernen Staaten und deren zwischen-
staatliches Verhalten untersuchten und den Absolutismus als Kriegsursache
fundamental kritisierten (122); die englischen Nonkonformisten und schottischen Philosophen – vom quäkerischen Friedensdenken eines William
Penn über den schottischen Ökonomen Adam Smith, der die Kosten der
Kriegführung und die dadurch verursachte Verarmung von Staaten anpran-
gerte bis hin zu Jeremy Bentham, der Frieden durch Handel propagierte –
sowie die deutschen Publizisten und Philosophen, allen voran Kant.

Dass die Friedensutopien keineswegs mit den politischen Rahmenbedingungen des kontinentaleuropäischen Absolutismus korrelierten, ist dabei
nicht zu übersehen. Zwischen den Vorstellungen und der Wirklichkeit tat
sich eine tiefe Kluft auf. Ein Kommentar von Friedrich II. zu den Friedensplänen des Abbé de Saint-Pierre verweist auf die grundsätzlichen Barrieren, die den Friedensentwürfen der Gebildeten im Wege standen. An Vol-
taire schrieb der preußische König sarkastisch: „Der Abt von Saint-Pierre
hat mir ein schönes Werk geschickt über die Methode, den ewigen Frieden
in Europa zu begründen und zu erhalten. Die Sache wäre brauchbar, wenn
nur nicht die Zustimmung der Fürsten von Europa und noch einige andere
Kleinigkeiten dazu fehlen würden." (75, S. 109) Eine Föderation etwa, wie

sie in vielen Friedensplänen gefordert wurde, hätte deren Mitglieder verpflichtet, die eigene Staatsräson dem erklärten gemeinsamen Ziel unterzu-
ordnen; die Regierungen hätten außerdem eine moralische Selbstbindung
eingehen müssen – beides war für den absoluten Fürsten nicht annehmbar.

Dennoch darf man nicht unterschätzen, dass um 1700 herum ein
– durch die Friedenspublizistik verbreitetes – säkulares Europabewusstein
in den literaten Schichten entstanden war, gleichsam die Urform der Vorstellung eines Europas der Nationen (76; 131). Zwischen 1680 und 1800
zählte man in Europa 26 gedruckte Friedensprojekte, wobei die vielen
häufig privaten Pläne der populären Schriftstellerei oder auch die Idee des
friedlichen Naturstaates in literarischen Utopien, etwa die Planetenepisode
im fünften Gesang des Messias von Friedrich Gottlieb Klopstock (1751),
noch gar nicht miteingerechnet sind.

In sozialgeschichtlichen Forschungen wird die seit diesem Zeitpunkt rationale Deutung von Krieg und Frieden zumeist auf soziale Veränderungen
zurückgeführt: besonders auf den Aufstieg des Bürgertums (80). Wohlergehen und sozialer Aufstieg dieser neuen sozialen Klasse waren gerade nicht
an Krieg, sondern an Frieden gebunden. In Verbindung mit einer Wirt-
schaftsweise, in der die Gewalt notorisch dysfunktionale Effekte mit sich
bringt, bedeutete diese bürgerliche Rationalität einen entscheidenden
Schritt zum Frieden. Allerdings wurde an dieser Sicht auch berechtigte Kritik geübt. Sie sei, so wandte etwa Herfried Münkler ein, insofern irritierend
als gerade im 18. Jahrhundert eine neue Welle kriegerischer europäischer
Kolonialreichbildungen ihren Anfang nahm, bei der Kaufleute und Han-
delsgesellschaften ihrerseits die kriegstreibenden Kräfte waren (118).

Außerdem hat der bisweilen starre Blick auf die Friedensstifter und Frie-
densentwürfe gravierenden Verengungen Vorschub geleistet. Vor allem in
der deutschen Forschung nach dem Zweiten Weltkrieg gab es die Neigung,
die als fortschrittlich angesehene Aufklärung von dem als „reaktionär"
empfundenen Militär zu trennen. Damit blieben wichtige Aspekte dieses
Zeitalters unterbelichtet. Erst in der jüngsten Zeit widmet sich die Forschung dem lange vernachlässigten Problembereich „Militär und Aufklärung". Das Deutungsmuster von der Aufklärung als einer friedlichen Epoche lässt sich danach nicht mehr halten. Der „Kriegsstaat" gehörte zur
alltäglichen Realität der Menschen. Krieg und Militär waren ebenso
Gegenstände der Aufklärung und des öffentlichen Diskurses wie Angehörige des Militärs zu ihren Protagonisten gehörten. Zahlreiche Schriften beschäftigten sich seinerzeit mit dem „idealen" Offizier oder Feldherrn sowie
mit der „Veredelung" von Soldaten, sodass es irreführend erscheint, von
einem krassen Gegensatz zwischen Militär und Gesellschaft auszugehen
(101).

Aufklärung und Militär

Bei keinem Denker werden die verschiedenen Ausprägungen des Frie-
densbegriffs, die die Frühe Neuzeit hervorbrachte, so deutlich sichtbar wie
bei Immanuel Kant. Er übernahm viele Argumentationsmuster von seinen
philosophischen Vorläufern und bündelte diese, veränderte dabei aber entscheidende Zusammenhänge. So griff er, um nur ein konkretes Beispiel zu
nennen, von der französischen Aufklärung die Idee des „ewigen Friedens"

Kant: „Zum ewigen Frieden"

(*paix perpétuelle*) auf, verstand sie aber nicht, wie deren Anhänger, als utopische Zukunftsvision, sondern als unbedingte Vernunftforderung. Kants Schrift „Zum ewigen Frieden" (1795) stellt – das hat die neue Forschung immer wieder betont – einen Wendepunkt (117, S. 251) oder gar eine „kopernikanische Wende" (123, S. 151) in der Geschichte der Friedenstheorien dar: Mit ihr wurde der Weg zu einer praktischen (Friedens-)Politikkonzeption eingeschlagen.

„Zum ewigen Frieden" ist eine Spätschrift des damals 70-jährigen Philosophen, die sein gesamtes vorhergehendes Denken bündelt. Die vereinfachende Kant-Interpretation hat in dem Königsberger Philosophen einen „großen Pazifisten" sehen wollen (124), eine Verkürzung, die dem Dualismus seines Denkens nicht gerecht wird (111; 119). Kant war kein spannungsfreier Kriegsgegner und saß nicht dem Selbstbetrug auf, dass der Mensch auf reine Eintracht hin angelegt sei. Der Mensch war für ihn „aus krummem Holze" gemacht und befand sich in einem Zustand der „ungeselligen Geselligkeit", so Kant: „Der Mensch will Eintracht; aber die Natur weiß besser, was für seine Gattung gut ist: sie will Zwietracht. Er will gemächlich und vergnügt leben; die Natur will aber, er soll aus der Lässigkeit und untätigen Genügsamkeit hinaus, sich in Arbeit und Mühseligkeit stürzen, um dagegen auch Mittel auszufinden, sich klüglich wiederum aus den letzteren herauszuziehen." (123, S. 155)

Die französischen Aufklärungsphilosophen hielten den Menschen zumeist für von Natur aus gut und nur durch die gesellschaftlichen Institutionen verdorben; die natürliche Tugend lasse sich mithin durch politische Reformen wiederherstellen und führe zu einem friedlichen Zusammenleben der Menschen. Kant hingegen war viel skeptischer, geprägt von einem eher pessimistischen Menschenbild. Ihn bestimmte die tiefe, tragische Einsicht in die Unvollkommenheit menschlicher Dinge. Der Kern der kantschen Philosophie beruht auf drei Grundvoraussetzungen: 1. Man muss die Freiheit, von der Vernunft öffentlichen Gebrauch zu machen, nutzen. 2. Man muss die schlechten Eigenschaften des Menschen berücksichtigen. 3. Man muss der menschlichen Vernunft eine apriorische Vorrangstellung einräumen. Frieden bedeutet bei Kant keinen Naturzustand, sondern er muss „gestiftet" werden. Der Krieg, der in Kants Schrift „Kritik der Urteilskraft" noch eine moralische Rechtfertigung gefunden hat, wird in „Zum ewigen Frieden" nur noch als eine Erscheinung der Vergangenheit gerechtfertigt.

Kants Schrift „Zum ewigen Frieden" kennzeichnet ein suggestiver Aufbau: Die Schrift ist nach der Art realer Friedensverträge gegliedert, umfasst eine Präambel, sechs Präliminarartikel, die die Voraussetzungen des Friedens festlegen, und drei Definitivartikel, die den Gegenstand des Vertrags beschreiben und somit gleichsam das Herzstück der Schrift bilden, indem sie die entscheidenden Bedingungen für einen dauerhaften Frieden formulieren. Die Definitivartikel lauten: 1. „Die bürgerliche Verfassung in jedem Staate soll republikanisch sein." 2. „Das Völkerrecht soll auf einem Föderalismus freier Staaten gegründet sein." 3. „Das Weltbürgerrecht soll auf Bedingungen der allgemeinen Hospitalität eingeschränkt sein."

Wie Rousseau erblickte Kant das entscheidende Glied zur inneren Vervollkommnung der Menschheit in der Frage, ob es ihr gelingt, die bürgerliche Gesellschaft zu errichten; eine bürgerliche, republikanische Verfassung ist die Grundvoraussetzung für den Frieden. Daraus ergibt sich eine Kritik an den monarchisch-aristokratischen Regierungen, für die der Krieg mehr oder weniger die natürliche Lebensweise darstellte, und eine Polemik gegen die traditionelle Staatsräson der Fürsten. Entscheidend für die Herstellung von Frieden ist sodann die Bildung einer Art „Völkerbund"; Kants Friedensidee zielt darauf ab, Friedensbündnisse unter den Staaten zu erreichen. So wird der Republikanismus auf die globale Ebene gehoben: Freie Republiken bilden eine Föderation freier Republiken. Schließlich die „Hospitalität" – durch sie sollte sich die Vorstellung von einer kosmopolitischen (Verantwortungs-)Gemeinschaft herausbilden. Kant verknüpfte somit den inneren und den äußeren Frieden miteinander.

Gleich nach dem Erscheinen seiner Schrift entstand am Übergang vom 18. zum 19. Jahrhundert eine jahrelange kontroverse Debatte, an der sich 75 Autoren beteiligten und in der die drei Grundpositionen sichtbar wurden – eine bürgerlich-republikanische, die Kant unterstützte, eine jakobinisch-demokratische, die weit über seinen reformerischen Ansatz hinausgehen wollte, und eine konservativ-klerikale, die ihm feindlich gegenüberstand und in der ein konterrevolutionärer Bellizismus zum Tragen kam, nach dessen Sicht Kriege nicht nur nicht abgeschafft werden können, sondern zur Bekämpfung der Revolution geradezu unabdingbar sind (75; 83; 100). Auch im 20. Jahrhundert befassten sich Denker sehr unterschiedlicher Richtungen mit Kants Friedensschrift: Max Scheler beispielsweise wies sie mehrmals, so auch 1931, kritisch zurück und bezeichnete sie als illusionär (127, S. 45 f.), Karl Jaspers hingegen anerkannte sie 1957 ausdrücklich und betonte ihre innovative Kraft (104).

Rezeption

Der Austausch von Interpretationen dauert bis heute an. Wenn man die Breitenwirkung nimmt, so war „Zum ewigen Frieden" die berühmteste Schrift Kants; mittlerweile existieren mehrere hundert Ausgaben in allen Sprachen der Welt. Ihre Wirkung liegt besonders darin begründet, dass Kant in seiner Friedensschrift zum Desillusionisten wurde – „das macht ihn, den Idealisten, gleichzeitig zum ersten Realisten des Friedensgedankens in der europäischen Geschichte" (123, S. 174).

In der unmittelbaren Gegenwart hat Kants Schrift zahlreiche Würdigungen und zeitgemäße Reformulierungen erfahren, von denen hier nur einige wenige Beispiele genannt werden können. Für den Philosophen Volker Gerhardt markierte „Zum ewigen Frieden" den Übergang von einer Politikkonzeption, die allein auf die inneren Bedingungen eines Staates bezogen war, hin zu einem Politikverständnis, das umfassend die ökonomische, kulturelle und rechtliche Interdependenz der Staaten berücksichtigt, um so die Funktionsbedingungen eines jeden politischen Handelns zu bestimmen (96, S. 232). Kants „Rechtslehre vom Weltfrieden" (95) bzw. sein „rechtsphilosophisches Konzept einer Weltrepublik" (115) ist immer wieder aufs Neue diskutiert, interpretiert und weitergedacht worden. Auch Jürgen Habermas bezeichnete Kants „Rechtspazifismus" als den Kern seines Denkens, der aber in der politischen Wirklichkeit trotz der Charta der Vereinten Nationen noch keineswegs eingelöst sei. Kant führe in die Rechtstheorie eine dritte Dimension ein: „Neben das staatliche Recht und das Völker-

recht tritt, und das ist die folgenreiche Innovation, das Recht der Welt-
bürger" (97, S. 293). Allerdings sei bei Kant die Schranke der staatlichen
Souveränität noch als unüberwindlich gedacht, diese müsse heute aber
gleichfalls überwunden werden.

Auch der bekannte amerikanische Philosoph und Politologe John Rawls
suchte in seinem 1971 erschienenen Hauptwerk „A Theory of Justice" Anschluss an die praktische Philosophie von Aristoteles, Rousseau und Kant.
Er ging indessen weit über Kant hinaus und führte als unerlässlichen Bestandteil einer gerechten gesellschaftlichen Verfassung das Thema „Vertei-
lungsgerechtigkeit" in die Debatte ein. Diese müsse auch in die internationale Rechts- und Friedensordnung aufgenommen werden. Während Kant
einen Weltstaat ablehnte, wurde er von den modernen Vertragstheoretikern
aus dem Umfeld von Rawls einmal mehr, einmal weniger stark eingefor-
dert. Einige Kritiker, so Karl-Heinz Nusser, kennzeichneten solche, an
einen Weltstaat gebundenen Gerechtigkeitstheoreme als „moralisch-sozial-
technokratische(n) Friedenskonstruktivismus" (121, S. 365). In der Konsequenz würde er – dies ist schwerlich von der Hand zu weisen – in eine
wuchernde Verteilungsbürokratie einmünden; manche Kritiker befürchte-
ten sogar eine Art weltstaatliche Despotie (107). Kant habe den Weltfrieden als eine regulative Idee betrachtet. Deshalb könne dieser auf der
Ebene des kategorialen Begriffs der Rechtsverhältnisse immer nur annäherungsweise verwirklicht werden. Kants Ablehnung des Weltstaates trage
– im Unterschied zu diesem Kreis seiner modernen Nachfolger – der End-
lichkeit der Vernunft Rechnung (121, S. 366).

**Demokratie als
Kriegsprophylaxe**

Gibt es eine Kriegsprophylaxe durch Demokratie und Recht? Wird Krieg
infolge einer zunehmenden Demokratisierung delegitimiert? Die heutige
Kontroverse über „demokratische Staaten und Krieg" (110; 112) ist in ihren
Fragestellungen nicht neu. Sie fand bereits in Kants Friedensschrift eine
klassische Formulierung, die bis in unsere Tage hinein diskutiert wird:
„Wenn (wie es in dieser Verfassung nicht anders sein kann) die Beistim-
mung der Staatsbürger dazu erforderlich wird, um zu beschließen, ob
Krieg sein solle oder nicht, so ist nichts natürlicher als das, da sie alle
Drangsale des Krieges über sich selbst beschließen müssten ..., sie sich
sehr bedenken werden, ein so schlimmes Spiel anzufangen." (105, S. 12)
Doch warum – so wird man die heutigen Interpreten einer „friedfertigen
Demokratie" fragen müssen – sollte zu einer „wahren" Demokratie auch
die Einsicht von Bevölkerungsmehrheiten in die Unsinnigkeit von Krieg gehören? Kants optimistische Annahme ist bereits seinerzeit im revolutionären Frankreich durch die mobilisierende Kraft der nationalistischen Idee
widerlegt worden. Aktive Bürger, so Jürgen Habermas, hätten den demokratischen Nationalstaat nicht friedlicher gemacht, wenngleich die Statistik
zeige: Demokratische Staaten führen zwar nicht weniger Kriege als autoritäre Regime, sie verhalten sich jedoch in ihren Beziehungen untereinander
viel weniger bellizistisch als letztere (97, S. 298).

d) Die kulturelle Konstruktion von Frieden: Friedensfeste, Bilder nach 1648

Frieden war und ist nicht nur eine abstrakte Idee von Philosophen und erschöpft sich auch nicht in Verträgen, die Politiker abschließen. Vielmehr umfasste und umfasst Frieden darüber hinaus symbolisches Handeln, Inszenierungen und Rituale gerade von Menschen im „Parterre der Gesellschaft" (Dieter Langewiesche), die häufig ihren Eigensinn gegenüber Herrschaftsansprüchen „von oben" zum Ausdruck brachten und bringen. Erst eine neue kultur-, mentalitäts- und erfahrungsgeschichtliche Forschung hat diese wichtige Dimension in das Bewusstsein der allgemeinen Geschichtswissenschaft zurückgebracht und damit zugleich bisweilen vehemente Kritik an der je einseitigen Blickrichtung der traditionellen Ideen-, Politik- und Sozialgeschichte geübt.

Mit sozialen und erinnerungskulturellen Konstruktionen in Form von Festen und Jubiläen, von Denkmälern und Bildern konnte der Frieden gefördert werden, wie in ganz neuen kulturgeschichtlichen Untersuchungen vor allem zum Westfälischen Frieden von 1648 herausgearbeitet worden ist (94). Solche Erinnerungsorte werden seit jeher zur Lösung von konkreten gesellschaftlichen Aufgaben „erfunden". Grundsätzlich können Feste, bei denen der Frieden symbolisiert und ritualisiert wurde und wird, mehrere Funktionen umfassen: Vergangenheitsbewältigung im historischen Gedenken, Stärkung des Friedensbewusstseins und Beschwörung kollektiver Identitäten, sei es konfessioneller, politischer oder regionaler Art.

Man weiß allgemein noch sehr wenig darüber, wie der Frieden von den Menschen jeweils aufgenommen wurde. Über die Psychogeschichte von Krieg und Frieden, über die Frage ihrer psychischen Bewältigung, ist bislang noch wenig geforscht worden. Mit Blick auf die Feiern des Westfälischen Friedens umriss Bernd Roeck die drei Problemkreise, die es zu erforschen gilt. Es geht 1. um die Physiognomie der Friedensfeier, 2. um die politischen und sozialen Funktionen der Feiern und 3. um die geistesgeschichtlichen Implikationen von Festreden und -predigten (126, S. 633 f.). Man muss sich bewusst machen, dass das Spektakel der Feste ein multimediales Ereignis – zusammengesetzt aus Bildern, Musik, Gesten und rituellen Handlungen – darstellte, das aufgrund der ganz anders gearteten Kommunikationsformen und Rezeptionsweisen in der Frühen Neuzeit heute nur sehr schwer zu entschlüsseln ist.

Nach dem Westfälischen Frieden von 1648, der eine Parität zwischen Protestanten und Katholiken festlegte, gab es über 160 Friedensfeste im Alten Reich (94; 85), aus denen das Hohe Augsburger Friedensfest, das erstmals am 8. August 1650 begangen wurde, herausragt, und mit dem sich die Forschung deshalb am intensivsten befasst hat (78). Es handelte sich dabei um ein protestantisches Fest – um eine „Vergangenheitsbewältigung im Dienst des Friedens und der konfessionellen Identität" (92).

Am Ende des langen Dreißigjährigen Krieges wussten die Menschen gar nicht mehr, was Frieden war, er wurde zumindest zwiespältig wahrgenommen und mehrere Jahre lang zweifelte man, ob er von Dauer sein würde. Insofern waren die Friedensfeste auch eine Art Beschwörung des Friedens

Das Hohe Augsburger Friedensfest

in prekärer Zeit und zeugten von der Angst der Menschen vor weiterhin marodierenden Soldaten oder vor einem erneuten Aufflammen der Kämpfe. Die Formen des Augsburger Friedensfestes, dessen Traditionen bis in die Gegenwart hineinreichen, sind mittlerweile gut erforscht: Nach 1650 gab es zum jährlichen Festdatum des 8. August Friedensgebete, Friedensbüchlein und zahlreiche Friedensgemälde und Druckgraphiken. Diese zeigen Darstellungen aus dem Alten und dem Neuen Testament, etwa Friedensschiffe, Friedensbrunnen und Friedensbäume. Die Zielgruppe der Feierlichkeiten stellten besonders die jungen Menschen dar, so wurden auch jeweils Kinderfeste veranstaltet, um die Gedenkkultur an den Frieden von einer Generation auf die nächste weiterzutragen.

Wie das Augsburger Friedensfest zu bewerten ist – darüber fallen die Einschätzungen allerdings höchst unterschiedlich aus. Am meisten Zuspruch haben die Thesen von Etienne François gefunden. Ihm zufolge war das protestantische Fest nach 1650 zwar lange Zeit eine Abgrenzung und auch eine Art von Kampfmittel der Protestanten gegen die Katholiken. Aber im Rahmen der Zeit bedeutete diese kontrastive Symbolik des Festes gerade nicht eine ungebremste Friedlosigkeit, sondern lässt sich als eine zeitspezifische Art der Friedensregelung verstehen. So festigte das Friedensfest dauerhaft den bürgerlichen Frieden auf der Basis der Parität; es förderte also – über einen längeren Zeitrum betrachtet – die Entfaltung einer pluralistischen politischen Kultur (91).

Bildpublizistik

Der Umgang mit Bildern als historische Quelle bereitet weiten Teilen der Geschichtswissenschaft noch große Schwierigkeiten. Die frühneuzeitlichen Abbildungen und Bilder des Friedens können häufig jedoch als anschauliche staatsphilosophische Manifestationen gelesen und ausgewertet werden (99). Man sollte sie nicht einfach beiseite lassen, sondern einer genauen Interpretation unterziehen. Auch für das Zeitalter der Aufklärung und der französischen Revolutionskriege lohnt es sich, die Bildpublizistik, die den Frieden in die Gesellschaft hineintransportierte, anzuschauen. In den als Druckgraphiken verbreiteten Darstellungen von Friedensschlüssen lässt sich nämlich ein Wandel ablesen. Während in der Aufklärung die Bilder von Friedensordnungen ein universales Ideal zeigten, stand seit dem Frieden von Amiens 1802 Napoleon im Zentrum der Friedensbilder. Das napoleonische System erscheint als imperiale Ordnung, in der die Befriedung Europas ausschließlich von Napoleon ausgeht (106; siehe dazu auch Kap. III., 4. a).

Die Frage, wie der Frieden mittels Festen, Jubiläen oder Bildern auf die nachfolgenden Generationen weiterwirkt, scheint somit insgesamt ein wichtiger Schlüssel für die kulturelle Konstruktion von Frieden zu sein. Die traditionelle Friedensklausel in den Friedensverträgen vom „Vergessen und Vergeben" (93, S. 35 ff.) fand offenbar auch eine gesellschaftliche Entsprechung. Quälende Erinnerung schürte eher einen neuen Konflikt, während Vergeben und Vergessen Menschen eher befriedeten. Die heutige Alternative einer „gemeinsamen Erinnerung" zwischen ehemaligen Konfliktparteien, die Konflikte nicht verdrängt, sondern „offensiv" bearbeitet, blieb den Menschen des 17. bis 19. Jahrhunderts weitgehend fremd.

4. Das Zeitalter der Französischen Revolution 1789–1815 – Krieg und Frieden im Umbruch

a) Die Ideologisierung von Krieg und Frieden im revolutionären Frankreich

Das Zeitalter der Französischen Revolution brachte drei Ebenen von Gewaltstrukturen hervor: *Erstens* sind die Staatenkriege zu nennen – die erste europäische Koalition und die Kriege zwischen 1792 und 1795/97, gefolgt vom zweiten und vom dritten Koalitionskrieg zwischen 1799 und 1801 bzw. 1805 und 1807, schließlich die weiteren Kriege bis 1815. Hinzu kam, *zweitens*, mit der von Napoleon gegen England 1806/07 verhängten Kontinentalsperre eine neue Qualität der ökonomischen Auseinandersetzung – die Sperre war ein Akt der Wirtschaftskriegführung (146). *Drittens* schließlich bedeuteten die jakobinischen Revolutionskriege durch die Niederwerfung der Gegner im eigenen Land einen „guerre franco-française", und die späteren napoleonischen Kriege waren immer auch ein Krieg von Deutschen gegen Deutsche – bei der Leipziger Völkerschlacht 1813 z. B. kämpften Kontingente des Rheinbundes, mit Ausnahme der Bayern, die kurz zuvor die Fronten gewechselt hatten, und sächsische Truppen aufseiten Napoleons gegen Preußen und Österreich. So fanden unter dem Mantel des Krieges auch Bürgerkriege statt.

Während die vorangegangene Aufklärung eine Zeit umfassender Friedensdiskussionen war und Überlegungen, wie man Krieg einhegen könne, im Mittelpunkt gestanden hatten (dazu siehe Kap. III., 3), kam es nun zu einer Enthegung des Krieges. Es ist höchst bemerkenswert, dass sich der Wandel von der „gezähmten zur entfesselten Bellona" (163) in einer Generation vollzog, die doch scheinbar ganz von den Humanitätsidealen der Aufklärung beseelt war. Dementsprechend intensiv hat sich die Forschung mit den politischen, militärischen, sozialen und ideengeschichtlichen Grundlagen dieser „Wiedergeburt des Krieges aus dem Geist der Revolution" (164) beschäftigt und gefragt, wie es zu diesem epochalen Wandel sowohl in der Handhabung wie in der grundsätzlichen Einschätzung des Krieges kommen konnte, schließlich, wie sich dies auf Vorstellungen vom Frieden auswirkte. Unzweifelhaft ist: Die Apologie des Krieges schob die vormaligen Utopien des ewigen Friedens an den Rand.

Nicht selten sind Forschungskontroversen zu dieser Epoche zusätzlich politisch aufgeladen worden. Denn die Französische Revolution hat Zeitgenossen wie Historiker stets zur entschiedenen Parteinahme – für oder gegen die Revolution – und zur Offenlegung ihrer weltanschaulichen Ansichten gezwungen (185; 178, S. 11 ff.). Das gilt in ganz besonderer Weise für den besonders wichtigen und in der Literatur ausgiebig diskutierten Problemzusammenhang von Revolution, Krieg und der politischen Gewalt im Innern, die Terreur. Der Kriegsausbruch im Frühjahr 1792 überschnitt sich mit dem Beginn einer zweiten Revolutionswelle, die unter dem Druck von außen vorangetrieben wurde und in der Jakobinerparole „Freiheit oder Tod" gipfelte. Frankreich erklärte Österreich am 10. April 1792 den Krieg.

Wiedergeburt des Krieges

Kriegsausbruch 1792

49

Ludwig XVI. hatte sich nicht mit der Revolution versöhnen lassen, eine Machtkonsolidierung der konstitutionellen Monarchie war gescheitert. Ludwigs heimlicher, in Varennes entdeckter Fluchtversuch im Juni 1791 hatte das Ansehen der Krone diskreditiert und die Furcht vor einer Verschwörung des Auslands gegen die Revolution anwachsen lassen. In Wahrheit aber waren trotz der Kriegshetze der französischen Emigranten die Könige Europas nicht bereit, ihrem französischen Vetter zu Hilfe zu kommen. Zwar hatte die preußisch-österreichische Deklaration von Pillnitz Aufsehen erregt. Sie war auf Drängen der Emigranten nach dem königlichen Fluchtversuch zustande gekommen und stellte eine bewaffnete Intervention in Aussicht, um die innere Ordnung Frankreichs wiederherzustellen. Der Zusatz allerdings, dies geschehe nur, wenn alle europäischen Mächte gemeinsam handelten, machte sie zum Lippenbekenntnis. Denn es war bekannt, dass England nicht mitmachen würde. Wichtig aber war: Diese Erklärung schüchterte die französischen Revolutionäre nicht ein, wie beabsichtigt, sondern erreichte die entgegengesetzte Wirkung. Vielen galt sie als Beweis für eine Verschwörung. Die radikalen Jakobiner reagierten mit einem kämpferischen Patriotismus gegen die Feinde der Revolution im Ausland wie im Inland. Und den militärischen Präventivschlag gaben die Wortführer des Krieges – Brissot und seine Freunde, die man später Girondisten genannt hat, sowie die Robespierre nahe stehenden Volksredner wie Danton und Desmoulins – als eine von außen aufgezwungene Defensivmaßnahme aus.

Krieg als Retter der Revolution

Die in der Forschung kontrovers diskutierten Fragen lauten: War der Krieg notwendig, um die Revolution vor der Gegenrevolution zu retten? Trieb also allein der Krieg zur Schreckensherrschaft der Jakobiner, war sie Folge eines mehr oder minder aufgezwungenen Krieges? Oder waren Krieg und Terreur bereits in der revolutionären Politik und Mentalität seit 1789 angelegt und wurden von der krisenhaften Entwicklung der Jahre 1792/93 lediglich noch freigesetzt und zusätzlich radikalisiert? Führte, mit anderen Worten, die revolutionäre Eskalation zum Krieg und zum radikalen Jakobinismus? Schließlich: Waren Krieg und Bürgerkrieg nicht sogar willkommene Instrumente für die Revolutionäre, um die politischen und sozialen Strukturen des Ancien Régime zu zerstören?

Im Vergleich zu den alten Kabinettskriegen des 17. und 18. Jahrhunderts lag das Neuartige der Revolutionskriege darin, dass sich Außenpolitik und Innenpolitik nicht mehr einfach voneinander trennen ließen. „Dabei veränderte", so Elisabeth Fehrenbach, „die Revolution ebenso den Krieg, der als Kreuzzug für die Freiheit einen ideologischen Charakter annahm, wie der Krieg die Revolution, die in ihre radikale jakobinische Phase eintrat. Ganz offensichtlich wurde somit die Ideologisierung des Krieges von der Revolution und die Radikalisierung der Revolution vom Krieg beeinflusst." (149, S. 57) Wie dies freilich im Einzelnen zu werten ist, bleibt zwischen den einzelnen „Schulen" der Revolutionsforschung bis heute umstritten.

Terreur

Man kann grundsätzlich drei Theorien unterscheiden: Die sozialistischen Interpretationen von Jean Jaurès bis Michel Vovelle rechtfertigen den kriegsbedingten Einsatz der Terreur, weil nur so die konterrevolutionären Gefahren hätten abgewendet werden können (186). Diese Verfechter einer

„Theorie der Umstände" (184, S. 77) sehen in der Terreur ein von den krisenhaften Begleitumständen diktiertes Zugeständnis an den plebejischen Hang zur Gewalt. Nur so habe es zu einer Konsolidierung und Mobilisierung der Revolution kommen können. Die liberalen Kritiker hingegen vertreten eine Kontingenzthese: Die Revolution sei nicht durch, sondern trotz der Terreur gerettet worden. In der revolutionären Ideologie – und nicht in den Umständen – liege die Gewaltexplosion begründet. Die revolutionäre Ideologie, die Besessenheit vom Gedanken an Verrat und Verschwörung und der gleichzeitige Wille zum Strafgericht seien die ausschlaggebenden Triebkräfte der Terreur gewesen. Deshalb stelle der Krieg bereits das Ergebnis der terroristischen Entgleisung (*dérapage*) der Revolution dar (152), eine Sicht, die – ausgehend vom wohl angesehensten Revolutionsforscher seit den 1980er-Jahren, François Furet, – mittlerweile viele Anhänger gefunden hat. Aber auch die neokonservative Revolutionsbetrachtung bzw. -ablehnung hat neuen Zuspruch erhalten bis hin zu der Aufsehen erregenden extremen These vom „génocide franco-français" in den Bürgerkriegsregionen, der sogar mit den ideologisch begründeten Völkermorden des 20. Jahrhunderts verglichen wurde (179).

Die Frage nach der Kriegsschuld von 1792 ist somit immer mit der Frage nach den innenpolitischen Funktionen des Krieges verknüpft. Sie lässt sich nicht eindeutig beantworten, sondern hängt davon ab, wie man sich jeweils gegenüber dieser Phase der Revolution positioniert. Zweifellos jedoch beeinflussten sich Krieg und Revolution wechselseitig; auch war der Krieg in den Augen der Revolutionäre ein Ventil für die sozialen und politischen Spannungen im Lande.

Der britische Historiker T. C. W. Blanning hat sich kürzlich einmal mehr mit den Ursprüngen der französischen Revolutionskriege befasst und dabei beide Seiten der Konfliktparteien eingehend beleuchtet, wodurch er zu einer plausiblen Deutung gekommen ist. Zwar stand der Kriegsausbruch im April 1792 mit der Kriegserklärung Frankreichs an Österreich im Zeichen einer französischen Offensive; aber die neuen Entscheidungsträger in Frankreich sahen sich von Österreich bedroht. Überhaupt kam ihnen das europäische Staatensystem als eine Ansammlung von etablierten Staaten vor, „die einander an der Kehle hatten und offensichtlich vor ihrem endgültigen Zusammenbruch standen" (139, S. 181). In keinem Teil Europas herrschte damals nicht Krieg oder kursierten nicht wenigstens Kriegsgerüchte. Die etablierten Mächte schätzten ihrerseits die neue Situation in Frankreich völlig falsch ein. In ihren Augen schien Frankreich durch finanziellen Bankrott und innere Unruhen paralysiert zu sein. So verschmolzen zwei hochexplosive politische Kulturen miteinander, die den Krieg erst erklärbar machen: Auf der einen Seite die immer wieder auf Gebietserwerbung bedachte, zutiefst instabile Politik des Gleichgewichts der etablierten Kräfte in der internationalen Arena und auf der anderen Seite die aggressive Politik der Revolution.

Beide Seiten befanden sich somit auf einem Kollisionskurs, genährt von optimistischen wie aggressiven Fehlwahrnehmungen, und beide waren überzeugt, durch einen Krieg mehr erreichen zu können als durch die Aufrechterhaltung des Friedens. Alle, Franzosen, Preußen und Österreicher,

Die Staaten
auf Kollisionskurs

saßen gemeinsam dem Irrtum auf, in einem kurzen und leichten Krieg schnell große Gebietserwerbungen machen zu können – und deshalb kam es 1792 zum Krieg. „Ursache für das fehlgeschlagene Kalkül beider Seiten waren ideologische Scheuklappen aller Krieg führenden Parteien. Berauscht von der neuen politischen Kultur von Freiheit, Einheit und Brüderlichkeit, erkannten die Revolutionäre nicht, dass sich die etablierten Mächte trotz aller oberflächlichen Probleme in ihren Ländern immer noch auf ein großes Reservoir von Legitimität stützen konnten. Andererseits engte die aristokratische Gedankenwelt der Entscheidungsträger in Berlin oder Wien deren Blickwinkel zu sehr ein, als dass sie zu einer korrekten Einschätzung der im Verlauf der Ereignisse von 1789 entfesselten promethischen Kräfte gelangen konnten. In diesem Sinne waren die entgegengesetzten Ideologien beider Seiten von großer Bedeutung, auch wenn sie einen bewaffneten Konflikt nicht unausweichlich machten." (139, S. 186)

Kriegs- und Friedensbegriff der Französischen Revolution

Zusätzlich zu den Fragen nach den Gründen und innenpolitischen Funktionen des Kriegsausbruches widmet sich die Forschung übergreifenden Problemen. Vor allem begriffs- und ideengeschichtliche Untersuchungen haben gezeigt, wie sich das Verständnis von Krieg und Frieden durch die Französische Revolution wandelte. Das Thema liegt auf der Hand: Was hieß angesichts der neuen Situation „gerechter Krieg" und „wirklicher Frieden"? Auf der weltanschaulichen Ebene bedeutete Krieg für die Revolutionäre nicht mehr eine „Beziehung" von Staat zu Staat, sondern ein „gerechter Krieg" für einen dauerhaften Frieden wurde als Völkerbefreiungs- und Weltbürgerkrieg geführt. Krieg wurde in diesem Zusammenhang begriffen als ein Kampf der Unterdrückten gegen die Unterdrücker, als ein Kampf der Vernunft und Moral gegen die Unvernunft und Unmoral, als ein Kampf der Guten gegen die Bösen (17, S. 598). Mit diesem „Krieg gegen den Krieg" (Robespierre) sollte der Krieg ein für alle Mal überwunden werden.

Dieses utopische Reich der Vernunft und der allgemeinen Brüderlichkeit ließ sich freilich nicht durch willkürliche Staatsgrenzen einschränken, sondern sollte universell sein. Doch bedeutete dies nicht auch zugleich: einen Krieg ohne Frieden? Wer überhaupt sollte noch Frieden schließen können, wenn das bisherige Subjekt eines Friedensschlusses, der Staat, wegfiel? Im Friedensbegriff der Französischen Revolution wurden Staat und Frieden getrennt. Der Frieden, den die Revolutionäre meinten, war nicht die öffentliche Ruhe und Ordnung sowie die Sicherheit des Staates. Denn all dies, so schien es die Vergangenheit zu beweisen, beruhte auf despotischem Zwang, der die Vernunft, die Freiheit und die Moral unterdrückt hatte. So war es nicht der Frieden zwischen den Staaten, den die Revolutionäre erstrebten, sondern es war der allgemeine Menschheitsfrieden, basierend auf der brüderlichen Einheit des Menschengeschlechts. „Wirklicher Frieden" – das konnte in ihren Augen nicht jener sein, der durch Gewalt oder politisches Kalkül erst geschaffen werden musste, sondern nur jener, der die bisher durch die Unvernunft und den Irrtum verdeckte Brüderlichkeit aller Menschen und Völker herstellte. Zweifellos lassen sich hier Verbindungslinien zur Aufklärung erkennen, in deren Literatur immer wieder der Frieden des einfachen und natürlichen Lebens gepriesen worden war. „Indem die Idylle die Welt der Poesie verließ und zum politischen Programm erhoben wurde, wandelte sie sich zur Utopie." (16, S. 566)

Infolge der Französischen Revolution veränderte sich somit auch der soziale Rahmen für Friedensmodelle grundlegend. Die gedachten Ordnungen vor der Revolution hatten ausnahmslos die soziale Homogenität des herrschenden Adels vorausgesetzt, mit dem sich die Bürger zu arrangieren hatten. Dieses Arrangement wurde nun durch den Politisierungsschub der Revolution aufgekündigt und damit auch die soziale und politische Basis der älteren Friedensmodelle. Nicht mehr die traditionellen ständischen Privilegien bildeten von jetzt ab die Basis, sondern vernunftrechtliche Normen.

1795 schloss die Französische Republik in Basel ihre ersten Friedensverträge. Darin kam zwar die Utopie eines Menschheitsfriedens kaum mehr zum Tragen, da sie sich an den harten staatlichen Realitäten brach. Dennoch waren wichtige Veränderungen unübersehbar. In bisher ungekannter Radikalität wurde ein großer Teil der Traditionen, der alten Bestimmungen und Formulierungen, die seit dem Westfälischen Frieden von 1648 gegolten hatten, über Bord geworfen zugunsten knapper, klarer und harter, vor allem ökonomisch harter, Bestimmungen (93, S. 538). Friedensverträge waren jetzt ein nüchternes Rechtsgeschäft. Beschwörende Bekenntnisse zur ewigen Dauer oder zur Wiederherstellung der Verhältnisse der Vorkriegszeit oder aber die Bereitschaft, Kriegsschuld zu vergeben und auf ein Vergessen hinzuarbeiten, fehlten.

Die Friedensschlüsse unter der Ägide Napoleons – Campo Formio 1797, Lunéville 1801, Amiens 1802, Pressburg 1805, Tilsit 1807 und Wien 1809 – glichen dann eher Waffenstillständen, um Atem für neue Kriege zu schöpfen. Sie stellten kurzfristige Zustimmungen zu den napoleonischen Bedingungen dar und waren somit häufig aufgezwungene Diktatfrieden. Dabei wurde ein umfassender Anspruch formuliert, der Napoleon gleichsam als Weltfriedensbringer und Friedensherrscher begriff. Die Vorstellung eines universalen Weltfriedens ging jetzt in der geplanten napoleonischen Weltherrschaft auf. Gleichgewichtgedanken und Selbstbestimmungsrecht verschwanden aus den Friedensverträgen, von einer Ausnahme abgesehen. Der Frieden von Amiens 1802, der einzige, der in der langen Kriegsperiode von 1792 bis 1815 zwischen England und Frankreich zustande kam, hat Historiker immer wieder zur Diskussion veranlasst, ob sich hier nicht Möglichkeiten einer dauerhaften Friedensordnung geboten hätten, denn der Vertrag beruhte auf dem Prinzip beiderseitigen Verzichts. England verzichtete auf die im Zweiten Koalitionskrieg gemachten Eroberungen (Ägypten, Malta), und Frankreich verzichtete auf künftige koloniale Erwerbungen. So zeigte sich, trotz der alten Feindschaft, England bereit, die neue Stellung Frankreichs auf dem europäischen Kontinent zu akzeptieren, wenn Frankreich wiederum die englische See- und Kolonialherrschaft anerkannte. „Von der traditionellen Politik her gesehen, war das Kräftegleichgewicht wiederhergestellt und der Frieden gesichert." (148, S. 47)

Wir müssen an dieser Stelle noch einmal auf die oben erwähnte *dérapage*-These von François Furet zurückkommen, denn sie hat erneut die wichtige Frage aufgeworfen, ob die Jahre nach 1789 von einer Kontinuität oder von einem Bruch zum Ancien Régime gekennzeichnet waren. Furet trennte in seiner Deutung das Problem der Französischen Revolution als sozialgeschichtlichen Umbruch vom speziellen Problem der jakobinischen Entgleisung. Nach seiner mittlerweile in der Forschung weit verbreiteten Auffassung handelte es sich bei der Französischen Revolution unter sozialgeschichtlicher Perspektive eigentlich nicht um eine Zäsur, sondern nur um eine bewegtere, teils beschleunigende, teils hemmende Phase innerhalb einer längerfristigen Entwicklung von etwa 1750 bis 1830. Im Sinne einer kapitalistisch inspirierten Neugestaltung von Wirtschaft und Gesellschaft hat die Revolution in diesem Feld keinen völligen Bruch mit dem Ancien Régime herbeigeführt. Ein scharfer Umbruch fand hingegen im Bereich der Politik, der Kultur und der Mentalitäten statt. Neuerdings wird die Französische Revolution als eine „Kulturrevolution" beschrieben, die sich virtuos der Medien bemächtigte, eine neue Sprache und ein neues Bewusstsein schuf. Die Revolution, so kann man es auf einen Nenner bringen, erfand die demokratische politische Kultur (174).

Ideologisierung, Demokratisierung, Nationalisierung

Diese Kulturrevolution und der damit einhergehende Durchbruch zur modernen politischen Freiheit ragte in drei außerordentlich bedeutsame Felder hinein, die mit den Begriffen Ideologisierung, Demokratisierung und Nationalisierung zu kennzeichnen sind. Sie hatten auch erhebliche Auswirkungen auf Krieg und Frieden, wie die Geschichtswissenschaft herausgearbeitet hat. Das ganz neue demokratische Instrument der allgemeinen Wehrpflicht kam, das ist mittlerweile unbestritten, einer militärischen Revolution gleich. Der „republikanische Geist" und der Aufruf zur Verteidigung des Vaterlandes im Jahre 1792/93 bedeuteten eine militärische, soziale und politische Herausforderung für die absolutistischen Fürsten. Denn mit einem Schlag waren die französischen Soldaten keine Söldner mehr, wie bisher, sondern mit Grund- und Menschenrechten ausgestattete Staatsbürger, die gleichsam in staatsbürgerlicher Mission im Kriegseinsatz für ihr Vaterland standen. Das war ein vollkommen neuer Vorgang. Der *soldat citoyen* galt als wichtigste Einlösung des Patriotismus (179), und bis heute noch leben die Armeen in demokratischen Staaten von dieser Grundeinstellung.

Mit der *levée en masse*, die bis zu vier Prozent der männlichen Bevölkerung unter Waffen stellte und die der Wohlfahrtsausschuss am 23. August 1793 befahl, wurde der nationale Krieg zu einer Sache des Volkes. Diese Mobilisierung aller Reserven kam einer „Demokratisierung" des Krieges gleich und zwar in doppeltem Sinne: Einmal stützte die Masse der Bevölkerung aktiv den Krieg und zum anderen blieb der Krieg in seinen direkten Auswirkungen nicht mehr auf die mit der Waffe Kämpfenden beschränkt.

Der Krieg begann als Verteidigungskrieg, ging dann in die proklamierte Befreiung der Unterdrückten über und endete schließlich als Eroberungskrieg. Der bekannte französische Revolutionshistoriker Albert Soboul beschrieb diese Entwicklung folgendermaßen: „Der Propagandakrieg zur Herausforderung des monarchischen Europa wurde im November (1792) eröffnet: Am 19. November 1792 nahm der Konvent voller Beifall diesen berühmten Beschluss an: 'Der Nationalkonvent erklärt im Namen der französischen Revolution, dass er allen Völkern, die ihre Freiheit wiedererlangen wollen, Brüderlichkeit und Hilfe gewährt; er beauftragt die ausführende Gewalt, den Generälen die notwendigen Befehle zu geben, um diesen Völkern Hilfe zu leisten und die Bürger, die drangsaliert werden sollten oder um der Freiheit willen werden könnten, zu verteidigen' ... (Brissot, der führende Sprecher der Kriegspartei, schrieb am 26. November an den Kriegsminister:) 'Wir können nicht ruhen, bevor Europa, und zwar das ganze Europa, in Brand steht.' Der Annexionskrieg war eine natürliche Folge des Propagandakrieges. Der Konvent rief die Völker auf, sich zu erheben, und verpflichtete sich zu ihrem Schutz. Gibt es einen besseren Schutz als die Annektierung?" (181, S. 551 f.)

Die säkularisierte Nation und das voluntaristische Nationskonzept – mit dem der neue Nationalismus zu einer Art Religionsersatz aufstieg – erforderten auch eine Neudefinition des Feindes und führten, damit einhergehend, zu einer neuen „Kriegskultur". Was den Feindbegriff anbelangt, so hat Michael Jeismann (162) herausgearbeitet, dass er ein konstitutives Element auch des französischen nationalen Bewusstseins war – und nicht nur der deutschen Nationalbewegung, wie man mit Blick auf die Befreiungskriege immer wieder argumentiert und dabei oft vergessen hat, die französische Herausforderung gebührend zu betonen (siehe dazu Kap. III., 4. b). Jeismanns Grundfrage lautet: Ist es möglich, dass schon in der Genese der modernen Nationalstaaten die Feindschaft unabdingbar dazugehörte, ja wäre ohne sie ein nationales Selbstverständnis gar nicht vorstellbar?

Neuer Feindbegriff

Was Jeismann dabei zu Frankreich aufdeckte, wurde bis dahin so nicht gesehen. Die bürgerliche Gesellschaft hatte sich in der Französischen Revolution als Nation konstituiert. „Nation" war somit ein revolutionärer Kampfbegriff gegen Absolutismus und ständische Herrschaftsgliederung geworden. Dementsprechend galt dieser ursprüngliche französische Nationalismus vielen, die sich mit ihm wissenschaftlich auseinandersetzten, als emanzipatorisch und mit dem Kennzeichen einer weltumspannenden politischen Sendung versehen (187). Ein Trugschluss, wie Jeismann meint. Denn in der Französischen Revolution wurden unter der Devise Freiheit gegen Barbarei „extreme Formen der Feindschaftsaustragung und Feindbehandlung nicht nur denkbar, sondern ideologisch als Notwendigkeit im Interesse der 'Menschheit' legitimierbar" (162, S. 146). So wurde bereits damals der Feind nicht nur ausgegrenzt und kriminalisiert, sondern pathologisiert, ja sogar entmenschlicht.

Die revolutionäre Feindschaft bedeutete nichts weniger als eine „Aufkündigung der gemeinsamen Zivilisation" (162, S. 141). Diese Feindschaft war nicht an eine Staats- oder Nationszugehörigkeit geknüpft, sondern richtete sich gegen alle inneren und äußeren Gegner der Revolution. Die Folgen für die weitere Entwicklung können nicht hoch genug veranschlagt werden: Es entstand eine neue ideologisierte Feindschaft und damit zusammenhängend eine neue Kriegskultur, die dazu befähigte, einen „volkstümlichen" Krieg im größten Maßstab zu führen.

Bei dem Versuch, den Ort der französischen Kriege in der Geschichte zu bestimmen, ist vor dem Hintergrund dieser Ideologisierung, Demokratisierung und Nationalisierung die Frage aufgeworfen worden, ob die Revolutionskriege bereits die Tore zum „totalen Krieg" öffneten und es sich bei

Revolutionskriege als Weltkriege

ihnen um einen Weltkrieg, den ersten Weltkrieg in der modernen Geschichte, gehandelt habe. Die französische und britische Historiographie widmet sich dieser globalen Dimension schon länger (151), auf deutscher Seite beschäftigt sich vor allem Stig Förster damit (150). Sein Ziel ist es, die allzu eurozentristische oder gar nationalstaatliche Geschichtsbetrachtung zu überwinden, die Wechselwirkungen zwischen Europa und Außereuropa zu beleuchten und somit ein Bewusstsein für größere Zusammenhänge zu schaffen. Er möchte die Hypothese begründen, dass die damalige Entstehung einer Weltgesellschaft – verstanden als Herausbildung von weltpolitischen und weltwirtschaftlichen Beziehungssystemen – die eigentliche Grundlage dafür war, dass Weltkriege möglich wurden.

Die Völkerschlacht bei Leipzig im Jahr 1813 beschreibt ja nur die halbe Wirklichkeit, nämlich die gesamteuropäische Dimension dieser „Völker"-Kämpfe. Aber die Verästelungen des Krieges umspannten damals alle Weltmeere, Nord- und Südamerika, weite Teile Asiens und auch Afrikas, wobei – anders als in der Vergangenheit – die weltweiten Auseinandersetzungen nicht mehr auf Europa beschränkt blieben. Zu nennen ist in diesem Rahmen etwa der haitianische Befreiungskampf. Haiti war eine der reichsten und einträglichsten französischen Kolonien. Er begann – nachdem die Erklärung der Menschenrechte bekannt wurde – mit einem Sklavenaufstand und war bis 1804 tatsächlich so erfolgreich, dass erstmals in der Geschichte ein souveräner Staat durch einen Sklavenaufstand aus dem Kolonialsystem hervorging. Solche außereuropäischen Ereignisse beeinflussten und provozierten die französische Kriegspolitik, aber auch den Eintritt von Großbritannien und Spanien in den Krieg. Zudem hatte bereits die Amerikanische Revolution seit 1763 die Ideen von Nation, Menschenrechten, Rechtsgleichheit und staatsbürgerlicher Partizipation propagiert, die auch auf Europa und die Welt ausstrahlten und sich seit 1789 mit den Gedanken der Französischen Revolution verknüpften, weshalb man mit guten Gründen von einer umfassenden „Atlantischen Revolution" sprechen kann (170).

1798 erteilte das Pariser Direktorium aus innenpolitischen Gründen, aber auch mit der Absicht, die Tür zu kolonialen Erwerbungen zu öffnen, General Napoleon Bonaparte die Erlaubnis zum Ägyptenfeldzug. Durch diese Entscheidung verwickelte man sich auch in Kämpfe mit dem Osmanischen Reich, und der Krieg wurde bis nach Südasien ausgeweitet. In den Jahren nach 1807 erreichte der Weltkrieg seinen Höhepunkt: „Es wurde nicht nur im arabischen Raum, an den Grenzen Persiens und im Indischen Ozean gekämpft, sondern auch Amerika entwickelte sich jetzt zum Kriegsschauplatz. In Lateinamerika verschärften sich die Kämpfe einheimischer Insurgenten gegen die spanische Kolonialherrschaft. Gleichzeitig tat der Wirtschaftskrieg um Europa, also die Kontinentalsperre und die britischen Gegenmaßnahmen, seine Wirkung bei der Ausweitung des Krieges." (150, S. 27 f.)

„Totaler Krieg"?

Möglich wurde dieser Weltkrieg durch das Zusammentreffen verschiedener revolutionärer Veränderungen: Die erste militärische Revolution zwischen 1500 und 1800 brachte eine Verbesserung von Feuerwaffen, die Verwissenschaftlichung der Kriegführung und die Schaffung stehender Heere mit sich (171). Die zweite militärische Revolution erwuchs aus der politischen Revolution von 1789: Ihr Kennzeichen war, dass Freiwilligenarmeen aufgestellt und die allgemeine Wehrpflicht eingeführt wurden, bis hin zur totalen Dienstpflicht. Die Kriegführung veränderte sich unter diesen Bedingungen eines Volkskrieges in umwälzender Weise und näherte sich den Bedingungen eines „totalen Krieges" an, bevor sie in der napoleonischen Zeit durch eine eingeschränkte Wehrpflicht kanalisiert wurde. So hatte der Krieg bereits zu diesem Zeitpunkt einen neuen Charakter angenommen, der die weitere Entwicklung im 19. und 20. Jahrhundert prägen sollte (siehe dazu Kap. III., 7).

Darüber hinaus spielen die Menschenverluste in dieser Deutung vom Weltkrieg und „totalen Krieg" eine große Rolle. Gemessen am Verhältnis zur Gesamtbevölkerung zählte man in den Revolutionskriegen mehr Tote als im Ersten Weltkrieg 1914–1918. Allein Napoleons Russlandfeldzug kostete annähernd einer Million Menschen das Leben. Dies war eine völlig neue Dimension des Krieges. Schließlich hatte die lange Dauer der Kriegsepoche von 1792 bis 1815 auch nachhaltige Auswirkungen auf die Erfahrungen und Mentalitäten der Menschen. Die politischen und militärischen Revolutionen schufen somit in dieser Interpretation die Voraussetzungen für den „totalen Krieg", der am Übergang vom 18. zum 19. Jahrhundert tendenziell bereits sein schreckliches Gesicht zeigte.

b) Die preußisch-deutschen Befreiungskriege im Widerstreit: Ältere Deutungen, neue Interpretationen

Die spanische Erhebung gegen Napoleon im Jahr 1808 markierte einen Wendepunkt, denn die Losung der Französischen Revolution „Krieg den Palästen, Friede den Hütten", die auch Napoleon noch zur Rechtfertigung seiner Kriege gedient hatte, wurde jetzt vollkommen ad absurdum geführt. „In Spanien, in Österreich und später in Preußen kämpften die französischen Soldaten nicht mehr gegen die 'Söldner der Tyrannen', sondern gegen nationale Bewegungen, die sich ihrerseits auf die Freiheitsparolen der Revolution gegen die 'Fremdherrschaft' beriefen." (148, S. 51) Die französischen Revolutionsarmeen befreiten nicht Europas Völker; aber sie entfachten unfreiwillig, indem sie selbst als Unterdrücker wahrgenommen wurden, von denen man sich befreien wollte, überall die nationale Idee. So auch in Deutschland. Deshalb beginnt Thomas Nipperdeys große „Deutsche Geschichte 1800–1866" mit dem Satz: „Im Anfang war Napoleon" (169, S. 11).

Die antinapoleonischen Befreiungskriege 1813/15 wurden in Deutschland lange Zeit als eine „Sternstunde der deutschen Nationalgeschichte" angesehen (136, S. 201). Erst seit 1945 wandelte sich das Bild allmählich, vor allem in der Bundesrepublik Deutschland, viel weniger in der DDR; in deren Historiographie erfuhr die Epoche sogar eine charakteristische Aufwertung.

Bis dahin galt die Erhebung gegen Napoleon im kollektiven deutschen Gedächtnis als eine Heldentat der gesamten Nation, die unter Preußens

Betrachtungs-
weisen der
Befreiungskriege

Führung endlich zusammenfand, um einträchtig das französische Joch ab-
zuschütteln. Keine andere Form des Krieges als dieser „Befreiungskrieg"
konnte ähnlich positiv aufgeladen werden – denn nicht als Aggressor oder
Eroberer trat man auf, sondern man kämpfte um Freiheit gegen einen äußeren Feind und um nationale Unabhängigkeit. Die patriotische Begeisterung, die alle Schichten zu umfassen schien, kündigte offenbar von der
lange ersehnten Erweckung der deutschen Nation. Seit dem Wartburgfest
von 1817 nahmen alle geistigen Strömungen und politischen Richtungen
für sich in Anspruch, die wahren Erben der Befreiungskriege zu sein.

Aber wie sah es aus, dieses „wahre Erbe"? Wie an kaum einem anderen
Thema der deutschen Geschichte hat sich an den Befreiungskriegen trotz
der scheinbaren Einhelligkeit der Deutungen eine lange und intensive Debatte entzündet. Welches waren die Ziele des Befreiungskampfes? Warum
war für Konservative der Krieg von Anfang an eben kein „Freiheitskrieg" für
mehr Bürgerrechte und Emanzipation, sondern „nur" ein Befreiungskampf
gegen einen äußeren Aggressor? Welches waren die Trägerschichten des
Kampfes? Lassen sich Aussagen zur Breiten- und sozialen Tiefenwirkung
des patriotischen Aufbruchs machen? Warum stand am Ende der Kriege die
Restauration?

Helmut Berding hat in einem grundlegenden Aufsatz über das geschichtliche Problem der Befreiungskriege vier Positionen der politischen und historiographischen Auseinandersetzung unterschieden: 1. die radikal-demokratische, 2. die liberal-reformerische, 3. die monarchisch-konservative
und 4. die marxistisch-leninistische (136). Der radikal-demokratische Ansatz seit dem Vormärz bejahte grundsätzlich die Volkserhebung des Jahres
1813, verband damit aber auch die Forderung, dass wesentliche Prinzipien
der Französischen Revolution, wie die Volkssouveränität, auch in den deutschen Territorien verwirklicht werden müssten. Die liberal-reformerische
Position – vertreten durch frühliberale Historiker wie Christoph Schlosser,
Karl von Rotteck oder Georg Gottfried Gervinius – sah in der Erhebung
ebenfalls einen Kampf für konstitutionelle Rechte, und im Deutschen Kaiserreich wurde diese Interpretation von linksliberalen Historikern wieder
aufgegriffen: Max Lehmann und Wilhelm Mommsen etwa deuteten die
Jahre um 1813 als einen Emanzipationskampf des Bürgertums für nationale
Unabhängigkeit und konstitutionelle Rechte. Sie nahmen somit eine
Mittelstellung ein zwischen dem radikalen und dem konservativ-monarchi-
schen Ansatz. Die Vertreter des letzteren, hier ist vor allem der Historiker
Heinrich von Treitschke zu nennen, lehnten die volksemanzipatorischen
Dimensionen im Gefolge der Französischen Revolution entschieden ab
und hielten die Befreiungskriege für eine heroische Tat des Hohenzollern-
königs, der das ihm treu ergebene Volk zum Kampf gerufen habe.

Mythen marxistischer Historiographie

Es zeigt sich hier der archimedische Punkt einer jeglichen Deutung: der
Aufruf des preußischen Königs Friedrich Wilhelms III. „An mein Volk" vom
März 1813 (182, S. 251 ff.). Es ist bis heute in der Forschung umstritten und
es lässt sich nicht zweifelsfrei klären, ob der König rief und alle kamen,
oder ob der König mehr oder minder von den „Volksmassen" gegen seinen
Willen gezwungen wurde, sich an die Spitze einer nationalrevolutionären
Bewegung zu stellen. So mochte es vor allem die DDR-Geschichtswissen-
schaft sehen, die die Rolle der „antifeudalen Volksmassen" stark gewich-

tete, ja übergewichtete, und von da aus das „fortschrittliche Erbe" konstruierte, welches für den ostdeutschen „Arbeiter- und Bauernstaat" als
„Vollstrecker" dieses Erbes verpflichtend sein sollte (159).

Die neuere kritische Geschichtswissenschaft hat nicht allein die je zeit-
bedingten Sichtblenden der älteren Deutungen hinterfragt, sondern auch
die DDR-Legenden widerlegt. So wird heute argumentiert, dass die restau-
rative Entwicklung bereits in den Befreiungskriegen angelegt war, weil die
herrschenden Eliten die patriotische Bewegung als eine Bewegung für
König und Vaterland ausgaben, nicht aber als eine für gesellschaftliches
Emanzipationsstreben. Die konstitutionellen Vorstellungen des Bildungs-
bürgertums waren gesamtgesellschaftlich gesehen eher marginal vertreten,
und die unteren und mittleren Schichten, die in der Kriegsfreiwilligen-
bewegung besonders stark waren, handelten mehr aus emotionalen oder
traditionellen Triebkräften heraus denn aus „staatsbürgerlicher Reife" (160).
Auch von einem alle erfassenden nationalen Taumel, einer euphorischen
Aufbruchstimmung oder der vielbeschworenen „Schöpferkraft des Volkes"
lässt sich nur sehr eingeschränkt sprechen. Vielerorts in Preußen herrschte
im legendären „Zeitalter der deutschen Erhebung" (165) in Wahrheit eine
geradezu gedrückte, depressive und von Zukunftsängsten gekennzeichnete
Bewusstseinslage. In einem Bericht der Kurmärkischen Regierung hieß es
1809: „Wenn von der herrschenden Stimmung die Rede ist, (…) so wird
eine solche diesmal in allen eingehenden Berichten der Land- und Steuer-
räte als Mutlosigkeit, oder Niedergeschlagenheit über den fortdauernden
Druck der Kriegsabgaben (…) und der zur Einziehung derselben angeord-
neten Zwangsmittel bezeichnet" (167, S. 99).

Neuere Sicht

Von einer wirklichen Aufbruchstimmung waren freilich die preußischen
Reformer erfasst, die zu einer „Revolution von oben" ausholten. Preußen
hatte in der Doppelschlacht von Jena und Auerstedt 1806 eine vernichten-
de Niederlage gegen die napoleonische Armee erfahren, ein militärisches
Debakel ohne Beispiel in seiner Geschichte. Im Frieden von Tilsit 1807
musste der preußische Staat beinahe die Hälfte seines Territoriums und seiner Bevölkerung abtreten, das Heer schrumpfte bis zur Bedeutungslosig-
keit.

Heeresreform

In dieser dramatischen, ja existenzgefährdenden Situation entwickelten
hohe Beamte und Offiziere Reformprogramme, die Preußen helfen sollten,
die Krise zu überwinden, den Staat zu reorganisieren und zu neuer Kraft
aufzusteigen. Die preußischen Reformen, darunter auch die Militärreform,
gehören zu jenen Bereichen der modernen deutschen Geschichte, mit
denen sich die Geschichtswissenschaft am gründlichsten beschäftigt hat.
Allerdings ist in der Bundesrepublik Deutschland die Forschung zur Heeresreform gegenüber anderen Bereichen seit den 1970er-Jahren eher ins
Hintertreffen geraten (183, S. 38).

Die Reformen bedeuteten eine Antwort auf die französischen Herausforderungen, waren aber neben den politischen Umbrüchen weiterer Veränderungen geschuldet, etwa den neuen technischen Entwicklungen und der
maschinellen Rüstungsproduktion. Es war eine wichtige Entdeckung der
gesamten Epoche, dass Krieg und Heeresorganisation nicht abgesonderte
Lebens- und Wissensbereiche darstellten, sondern in das Gesamtgefüge

der Gesellschaft einbezogen werden mussten (163, S. 204). Heute wird vielfach betont, dass am Ende dieser Epoche die „Professionalisierung des militärischen Berufs der Neuzeit" stand (134, S. 205).

Die allgemeine Wehrpflicht für Männer ist das Ergebnis der Französischen Revolution und der ihr folgenden Kriege. In der friderizianischen Zeit hatte die preußische Armee noch etwa zur Hälfte aus Landesfremden bestanden. Die Soldaten wurden rücksichtslos geknechtet. Preußen war im 18. Jahrhundert zu demjenigen Staat in Deutschland aufgestiegen, dessen Institutionenordnung und Machtgefüge am deutlichsten von dem Primat der Armee geprägt war. In der „Kantonsverfassung", die seit 1730 die Rekrutierung von Soldaten aus der bäuerlichen Bevölkerung regelte, hat die neuere Forschung, zuletzt Ute Frevert in ihrer Darstellung über Militärdienst und Zivilgesellschaft, jedoch die „embryonale Vorform der Wehrpflicht" gesehen (Frevert, 251, S. 30).

Freiherr von Hardenberg und seine Mitarbeiter entwarfen nach 1806/07 einen großen Plan: Sie wollten Preußen, so hieß es in einer Denkschrift, „nicht bloß dem Namen nach, sondern in der Realität (in) einen militärischen Staat" verwandeln. Nur so könne man sich von der napoleonischen Umklammerung lösen und seine europäische Machtstellung zurück gewinnen (Frevert, 250a, S. 20). Dass Nationalstolz eine entscheidende Motivation der Soldaten sein konnte, hatten die französischen Armeen unter Beweis gestellt. Die preußischen Heeresreformer, also Scharnhorst, Gneisenau und Boyen, waren davon überzeugt, dass nur durch eine Mobilisierung der ganzen Nation die Selbstbehauptung zu gewährleisten sei. Außerdem müssten Volk und Armee gezielt über die Gründe unterrichtet werden, die einen Krieg unausweichlich erscheinen ließen. Allgemeine Wehrpflicht, staatliche Propaganda und Nationalerziehung sollten zusammengehören. Das Heer galt als Schule der Nation. Es sollte ein Bürgerheer sein, was auch bedingte, das Adelsmonopol für die Offiziersstellen abzuschaffen.

Da somit die Wehrpflicht eng mit Revolution und bürgerlicher Emanzipation verbunden war, stand man freilich vor einem Dilemma; denn das französische Modell einer souveränen Staatsbürgernation kam für die preußischen Eliten nicht in Betracht. „Genaugenommen wollte man die eindrucksvollen Mobilisierungserfolge der Französischen Revolution nachahmen, ohne gewaltsame politische Umbrüche zu riskieren." (251, S. 19) So wurde das gesamte ursprüngliche Reformprogramm in der nachfolgenden Zeit nur teilweise und sehr unvollkommen verwirklicht.

Streit in der Forschung

Die bundesdeutsche wissenschaftliche Debatte um die preußische Heeresreform setzte nicht von ungefähr gleich zu Beginn der 1950er-Jahre ein. Sie überschnitt sich mit der politischen Kontroverse um die Wiederbewaffnung, die 1956 in den Aufbau der Bundeswehr mündete. Im Mittelpunkt stand dabei der emanzipatorische Ansatz des preußischen Reformwerks, vor allem das gewandelte Verständnis vom Soldaten. Die Reformära schien positive Traditionen bereitstellen zu können, besonders das Konzept des „Staatsbürgers in Uniform" (135).

In der rein wissenschaftlichen Sphäre wurde die Heeresreform freilich zunächst vor allem unter dem Primat der Außenpolitik analysiert, namentlich von Gerhard Ritter. „Militarismus hängt immer mit außenpolitischem Tatendrang zusammen", formulierte er in seinem großen Werk „Staatskunst und Kriegshandwerk" (175). Erst zu Beginn der 1960er-Jahre fand ein Paradigmenwechsel hin zum Primat der Innenpolitik statt, wodurch die sozialgeschichtliche, innenpolitische Seite der Reformen viel stärker ins Blickfeld rückte und in der These von einer „sozialen Militarisierung" der preußisch-deutschen Gesellschaft gipfelte (143). Diese Interpretation ist nicht unwidersprochen geblieben, aber ihr Verdienst liegt darin, den Finger auf die restaurativen Tendenzen und sozialgeschichtlich negativen Folgen der Reform gelegt zu haben. Das Etikett „bürgerliche Emanzipation" jedenfalls ist viel zu einseitig. Elisabeth Fehrenbach fasste in einer neuen Darstellung die Erkenntnisse zusammen: „Die Einbeziehung des besitzenden und gebildeten Bürgertums in das Heer führte nicht zu einer Demokratisierung der Armee, sondern eher zu einer Feudalisierung des Bürgertums, das gemeinsam mit dem Adel eine neue offiziersfähige und von der übrigen Gesellschaft abgesonderte Führungsschicht bildete. So wurde der gesellschaftliche Militarismus zu einem Kennzeichen der preußisch-deutschen Geschichte." (148, S. 120; siehe dazu auch Kap. III., 6)

Das Militär erwies sich als Nationsstifter und der Krieg sich als Katalysator des Nationalismus. Während die ältere Forschung glaubte, der – positiv gewertete – Nationalismus sei gleichsam als Reflex der Deutschen auf die französische Aggression entstanden, sieht man die Dinge heute wesentlich differenzierter. Natürlich war die „nationale Wiedergeburt" das Ziel von Kriegsfreiwilligen, namentlich im bekannten Freikorps Lützow (142). Dichter, Denker und nicht zuletzt die Kirchen verbreiteten eine Kriegsmentalität und überhöhten in den Befreiungskriegen den Kampf zu einem Waffengang für „Gott und Vaterland". Krieg galt plötzlich nicht mehr als Strafgericht Gottes, der die Sünden eines Landes bestrafte. In völliger Umwertung wurde Christus, der am Kreuz den Opfertod für die Menschen erlitten hatte, zur Präfiguration für den deutschen Soldaten, der sich für sein Vaterland opferte. Und gegen das revolutionäre Frankreich glaubte man zusätzlich noch die Sache Christi gegen das neue Heidentum zu verteidigen (154).

Krieg und Nationsstiftung

Als die Befreiungskriege begannen, stand ein facettenreiches Konglomerat nationalistischer Wahrnehmungs- und Deutungsmuster, standen handlungsleitende Denkfiguren indessen längst zur Verfügung. Sucht man in der zweiten Hälfte des 18. Jahrhunderts nach „modernen" Formen von Nationalismus, so gerät das friderizianische Preußen ins Blickfeld. Die Kriege der Jahre 1740 bis 1763, besonders der Siebenjährige Krieg 1756–63, und der Mythos Friedrichs des Großen wirkten identitätsstiftend. Friedrich avancierte zu der alles überragenden Integrationsfigur des deutschen Nationalismus. Unter allen deutschen Staaten durchlief Preußen seit den 1740er-Jahren am stärksten einen Prozess der „Verstaatung" und Nationalisierung – viel stärker als dies bei der direkten Konkurrenzmacht Österreich der Fall war – mit dem Ergebnis einer neuen, einer nationalen Ideologisierung seiner Politik und der von ihm geführten Kriege.

Im Zuge der friderizianischen Kriege zeigte sich bei den Gebildeten ein wachsendes Nationalbewusstsein unterhalb der Ebene des Alten Reiches.

Preußen stieg auf zum gedachten Haupt der „teutschen Nation". Friedrich der Große fand als Nationalheld selbst Eingang in die deutsche Literatur der damaligen Zeit (157; 147, S. 120), wie überhaupt die Literatur und Publizistik bei der inneren Mobilisierung eine zentrale Rolle spielte. Thomas Abbts Schrift „Vom Tode für das Vaterland" aus dem Jahr 1761 beispielsweise oder Johann Wilhelm Gleims „Preußische Kriegslieder in den Feldzügen 1756 und 1757 von einem Grenadier" blieb die Wirkung nicht versagt: Es kam zu einer Neubewertung des Krieges, der nun als eine Art moralische Anstalt erschien – und es entstand „die im Krieg geborene preußische Nation" (177, S. 57).

Während der antinapoleonischen Befreiungskriege stand somit ein Fundus an Vorstellungen zur Verfügung, die zum Teil bis in die Germanenzeit rückgebunden wurden. Christian Daniel Schubart setzte nicht von ungefähr in einem Hymnus von 1786 Friedrich den Großen mit Hermann dem Cherusker gleich – beides Führer der deutschen Nation. Außerdem hatte sich, so Ergebnisse sozialgeschichtlicher Untersuchungen, im Verlauf des 18. Jahrhunderts eine soziale Trägerschicht nationaler Gedanken in Gestalt einer bildungsbürgerlichen Funktionselite heraus gebildet. Die „teutsche Nationalidentität" bestimmte sich in den Befreiungskriegen vornehmlich durch Abgrenzung von den Franzosen. Nicht allein Napoleon war der Feind, sondern das ganze französische Volk schlechthin galt als Feind der Deutschen; die Feindschaft wurde gleichsam nationalisiert (162, S. 27 ff.).

Nation, Krieg und Geschlecht

Welche Auswirkungen dieser Zusammenhang von Nation und Krieg auf die Geschlechterordnung hatte, ist erst in den letzten Jahren untersucht worden; zuvor wurde einer solchen Frage meist keinerlei Gewicht beigemessen. Die neuen Ergebnisse lassen heute die Zeit der Befreiungskriege teilweise in einem neuen Licht erscheinen. Geschlechterbilder waren von herausragender Bedeutung, wenn es darum ging, nationale Ideologien und Bewegungen zu entwickeln sowie eine nationale Kriegsbereitschaft zu mobilisieren. Bereits in der mittlerweile zum „Klassiker" gewordenen Arbeit von George L. Mosse „Die Nationalisierung der Massen", erstmals 1975 erschienen, wurde das Inventar von Mythen, Symbolen und Massenmanifestationen – das nicht geschlechtsneutral war – von den Befreiungskriegen bis zum „Dritten Reich" beschrieben (166). Ab Mitte der 1980er-Jahre hat dann die Historische Frauenforschung nach Formen weiblicher Partizipation an der nationalen Bewegung gefragt. Aber erst mit dem Wandel von der Frauen- zur Geschlechtergeschichte kam die nationalisierte Konstruktion männlicher und weiblicher Geschlechtsidentität verstärkt in den Blick der Wissenschaft.

Militär, Krieg und Nation verknüpften sich während der Befreiungskriege neuesten Forschungen zufolge mit spezifischen und langfristig folgenreichen Konstruktionen von Männlichkeit und Weiblichkeit. Hand in Hand mit der Militarisierung ging eine Art „Vermännlichung" der Vorstellungen von Nation. Durch die Einführung der allgemeinen (männlichen) Wehrpflicht steigerte sich diese Entwicklung noch. Parallel dazu wurde auch der weibliche Platz in der „teutschen Nation" genauer bestimmt. „Als erste 'patriotische Pflicht' 'ehrbarer teutscher Frauen' galt in Friedens- wie in Kriegszeiten die Erledigung ihrer häuslichen und familiären Aufgaben in einer der 'Nationalehre', der Kultur und der Sitte entsprechenden Weise." (156, S. 585) Als Ergebnis kann man festhalten: Die dichotomische Zuschreibung von kriegerisch-aktivem Mann und liebend-friedfertig-passiver Frau brach sich in den Befreiungskriegen ihre Bahn; die Nation wurde als männlich-militärisch dominierte „erweiterte Familie" konstruiert (155).

Allerdings darf nicht vergessen werden, dass der weibliche Patriotismus sich nicht auf familiäre oder karitative Aufgaben beschränkte. Der Mobilisierung von Massenheeren stand keine angemessene sanitäre Infrastruktur gegenüber, weshalb zahlreiche Frauen auf eigene Initiative hin Verwundete pflegten und so auf ihre Weise den Volkskrieg unterstützten. Darüber hinaus gab es jedoch auch eine regelrechte weibliche Kriegsbegeisterung, und einige Frauen, die kämpfend an den Kriegen teilnahmen, sind namentlich bekannt. Dass die Konstruktion nationaler Identität nicht geschlechtsneutral geschieht, darf als gesichert angenommen werden; wenig Einigkeit besteht indessen darüber, ob die nationale Konstruktion von Geschlecht sich für Frauen emanzipativ oder limitierend auswirkte. Beides konnte der Fall sein. Längerfristig betrachtet trifft zu, was Ute Planert schrieb: „Für die Politisierung von Frauen im Zeichen der Nation wirkten Kriege und Krisen als Katalysator, denen oft eine Phase des Stillstands, wenn nicht der Rückschläge folgte. Doch auch der nationale Staat verließ sich von Krieg zu Krieg mehr auf die Hilfe des weiblichen Geschlechts. Am Ende dieses Prozesses … stand zumindest formal die staatsbürgerliche Integration." (172, S. 428)

Der Blick der Forschung auf die Befreiungskriege war lange Zeit fast ausschließlich auf Preußen gerichtet – eine Spätfolge der borussianischen Geschichtsschreibung des 19. Jahrhunderts. Sie sah die deutsche Einigung als „Beruf Preußens", und die Geburt des deutschen Nationalstaates aus den drei Einigungskriegen in der zweiten Hälften des 19. Jahrhunderts führte vollends zu einer Apologie Preußens. Neuerdings ist diese Preußen-Zentrierung aufgebrochen worden. Denn Preußen war nicht ganz Deutschland. Deshalb können solche Deutungen, die nur am preußischen Beispiel gewonnen wurden, nicht unbesehen auf andere deutsche Regionen übertragen werden.

> Überwindung der preußischen Perspektive

Eine solche Blickerweiterung erwies sich als schwieriges Unterfangen. Denn sie erforderte eine Revision der nationalgeschichtlichen Rheinbundforschung, die zwar bereits am Ende der 1920er-Jahre mit Franz Schnabels „Deutsche Geschichte im 19. Jahrhunderts" begonnen hatte, sich aber gegen die dominierende Sicht der kleindeutsch-preußischen Historiographie niemals wirklich durchsetzen konnte (148, S. 179 f.). Worum ging es? Im Juli 1806 erklärten 16 deutsche Fürsten, darunter die Könige von Bayern und Württemberg und der Markgraf von Baden – der bei dieser Gelegenheit zum Großherzog aufstieg – in Paris ihren Austritt aus dem Alten Reich und schlossen sich zum Rheinbund zusammen. Bei borussianischen Historikern stieß der Rheinbund auf schärfste Ablehnung. Aber die neue Forschung sieht das Rheinbundsystem nicht mehr mit den Augen Heinrich von Treitschkes als „undeutsches" Werkzeug der napoleonischen Machtpolitik. Vielmehr erkennt sie die „wichtige Brückenfunktion des Rheinbundes in der deutschen Geschichte zwischen Altem Reich und Deutschem

Bund" (180, S. 302). Sein Betreben war es, den äußeren und inneren Frieden der Mitgliedsstaaten zu gewährleisten. Protagonisten eines „Rheinbundnationalismus" sahen in der Anlehnung an das revolutionäre Frankreich einen Akt der Emanzipation von den deutschen Großmächten Preußen und Österreich und den Rheinbund als Keimzelle für eine deutsche Nationaleinheit. Das Primärziel lautete, einen europäischen Frieden zu erreichen, der nur mit Napoleon, nicht gegen ihn, möglich schien (177).

Auch Kriegserfahrungen und -deutungen dürfen somit nicht über den preußischen Leisten geschlagen werden. Im Süden und Südwesten Deutschlands etwa war die allgemeine Bewusstseinslage und die Wahrnehmung des Krieges und der Krisenzeit um 1800 in der breiten Bevölkerung anders als in Preußen. Sie hatte dort nur wenig mit der viel beschworenen nationalen Erhebung zu tun. Der Krieg verlief entlang geographischer Trennlinien; auch die Feindbilder im Südwesten waren andere, jedenfalls noch nicht im modernen Sinne national definiert. Und die politische Loyalität gehörte nicht einer deutschen Nation, die man sich oft gar nicht vorstellen konnte, sondern bezog sich zumeist auf einen kleinräumigen Patriotismus (173, S. 163 ff.). Es war mithin keine Zeit, die überall in Deutschland Volkshelden gebar; vielmehr umschreiben Begriffe wie Umbruchkrise, Desorientierung, und Verstörung die sozialpsychologische Bedeutung der napoleonischen Erschütterung genauer (140).

Befreiungskriege und bellizistisches Gedächtnis

Wenn man preußische Spezifika nicht unzulässig generalisiert, sondern nach verschiedenen deutschen Regionen differenziert, wird man sagen können: Ein „Nationalkrieg" fand nicht statt. Solche neuen Thesen der Forschung zeigen: Nicht der Befreiungskrieg als tatsächliches Ereignis spielte die zentrale Rolle bei der nationalen Integration der deutschen Gesellschaft, sondern vielmehr die mythisierende Erinnerung an ihn. Erst der nach dem Krieg entstandene „Mythos des Befreiungskrieges" (144) wirkte in Deutschland auf lange Sicht hin wie eine Klammer.

Es prägte sich ein bellizistisches Gedächtnis aus, das nicht nur das gesamte 19. Jahrhundert bestimmte, sondern – da es von Generation zu Generation weitergegeben wurde – auch noch Deutschlands Weg in den Ersten Weltkrieg „erleichterte", weil es die Unvermeidbarkeit von Kriegen suggerierte. Im militanten Nationalmythos, in Denkmälern und Feiern, besonders in der Säkularfeier der Völkerschlacht 1913, lässt sich diese Kriegsmentalität ablesen. Niemals zuvor war der Bellizismus so weit verbreitet und fand er eine derart breite gesellschaftliche Anerkennung wie in der Epoche zwischen den Befreiungskriegen und dem Ersten Weltkrieg.

Die Ursprünge dieses Denkens verorten die meisten Fachleute um 1800 herum. Damals vollzog sich in der aufstrebenden deutschen Bildungselite ein entscheidender Meinungsumschwung, ein fundamentaler ideen- und diskursgeschichtlicher Wandel. Dieser führte weg von der Befürwortung eines Vernunftfriedens und hin zu der eines nationalen Befreiungskrieges (145). Wie kaum ein anderer verkörperte Joseph Görres diesen Wandel der Leitbilder (141). Der im Friedensdenken des 18. Jahrhunderts aufscheinende Pazifismus (siehe dazu Kap. III., 3) provozierte seinen Widerpart, den Bellizismus, der den Krieg auf seine Würde hin befragte und in ihm einen Wegbereiter der Humanität erblickte. Der Krieg wurde als ein Institut der moralischen Erneuerung eingeschätzt, der zur Ordnung der Dinge gehöre. Er erschien als Medizin für eine erkrankte oder erschlaffte Menschheit. Ein herausragender Vertreter dieses Bellizismus war Otto August Rühle von Lilienstern (1780–1847), der Verfasser eines 1813 erschienenen Buches mit dem Titel „Apologie des Krieges".

Der Krieg, den er meinte, den Ernst Moritz Arndt oder Theodor Körner in ihrer populären Lyrik so priesen und die damit die aufklärerische Idee des Friedens für Generationen zerstörten, und der Krieg, dem Johann Gottlieb Fichte die Weihe des Philosophen gab (168), war freilich nicht mehr der Fürstenkrieg, sondern der Volkskrieg; nur er galt als wahrhafter Krieg. Auch Carl von Clausewitz, der einflussreichste Kriegsdenker, setzte in seinem Werk „Vom Kriege" diesen „existenziellen Krieg" in Gestalt eines Volks- oder Nationalkrieges von den nur „instrumentellen" Kriegen in Gestalt der alten Kabinetts- und Fürstenkriege scharf ab. Damit betonte er nicht allein die neue Qualität und den Mobilisierungsgrad der Untertanen, sondern vielmehr die neue Qualität des Krieges überhaupt – eines Krieges, der das revolutionäre Prinzip verkörperte, weil er Neues schaffen konnte (158).

Es ist in der Forschung umstritten, woher dieser Bellizismus im Einzelnen rührte. Weit verbreitet ist die Auffassung, er habe sich im deutschen Denken unter einem antirevolutionären Vorzeichen entwickelt und sei von einer nationalistischen Grundströmung zu Zeiten der Befreiungskriege getragen worden. Gegen diesen Befund sind berechtigte Einwände formuliert worden, weil auch ein breiter Strom eines vorrevolutionären Bellizismus in Deutschland entdeckt wurde. Er tauchte bereits ein Jahrzehnt vor der Französischen Revolution auf (161). Er richtete sich gegen die *paix perpetuelle*, die französische Aufklärungsphilosophen entwarfen; ihr wurde – etwa von Valentin Embser – ein deutscher „kriegerischer Geist" entgegengesetzt.

Breitenwirkung gewann er freilich erst durch die letztlich siegreichen Befreiungskriege gegen Napoleon. Der erste Jahrestag der Völkerschlacht bei Leipzig bot schon 1814 Gelegenheit, das Muster eines „teutschen Nationalfestes" zu etablieren. In dem historisch-politischen Journal „Nemesis" von Heinrich Ludens war 1815 ein Anonymus „Napoleon und die Franzosen" abgedruckt, in dem es mit Blick auf die Befreiungskriege und Deutschland hieß: „Nichts hält, hebt und stärkt ein Volk mehr als große Erinnerungen." Wie zutreffend sich dieser Satz doch erweisen sollte. Die mythische Verklärung von Nationsbildung und Freiheitskampf erfasste im Verlaufe des 19. Jahrhunderts selbst jene, die 1813 noch auf der „falschen Seite" gestanden hatten, die ehemaligen südwestdeutschen Rheinbundstaaten. Dort zeigte sich der Sog des Nationalen spätestens mit der Reichsgründung als so stark, dass man die Geschichte umdeutete, bereinigte oder schlicht dem Vergessen anheim stellte, um Anschluss zu finden an die offizielle Erinnerungspolitik des Deutschen Kaiserreiches, in der nur deutsche Helden und Sieger vorkommen sollten.

5. Staat und Krieg – Vom Ende des Dreißigjährigen Krieges bis zur Zerstörung des internationalen Ordnungssystems im Imperialismus

a) Die Suche nach den Kriegsgründen: „Staatenkriege" oder „Staatsbildungskriege"?

„War made the state, and the state made war", so brachte der Historiker Charles Tilly das Problem des wechselseitigen Bedingungszusammenhanges zwischen Staat und Krieg auf den Punkt (234, S. 42). Freilich stecken in diesem kurzen Satz zwei ganz unterschiedliche Dimensionen, die Anlass geben, wissenschaftlich zu streiten: zum einen die Dimension von „Staatsbildungskriegen" und zum anderen die Dimension, die man in die Formel „Kriegsgrund Staat" gießen kann. Die Frage, welche Rolle der Staat für den Krieg spielt, ist in den letzten Jahren sowohl in der Politik- wie in der Geschichtswissenschaft intensiv und sehr kontrovers diskutiert worden.

Krieg – „Schwungrad" des modernen Staates?

Die geschichtsmächtigste Institution, die Europa hervorgebracht hat, ist der moderne Staat – mit Gewaltmonopol, zentraler Verwaltung, einem Beamtenapparat, einem einheitlichen Rechtssystem, kontinuierlicher Besteuerung. Bereits Otto Hintze hat im ersten Drittel des 20. Jahrhunderts auf das enge Wechselverhältnis von innerer und äußerer Staatsbildung hingewiesen Im Rahmen der spezifisch westlichen Gewaltkultur erwies sich der Krieg als entscheidende Triebkraft der Staatsbildung. „Der Krieg", so schrieb Hintze prägnant, „ist das große Schwungrad für den gesamten politischen Betrieb des modernen Staates geworden." (209, S. 480) Unter den Staaten herrschte eine oft kriegerische Dauerkonkurrenz; im Zeitraum zwischen 1500 und 1914 nahm die Zahl der unabhängigen politischen Einheiten in Europa von rund 500 auf 20 bis 30 ab. Wie die Zahlen belegen, handelte es sich um einen enormen Konzentrationsprozess.

Der souveräne Staat und der Krieg scheinen Hand in Hand zu gehen, wie ein Blick auf die Staats-, Finanz- und Militärverwaltung nahe legt. Der Staat tritt offenbar nicht allein als Hauptakteur in Erscheinung, sondern bestimmt auch die Rahmenbedingungen des Krieges, angefangen bei den administrativen bis hin zu den ideologischen. Die bellizistische Disposition des souveränen neuzeitlichen Staates ist daher immer wieder erkannt und kritisiert worden. So schrieb Friedrich Meinecke in seinem bedeutenden Werk „Die Idee der Staatsräson in der neueren Geschichte" im Jahr 1924, es gehöre geradezu „zum Wesen und Geist der Staatsräson, dass sie sich immer wieder beschmutzen muss durch Verletzungen von Sitte und Recht, ja allein schon durch das ihr unentbehrlich erscheinende Mittel des Krieges, der trotz aller rechtlichen Formen, in die man ihn kleiden mag, den Durchbruch des Naturzustandes durch die Normen der Kultur bedeutet. Der Staat muss, so scheint es, sündigen." (224, S. 14)

Der Staat als Ursache aller Kriege?

Muss er wirklich? Oder könnte man nicht mit den Denkern der Aufklärung argumentieren, es gehe um seine „Versittlichung" und zugleich um die Einhegung des Krieges? Der Politikwissenschaftler Ekkehart Krippendorff jedoch kann solche eher optimistischen Prognosen nicht teilen. Als Quelle allen Übels erscheint ihm der Staat. Eine dauerhafte Pazifizierung der Menschheit könne nach seiner Ansicht nur gelingen, wenn man den Staat abschaffen würde. Seit der Erfindung des modernen Staates in der Frühen Neuzeit sei dieser der Hauptkriegstreiber der Geschichte. Das viel gerühmte Gewaltmonopol des Staates hält er für eine organisierte Gewalttätigkeit nach innen wie nach außen, und die Staatsräson geißelt er als pathologisches Vorstellungsgebilde. Zwischen Staat und Krieg erkennt Krippendorff einen verhängnisvollen Wechselbezug, der durchschlagen werden müsse: Um den Krieg abzuschaffen, müsse man zuerst den Staat abschaffen (217).

In einer neuen Publikation hat Krippendorff die These variiert, im Kern aber, grandios einseitig und polemisch argumentierend, beibehalten. Die Politik, die aus der griechischen Polis hervorging, könne beschrieben werden als eine Entdeckung des Öffentlichen und der menschlichen Selbstbestimmung, die den Kriterien von Wahrheit, Gerechtigkeit und Freiheit verpflichtet sei. Demgegenüber hält er die Erfindung der Außenpolitik im europäischen 17. Jahrhundert als eine Verkehrung und Perversion des Politischen. Die Außenpolitik, die Staaten als Akteure und Handlungseinheiten besitzt, setze erst mit dem modernen Staat seit 1648 ein und unterscheide sich darum grundlegend von allen früheren Formen zwischenherrscherlicher Beziehungen. Hier liege die Geburtsstunde eines permanenten Kampfes um Macht. „Das Konzept der Staatsräson – ebenso wie das der ihm verwandten 'nationalen Interessen' als Leitfaden von Außenpolitik – ist das Produkt einer krankhaften politischen Intelligenz, eine Kopfgeburt, die uns nicht nur einen Dreißigjährigen, sondern mehr als 300-jährigen DauerKriegszustand eingebracht hat." (218, S. 36)

Wer so hart und apodiktisch argumentiert, darf sich über massiven Widerspruch nicht wundern. Das Ende des Staates würde, so ein erster Einwand, höchstens das Ende der *Staaten*kriege, nicht aber der kriegerischen Gewalt selbst bedeuten, denn auch nichtstaatlich organisierten Gesellschaften war Krieg keineswegs fremd, ja die Vorstellung einer friedfertigen Urzeit sei geradezu ein Mythos (210). Darüber hinaus, so einer der vehementesten Kritiker von Krippendorffs Thesen, Herfried Münkler, schere dieser nicht nur unterschiedliche Zeiten und Erscheinungsformen des Staates über einen Kamm, sondern übergehe schlichtweg die Leistungen des Staates. Seine Bilanz erscheine aus diesem Grund vollkommen einseitig: Er zeige lediglich den Staat als Hort des Krieges, was aber nur die eine Seite der Medaille darstelle, die andere jedoch sei der Staat als Hüter des Friedens. Mit der geforderten Überwindung des Staates verschwände „nicht nur der Krieg als staatlich ermöglichte Form der Konfliktaustragung, sondern auch der Frieden als staatlich garantierter Zustand" (227, S. 144). Dies ist ein Gedanke, der heute, nach dem Zerfall der bipolaren Weltordnung und neuen, nichtstaatlichen Kriegen, wieder hochaktuell ist und deshalb im letzten Abschnitt des vorliegenden Buches noch eingehender erörtert werden soll.

Die von Krippendorff aufgeworfene Frage, ob der Staat der Grund für die – wie man es genannt hat – „Kriegsverdichtung" sei, hat den Frühe-Neu-

Staatsbildungsprozess als Kriegsursache?

zeit-Historiker Johannes Burkhardt zum Entwurf einer äußert anregenden „Theorie der Bellizität" im frühneuzeitlichen Europa veranlasst. Er dreht dabei Krippendorffs Thesen gleichsam um: Kriegstreibend waren Burkhardt zufolge nicht etwa bestehende, fertige Staaten, sondern das sich erst formierende, werdende moderne Staatensystem, wie es im Westfälischen Frieden Gestalt annehmen sollte. Nicht „Staatenkriege" waren somit der entscheidende Faktor, sondern „Staatsbildungskriege" (194; 196). Dass auch in der Zeit nach dem Westfälischen Frieden von 1648 bald wieder die Kriege Oberhand gewannen, erklärt er mit den weiterbestehenden Problemen des sich formierenden Staatensystems, mit Rückfällen und ungelösten Altlasten, mit der Politik von Nachzüglern (vor allem Preußen) und allgemein mit den fortdauernden inneren Defiziten der Staaten. Kurz: Die Herausbildung des Systems unabhängiger Staaten in Europa als epochale Umwälzung seit der ersten Hälfte des 17. Jahrhunderts verhinderte den Frieden. Die frühneuzeitliche Kriegsverdichtung resultierte somit direkt aus dem Prozess der Staatswerdung, der weit in das 18. Jahrhundert hineinragte. „Das ist", so Burkhardt, „für die Einschätzung des Staates in friedensgeschichtlicher Perspektive kein geringer Unterschied, ob man ihn aufgrund seiner kriegerischen Anfangsphase als Fehlform von Anfang an sieht oder ob man die Probleme als Krise auf dem Weg zu einem im Ergebnis friedlicheren Staat begreift." (195, S. 26)

Burkhardt möchte die Friedlosigkeit der Frühen Neuzeit historisch erklären und erkennt im Staatsbildungsprozess den relevanten Erklärungsrahmen dafür. Die Ursache der Kriegsverdichtung liegt für ihn nicht in der Staatlichkeit an sich – denn wo eigentlich, so fragte er, habe es im Dreißigjährigen Krieg überhaupt Staatenkonflikte gegeben –, sondern „in den Übergangsproblemen und Unfertigkeiten" der staatlichen Anfänge (196, S. 571). Er arbeitete deshalb drei strukturelle Mängel und Gefährdungen frühneuzeitlicher Staatlichkeit heraus, die jeweils ein besonderes Kriegsrisiko enthielten:

1. Das „Egalitätsdefizit": Das moderne Staatensystem gründet sich auf dem Prinzip der Gleichheit, der Egalität, doch davon war die Frühe Neuzeit lange Zeit weit entfernt. Erst in „Gleichordnungskonflikten" – in denen die Universalmonarchien wie Frankreich in ihrer Macht reduziert wurden oder in denen neue, gerade entstehende Staaten wie die Schweiz oder die Niederlande um ihre Anerkennung kämpften – entstand das Staatensystem.

2. Das „Institutionalisierungsdefizit": Der moderne Staat bildete sich erst langsam heraus, er war in vielerlei Hinsicht noch lange Zeit unfertig und hatte zahlreiche organisatorische Schwachstellen aufzuweisen. Eine seiner größten Instabilitäten betraf die monarchisch-dynastische Spitze, anders gesagt: die persönliche Ausrichtung von Krieg und Frieden auf den Monarchen. Die Aggressivität des frühneuzeitlichen Fürstenstaates steigerte sich durch das Problem, „dass sich nämlich auch Staaten einander heiraten konnten", wie es Immanuel Kant später ausdrücken sollte. Familiäre Interaktionen, biologische Krisen und Erbstreitigkeiten markierten eine fatale Schwachstelle der internationalen Staatlichkeit. Erbfolgekriege waren der stilprägendste Kriegstyp dieser Zeit. Hinzu kamen weitere Faktoren, die destabilisierend wirkten, vor allem das Problem der stehenden Heere, die

beschäftigt werden mussten und so auch eine Ursache neuer Angriffskriege waren.

3. Das „Autonomiedefizit": Da dieser unfertige frühneuzeitliche Staat noch keine politische Selbstverständlichkeit darstellte, bedurfte er bestimmter Stützmittel, um den Staatsaufbau voranzubringen, besonders konfessioneller Stützen, daneben ökonomischer und memorialer. Diese Stützmittel hatten aber ihrerseits kriegerische Nebenwirkungen. Die Konfessionsstaaten, die die jeweilige Konfession für ihren Staatszweck in Anspruch nahmen, lagen im Dauerzwist miteinander. Zeitgenössische Ökonomen glaubten, dass eine Abschöpfung vorhandener Ressourcen an Krieg gebunden war. Geschichtskultur und Geschichtsbewusstsein der Zeit schließlich schöpften aus einem Reservoir angeblich immergültiger Regeln und verewigten so alte Feindbilder. Geschichte wurde zur Waffe und leistete Kriegen Vorschub.

„Es werden", so schloss Burkhardt seine Überlegungen, „nicht weiterhin Kriege geführt, obwohl der Staatsbildungsprozess abgeschlossen ist, sondern der Staatsbildungsprozess wird erst dann abgeschlossen sein, wenn keine Kriege mehr geführt werden. Die Theorie der Bellizität der Frühen Neuzeit bildet so auch eine Grundlage für eine Art Wachstumstheorie des Friedens." (196, S. 574)

Burkhardts Thesen von einer strukturbedingten Bellizität Europas sind in vielfacher Hinsicht aufgenommen und teils modifiziert, aber auch kritisiert worden. Während Burkhardt strukturgeschichtlich der Staatswerdung die höchste Priorität einräumt und den Prototyp des Staatsbildungskrieges im Dreißigjährigen Krieg erkennt, argumentiert Heinz Schilling viel stärker von dem Problem der Konfessionalisierung her: Erst „Konfessionskonflikt und Staatsbildung" zusammen genommen führten ihm zufolge zu einer explosiven Situation. Außerdem bedürfe die Theorie der Bellizität wichtiger ergänzender Überlegungen, vor allem einer Theorie der „Friedensfähigkeit Europas". Denn allen strukturellen Problemen zum Trotz habe politischer Pragmatismus, hätten aber auch die allgemeinen politischen und gesellschaftlichen Bauprinzipien Europas den Weg in den Frieden immer prinzipiell offen gehalten (230, S. 13).

Bernhard R. Kroener hat eine Modifizierung des Gedankengangs vorgeschlagen: Die Kriege bis zum Spanischen Erbfolgekrieg 1700–1721 seien in erster Linie tatsächlich Staatsbildungskriege gewesen, wohingegen es sich im Vergleich dazu später hauptsächlich um „Staatenpositionskriege" gehandelt habe. In diesen sei es darum gegangen festzulegen, welche Mächte am Vorstandstisch des europäischen Hauses Platz nehmen durften (219, S. 146). Prinzipiell unwidersprochen bleibt die grundlegende Einschätzung, wonach der moderne Staat in erster Linie ein Kriegsstaat gewesen ist: Seine Hauptsorge galt der Aufstellung, Vergrößerung, dem Unterhalt und dem Einsatz des militärischen Instruments.

Nicht zuletzt ist daher auch die Dimension „Kriegsgrund Staat" immer wieder neu herausgestrichen worden, besonders geistreich und bestechend von Johannes Kunisch, der seinen Aufsatz zum Problem der Staatenkonflikte im Zeitalter des Absolutismus mit „La guerre – c'est moi!" überschrieb und so das Ludwig XIV. zugeschriebene Diktum „L'État c'est moi!" provo-

Absoluter
Fürstenstaat
als Kriegstreiber?

kativ umformulierte (220). Lässt man die Türkenkriege des 17. und 18. Jahrhunderts beiseite, weil sie einen Sonderfall darstellen, insofern sie die christliche Solidargemeinschaft des Abendlandes mit einer neuen Kreuzzugsidee gegen den „Erbfeind" ausstatteten, so lassen sich eine ganze Reihe bellizistischer Dispositionen des absoluten Fürstenstaates benennen. Es bestand eine offenkundige Affinität der absoluten Fürstenstaaten des 17. und 18. Jahrhunderts zu Expansion und Krieg. Ehre, Prestige, Machtexpansion und kriegerischer Wettstreit waren atavistische, aber konstitutive Verhaltensmuster der Fürsten und begründeten eine Art von Gesinnungsmilitarismus. Oftmals ging es dabei nicht einmal um nationales Interesse oder um ökonomische Vorteile. Der Fürst behandelte die auswärtige Politik als Privatangelegenheit. Krieg, der bis zur finanziellen Erschöpfung geführt wurde, galt nicht nur als konstitutives Element des Staates, sondern in gleicher Weise als natürliche Beschäftigung der Könige. Das persönliche Ruhmesbedürfnis bildete freilich nur die eine Seite. Die andere aber verweist auf die herrschaftsstabilisierende Funktion des Krieges: seine Permanenz lenkte den Adel von einer Fronde ab, Krieg war folglich auch ein Instrument zur Bändigung der Aristokratie.

Siebenjähriger Krieg

Von den Kriegen des 18. Jahrhunderts hat traditionell der Siebenjährige Krieg 1756–1763 große Aufmerksamkeit in der Forschung gefunden, denn er brachte weit reichende Veränderungen in Europa mit sich. Zunächst: Das Alte Reich spaltete sich in eine österreichische und in eine preußische Hälfte. Es kam zu einer „Verstaatung" der beiden deutschen Großmächte; für das Alte Reich mündete dieser Vorgang in Desintegrationsprozesse. Der deutsch-deutsche Dualismus zwischen Preußen und Österreich bedeutete den Anfang vom Ende des Alten Reiches. Zum ersten Mal in der neuzeitlichen Geschichte blieb sodann ein militärischer Konflikt nicht auf Europa beschränkt, sondern setzte sich in den kolonialen Besitzungen der Großmächte fort.

Renversement des alliances

Unterschiedliche Beurteilungen hat das *Renversement des alliances* von 1756 gefunden. Im Januar 1756 schlossen Preußen und Großbritannien in der Konvention von Westminster ein Neutralitätsabkommen. Friedrich der Große hoffte, auf diese Weise Preußen vor unmittelbar bevorstehenden österreichischen und russischen Aggressionen schützen und den Status quo im Reich aufrechterhalten zu können. Auf internationaler Ebene löste das Abkommen indessen ein Erdbeben aus. So wurden irreversible Ereignisse in Gang gesetzt, an deren Ende das genaue Gegenteil eintrat und Preußen einer Allianz der drei größten Kontinentalmächte – Österreich, Russland und Frankreich – gegenüberstand. Um sich noch einen kleinen Vorteil zu verschaffen, beschloss Friedrich am 29. August 1756, die Initiative zu ergreifen. Seine Truppen marschierten in Sachsen ein, womit er Europa in den Siebenjährigen Krieg stürzte.

Schon Zeitgenossen bezeichneten diese Ereignisse als „revolutionär". In der Forschung bürgerte sich der Begriff der „diplomatischen Revolution" ein. Der Bündniswechsel von 1756 kann als ein Schlüsselereignis der internationalen Beziehungen des 18. Jahrhunderts gelten: Im Vertrag von Versailles vom 1. Mai 1756 beendeten Österreich und Frankreich offiziell ihre bis in das ausgehende 15. Jahrhundert zurückreichende Dauerfeindschaft. Es folgte eine grundlegende Neustrukturierung der zwischen den Großmächten bestehenden Bündniskonstellationen: An die Stelle des „alten Systems", das auf der Vorstellung eines von Großbritannien geregelten Gleichgewichts zwischen der Habsburgermonarchie und Frankreich beruhte, trat das „neue System", das sich durch die Rivalität zweier Machtblöcke auszeichnete: Frankreich, Österreich und Russland auf der einen Seite, Großbritannien und Preußen auf der anderen.

Umstritten ist, ob man wirklich von einem plötzlichen Umsturz, einer „Revolution", sprechen kann. Heinz Duchhardt verwies auf die lange Vorgeschichte des Ereignisses: Zwischen Österreich und Frankreich habe es bereits früher, bis in das Zeitalter Ludwigs XIV. zurückgehende diplomatische Annäherungsversuche gegeben. Deshalb könne man hier nicht von einem plötzlichen, ganz und gar unerwarteten Umsturz sprechen. Der postulierte revolutionäre Anspruch übertreibe die tatsächliche Situation (84, S. 322). Zu ähnlichen Befunden gelangten Arbeiten, die sich mit dem politischen Weltbild des einflussreichen Wiener Staatskanzlers Kaunitz befassten (231).

Eine andere Beurteilung schlug Johannes Burkhardt vor. Es müsse, so mahnte er an, auch das „im modernen Sinne 'revolutionäre' Moment" berücksichtigt werden, denn die „schon zeitgenössische Gegenüberstellung von 'altem System' und 'neuem System' wäre auch einmal als außenpolitisches Pendant des genau gleichzeitig aufbrechenden Innovationsbewusstseins der Aufklärung zu bedenken" (78a, S. 253).

Die diplomatischen Vorgänge, die außenpolitischen Motive und die Ziele der beteiligten Großmächte bildeten in der Geschichtswissenschaft auch stark ideologisierte Interpretamente aus. Dies gilt in besonderem Maße für das deutsch-russische Verhältnis. So wurde etwa der Siebenjährige Krieg in Teilen der deutschen, vor allem aber in der sowjetischen Historiographie als früher Vorläufer der beiden Weltkriege des 20. Jahrhunderts dargestellt und behauptet, Preußen und Russland hätten sich gegenseitig in ihrer Existenz bedroht. Zwar rückte die sowjetische Historiographie von Parallelisierungen zwischen der Außenpolitik Friedrichs des Großen und Hitlers ab, aber sie hielt daran fest, dass der Preußenkönig klar aggressive Absichten gegen das Zarenreich gehabt habe (233a, S. 76 f.)

Dies verweist auf das Problem der Entfesselung des Siebenjährigen Krieges. Über die politischen und militärischen Absichten Friedrichs II. – wollte er „nur" einen Präventivkrieg oder plante er von Beginn an einen Angriffskrieg – besteht nach wie vor keine Einigkeit (als Überblick 201, S. 192 ff.). Die stets aufs Neue erörterte Frage, warum der Krieg ausbrach und warum Preußen trotz der erdrückenden militärischen Überlegenheit der Gegner überlebte, beantwortet die Forschung heute zusehends mit strukturgeschichtlichen Argumenten. Als Kriegsursache wird eine so genannte „Herrschaftsverdichtung" ausgemacht. Wirtschaft und Rüstung hätten, gerade in Preußen, dem Machtstaat die neue Qualität eines Kriegsstaates verliehen. Keinem Krieg führenden Staat sei es so gut wie Preußen gelungen, das Rüstungspotenzial für die Zwecke der Kriegsführung zu mobilisieren. Dies erwies sich als alles entscheidender Vorteil. „Preußen überlebte das siebenjährige Ringen", so bilanzierte Bernhard R. Kroener seine Forschungen, „weil sein Herrscher entgegen allen Gewohnheiten europäischer Politik

Herrschaftsverdichtung als Kriegsursache

und Kriegführung des 18. Jahrhunderts die verfügbaren Ressourcen seines Staates ausschließlich den Zwecken einer gewaltsamen Politik untergeordnet hatte." (219, S. 173)

Deutsche Einigungskriege als Staatsbildungskriege?

Was schließlich die europäische Kriegsverdichtung der 1860er-Jahre anbelangte, so hat Johannes Burkhardt die Frage aufgeworfen, ob die Bismarck'schen Einigungskriege von 1864, 1866 und 1870 sich nicht ebenfalls mit dem typologischen Raster seiner an der Frühen Neuzeit erprobten Theorie des Staatsbildungskrieges beschreiben lassen können. Kann man diese Theorie auch auf die Neueste Geschichte übertragen? Waren die deutschen Einigungskriege nicht Kriege, mit denen die von Preußen geführten deutschen Staaten eine Sezession vom Deutschen Bund als dem Rechtsnachfolger des Alten Reichs durchsetzen wollten – und zwar in der Tradition der böhmisch-niederländischen Staatsbildungen aus dem 17. Jahrhundert?

Es gab im 19. Jahrhundert, so argumentiert Burkhardt, nicht nur neue, sondern auch alte Kriegsgründe bzw. neue Entwicklungen, die sich mit älteren vergleichen lassen. So spielten bei Bismarcks Kriegen immer auch dynastische Fragen eine Rolle, ja der Deutsch-Französische Krieg von 1870/71 sei zunächst wie ein klassischer Erbfolgekrieg inszeniert worden. Überdies sei der preußische Staat durchaus von Mängeln, institutionellen „Unfertigkeiten" gekennzeichnet gewesen – Burkhardt nannte z. B. das persönliche Regiment im Militärischen –, die kriegstreibend wirkten. Und die herausragende Rolle, die im frühmodernen Staat die Konfession spielte, sei im modernen Staat auf „Nation" und „Volk" übergegangen: „Statt der Homogenität der Religion sollte nun die des Volkes die staatliche Integration erleichtern." (197, S. 65) Es handelt sich hierbei unter dem Blickwinkel „Staat und Krieg" um eine bedenkenswerte Ergänzung gängiger Erklärungen dafür, warum die Friedensfähigkeit von Staaten auch noch im 19. Jahrhundert prekär blieb.

Dieter Langewiesche hat bereits etwas früher in einem von ihm herausgegebenen Sammelband deutlich gemacht, dass die Nationsbildung und die Entstehung von Nationalstaaten fast immer mit Revolution und Krieg verbunden waren – und sei es einer „Revolution von oben" wie im deutschen Fall (222). Daran anknüpfend sprach Hans-Ulrich Wehler von einem „fatalen Nexus zwischen Nationalismus, Nationalstaat und Krieg" (236, S. 240). In der Geschichte seien friedliche Nationalstaatsgründungen nur selten zu finden, etwa in Kanada oder Japan. Die allermeisten modernen Nationalstaat seien indessen aus Krieg und Revolution hervorgegangen – durch Abspaltung oder Bruch mit alten Herrschaftssystemen.

Die preußisch-deutschen Einigungskriege und die kleindeutsche Reichsgründung durch „Eisen und Blut" waren keineswegs in irgendeinem welthistorischen Plan vorgesehen, wie es die borussianische Geschichtslegende vom unausweichlichen Gang der Geschichte weismachen wollte (205). Deterministische Konstruktionen, die sich für den Zeitraum 1864–1870 in der Meinung niederschlagen, die Kriege seien „unvermeidlich" gewesen, sind aber über das Gesagte hinaus immer wieder neu formuliert worden – so, als habe die Errichtung des kleindeutschen Reiches die einzig mögliche Lösung der nationalen Frage bedeutet. Demgegenüber hat sich in der neueren sozial- und strukturgeschichtlichen Forschung zu den Ursachen der preußisch-deutschen Einigungskriege insofern ein Konsens herausgebildet, als innen- und außenpolitische Dimensionen miteinander verwoben werden, ohne dabei das zielgerichtete Wirken der „großen Persönlichkeit" Otto von Bismarck zu vernachlässigen (235, S. 316 ff.; 239, S. 161 ff.; 216; 198).

b) Wiener Kongress, Krimkrieg, vermiedene Kriege: Europäische Ordnungspolitik im 19. Jahrhundert

„Das 'lange 19. Jahrhundert' begann mit Revolution und Krieg, aus denen der Nationalstaat entstand. Es endete mit Krieg und Revolution, und dazu hatte die mittlerweile voll entfesselte Dynamik der Nationalstaaten entscheidend beigetragen", schrieb Jürgen Kocka in seinem Überblick über dieses Jahrhundert (213, S. 97), das in der modernen Geschichtswissenschaft zunehmend unter globaler, zumindest aber gesamteuropäischer Perspektive betrachtet wird. Damit sind die Prozesse angesprochen, die bereits mit den Revolutionen des 18. Jahrhunderts begannen: der von England ausgehenden industriellen Revolution sowie den politischen und kulturellen Revolutionen in Amerika und Frankreich. So hat es sich eingebürgert, vom „langen 19. Jahrhundert" zu sprechen, das vom letzten Drittel des 18. Jahrhunderts, spätestens von 1789, bis zum Ersten Weltkrieg reicht. Erst mit ihm ging die Welt des 19. Jahrhunderts endgültig zu Grunde.

Die fast hundertjährige Zeitspanne von 1815 bis 1914 war die friedlichste der gesamten europäischen Geschichte des Mittelalters und der Neuzeit. Dass die Epoche relativ friedlich war, erklärt sich sowohl aus der allgemeinen Erschöpfung nach den langen Napoleonischen Kriegen, wie auch aus dem Willen der Großmächte, das europäische Gleichgewicht zu erneuern und zu festigen. Dies geschah auf dem Wiener Kongress 1814/15. Kriege blieben in der Folgezeit nicht aus, aber sie wurden meist begrenzt, manche bereits im Vorfeld ganz vermieden. Der einzige große Konflikt der Großmächte war der Krimkrieg 1853–56, in dem allerdings neue Dimensionen der Kriegführung sichtbar wurden. Das 19. Jahrhundert war ausgesprochen dynamisch: Bevölkerungsexplosion, Industrialisierung, Verbesserung der Infrastruktur, der Verkehrswege, der Kommunikation; neue soziale und politische Bewegungen, Nationalismus, Liberalismus, Sozialismus; Freiheitsbewegungen und Drang nach dem Selbstbestimmungsrecht der Völker, schließlich Imperialismus und Ausgreifen der Großmächte nach Übersee. Mit diesen Schlagworten ist der Rahmen abgesteckt für die folgende Betrachtung der wichtigsten Tendenzen und Ereignisse, um die sich Kontroversen ranken: Wiener Kongress 1814/15, Deeskalation von Konflikten, Krimkrieg, Zerstörung des bisherigen Ordnungssystems im Imperialismus.

Auf der Ebene der diplomatischen Technik machte die Kunst der Friedensvermittlung im 19. Jahrhundert Fortschritte, vor allem durch das Vorbild des Wiener Kongresses 1814/15, der nach den Kriegen Napoleons,

Wiener Kongress

nach Millionen von Toten und zwanzig Jahre während ständiger Grenz-
verschiebungen ein gesamteuropäisches Ordnungsmodell entwarf. Der
Wiener Kongress war lange Zeit das am besten erforschte Friedenswerk der
Neuzeit. Neuerdings haben die Forschungen zum Versailler Friedensvertrag von 1919/20, besonders jedoch die zum Westfälischen Frieden von
1648 infolge des Jubiläumsjahres 1998 stark aufgeholt. Die Fülle an Literatur zum Wiener Kongress ist nahezu unübersehbar, aber es liegen neben
der nach wie vor grundlegenden Gesamtdarstellung von Karl Griewank,
die 1942 zum ersten Mal und in überarbeiteter zweiter Auflage 1954 erschien (206), eine Reihe neuerer „kompakter" und empfehlenswerter Arbeiten (193; 204, S. 122 ff.) sowie eine neue zuverlässige Quellendoku-
mentation (226) vor.

Wie lassen sich die Strukturen und die Ergebnisse dieser folgenreichen
Friedensregelung knapp umreißen? Sie stand, so Winfried Baumgart, „unter
antirevolutionärem und antiimperialistischem Vorzeichen. Sie war als
Damm einerseits gegen die Ideen der Französischen Revolution, also
gegen die Idee der Volkssouveränität, gegen Liberalismus, Konstitutiona-
lismus und Nationalismus errichtet worden, andererseits als Neubau auf
den Trümmern des napoleonischen Imperiums." (190, S. 792) Die beschlossenen Regelungen betrafen sowohl die Innen- wie die Außenpolitik.
Der ordnungspolitische Grundsatz lautete „Legitimität", d. h. Wiederherstellung der durch die Revolution gestörten „legitimen", alten, sprich
monarchischen Ordnung. Die Völker wurden aus der Politik ausgeschlossen, demokratische und damit verbundene nationale Bestrebungen unterdrückt. Dieser sozialkonservative Grundsatz, gegen den liberale, nationale
und revolutionäre Strömungen ankämpften, sollte bis nach dem Ersten
Weltkrieg wirksam bleiben, als sich das Selbstbestimmungsrecht der Völker
endlich durchgesetzt hatte.

Instrumente der
Friedensordnung

Die Instrumente der vom Wiener Kongress geschaffenen Ordnung
waren: 1. Die Garantie des europäischen Gleichgewichts (Pentarchie).
2. Die Gründung der „Heiligen Allianz" durch die Monarchen Österreichs,
Preußens und Russlands; ihr traten außer Großbritannien, dem Osmanischen Reich und dem Heiligen Stuhl alle europäischen Mächte bei. Ihr
Ziel hieß: auf der Grundlage der christlichen Religion das innen- und
außenpolitische Verhalten der Staaten zu regeln, einschließlich eines Inter-
ventionsrechts gegen tatsächliche oder vermeintliche revolutionäre Bewegungen. 3. Etablierung eines Kongresssystems durch die versammelten
Staatsmänner, wodurch Streitigkeiten in Fragen gemeinsamer Sicherheits-
interessen beigelegt werden sollten. Es war in der Praxis allerdings nur sieben Jahre wirksam und scheiterte an den unterschiedlichen Interessen der
Großmächte.

Nicht untergeordnete Diplomaten, wie auf allen vorangegangenen Kongressen, bestimmten den Ablauf des Wiener Kongresses 1814/15, vielmehr
wurde er entscheidend geprägt von den erstmals am Kongressort anwesenden Staatsmännern. Deshalb sind zudem Vergleiche zur Unterzeichnung
der KSZE-Schlussakte in Helsinki im Jahr 1975 gezogen worden (87). Mit
Wien begann eine völlig neue Verhandlungstechnik. Sämtliche beteiligten
Staatsmänner waren Vertreter des Ancien Régime, Aristokraten, verwurzelt

in der Welt vor 1789. Verhandelt wurden ausschließlich europäische Probleme. Das besiegte Frankreich integrierte man sofort in die gesamteuropäischen Absprachen und in die neu zu schaffende Ordnung. Der Wiener Kongress war Ausdruck einer Säkularisierung aller Politik, und seine Ergebnisse erwiesen sich als für ein Jahrhundert dauerhaft, auch wenn viele Details im Laufe der Zeit modifiziert wurden.

Die Wiener Friedensregelung war freilich sowohl zeitgenössisch als auch in der Forschung höchst umstritten, und sie ist es bis heute geblieben. Ablesbar war dies lange Zeit insbesondere an der Beurteilung Clemens Wenzel Fürst von Metternichs (1773–1859), dem Leiter der österreichischen außenpolitischen Angelegenheiten und Hauptverantwortlichen der Ordnungspolitik von 1815. Sein Bild schwankte in der Geschichte ganz erheblich. Anselm Doering-Manteuffel hat die Entwicklung der Metternich-Forschung nuanciert nachgezeichnet (200, S. 60 ff.): Im 19. Jahrhundert wurde Metternich häufig mit Österreich in eins gesetzt und von der kleindeutschen, borussischen Geschichtsforschung dem Preußen Bismarck gegenübergestellt. Während Letzterer in dieser Lesart dem „Beruf" Preußens, die kleindeutsche Einigung voranzubringen, nachging und daher zur Ikone der preußisch-deutschen Historiographie aufstieg, sah man in Metternich einen rückwärtsgewandten, seichten Höfling, der Österreichs Vormacht im Deutschen Bund und ansonsten Deutschland als territorialen „Flickenteppich" erhalten wollte.

Infolge des Ersten Weltkrieges und des Versailler Vertrages beurteilten viele Historiker Metternichs Leistungen günstiger; ihm widerfuhr auch außerhalb der österreichischen Geschichtsschreibung mehr Gerechtigkeit. Vor allem aber nach dem Zweiten Weltkrieg erschien die Friedensordnung von 1814/15 in einem viel helleren Licht, und Kurt von Raumer zog in den 1960er-Jahren einen nuancierten Vergleich zwischen dem Westfälischen Frieden von 1648 und dem Wiener mehr als eineinhalb Jahrhunderte später. Es seien dies die beiden europäischen Neuordnungen, die sich für das Staatensystem wie die innere Struktur von Staat und Gesellschaft als am bedeutendsten und dauerhaftesten erwiesen hätten (229). Henry A. Kissinger, Historiker und späterer Außenminister der Vereinigten Staaten von Amerika, erblickte im Gleichgewicht der Großmächte das bleibende Verdienst und Vorbild der Neuordnung von 1814/15; der Frieden lasse sich eben am sichersten durch eine „altmodische" Diplomatie bewahren, die auf ein akzeptables Kräftegleichgewicht ziele (212).

Das System Metternich hatte in Friedrich Gentz (1764–1832) einen wichtigen Vordenker. Gentz, Schüler Kants, profilierte sich als publizistischer Bekämpfer der Französischen Revolution. Er lehnte, anders als sein Lehrer, einen „ewigen Frieden" als Trugbild irdischer Glückseligkeit ab und kehrte zum alten viel verästelten Mittel des staatlichen Ausgleichs und des politischen Gleichgewichts zurück, die den Frieden nach seiner Meinung zumindest annäherungsweise herbeizuführen vermochten. Ebenso wie Metternich hat auch Gentz wechselhafte Bewertungen seiner Person erfahren. Golo Mann wertete ihn zum „europäischen Staatsmann" auf (223), während andere Historiker meinen, sein Einfluss in der praktischen Politik habe oft „gegen Null" tendiert (203, S. 40). Die Wahrheit liegt vermutlich in der Mitte. Gentz' Ideen für einen Frieden waren durch seine politische

Beurteilung des „Systems Metternich"

Publizistik in der Öffentlichkeit bekannt und wirkten auch auf das Denken der europäischen Machthaber ein, zumal die Abgesandten der Großmächte ihn zum Schriftführer ihrer Verhandlungen ernannt hatten. Die Französische Revolution galt Friedrich Gentz als Quelle des Unfriedens, und seine pessimistische Sicht gegenüber einem „ewigen Frieden" ist nur vor dem Hintergrund einer aus den Fugen geratenen Zeit zu verstehen. Eine absolute Staatenverbindung oder gar einen Weltstaat lehnte Gentz ab, beides führte in seinen Augen zu einer Tyrannei. Ein freier Bund der Staaten oder ein permanenter Kongress, vor dem alle gemeinschaftlichen Angelegenheiten verhandelt würden, warf für ihn das grundsätzliche und nicht in den Griff zu bekommende Problem der Exekutive auf. So verwarf Gentz am Ende den Gedanken an die Möglichkeit eines „ewigen Friedens". Weder ein Weltstaat noch ein System verbundener Staaten und schon gar nicht ein angenommener Wille der ganzen Menschheit könnten ihn verwirklichen. „Da das Bessere nicht möglich ist", so resümierte Kurt von Raumer den Denkstil von Gentz, „muss eben wenigstens das Gute erstrebt und erreicht werden. Und das Gleichgewicht erweist sich trotz aller Mängel, die ihm anhaften, für Gentz als ein Schlimmeres verhütendes 'Gut'." (123, S. 200)

Je nach Blickwinkel werden Leistungen und Schwächen, Verdienste und „Kosten" der Wiener Ordnungspolitik heute unterschiedlich beurteilt. Der amerikanische Historiker Gordon A. Craig etwa schrieb: „Nach den Erfahrungen mit dem 'revolutionären' Frankreich unter Napoleon erschien die Wiederherstellung der alten, besser steuer- und berechenbaren dynastischen Ordnung sinnvoll. Die nationalstaatliche Ordnung Europas wäre 1815 eine Quelle weiterer Krisen gewesen." (199, S. 31) Demgegenüber hob Heinrich August Winkler in seinem neuesten Werk zur deutschen Geschichte viel stärker die Unterdrückung aller freiheitlichen und nationalen Bestrebungen, besonders im Deutschen Bund, hervor. „Die Friedensordnung, die der Wiener Kongress zuwege brachte, wirkte nicht nur als Kampfansage gegen den deutschen Nationalismus; sie war auch so gemeint." (239, S. 70 f.) Wien brachte, so lässt sich der ambivalente Charakter der geschaffenen Ordnung zusammenfassen, einen Frieden, aber keine Freiheit, brachte eine Ordnung der Fürsten und Staaten gegen die liberalen und nationalen Bewegungen, gegen das Selbstbestimmungsrecht der Völker (169, S. 82 ff.).

Der Deutsche Bund

Während im Deutschen Bund nach innen Repression vorherrschte, war die äußere Sicherheitspolitik friedenswahrend, was in einer Arbeit an den verschiedenen Krisen nach 1815 eingehend aufgezeigt wurde (188). Obwohl Metternich anlässlich der Juli-Revolution in Frankreich 1830 einen neuerlichen „Dammbruch" in Europa fürchtete und glaubte, Revolution bedeute a priori Krieg, so obsiegte doch – trotz Unruhen im Bund, trotz der Revolution in Brüssel und trotz des polnischen Aufstandes – nicht die Militär-, sondern die Friedenspartei. Auch während der Rheinkrise von 1840 wurde in den Verhandlungen auf der Ebene des Bundes und der Gliedstaaten letztlich ein friedlicher Ausgleich favorisiert. Dem Präsidialantrag des österreichischen Präsidialgesandten Graf von Münch-Bellinghausen zufolge war es der hohe Beruf des Deutschen Bundes, „in der Mitte des europäischen Staatsystems einen unerschütterlichen Schwerpunkt des allgemeinen Friedens zu bilden" (188, S. 112). Aufgrund seiner besonderen Verfassungsstruktur trug der Bund zur Stabilität der „übernational" organisierten Friedensordnung von 1815 bei.

Ähnlich wie der Westfälische Frieden das Grundgesetz des 17. und 18. Jahrhunderts dargestellt hatte, lässt sich die Wiener Kongressakte als das Grundgesetz für die europäische Staatengemeinschaft im 19. Jahrhundert bezeichnen. Ein „Europäisches Konzert" der Mächte entstand bzw. wurde erneuert (190). Es trat auf zahlreichen internationalen Konferenzen und Kongressen konfliktlösend und kriegsverhütend in Erscheinung. Besonders nach den Revolutionen von 1848 und dem Krimkrieg 1853–56 (siehe dazu unten) bildete sich eine neue Realpolitik aus, deren Kennzeichen es war, dass die Staatsmänner die nationalen und liberalen Kräfte nicht mehr frontal bekämpften, wie es Metternich bis 1848 versucht hatte, sondern sie diese für ihre eigenen politischen Ziele zu nutzen suchten.

Im Zeitraum von 1865 bis 1914 gab es eine Vielzahl von internationalen Konflikten zwischen den Großmächten, die nicht eskalierten, sondern durch ein Konfliktmanagement friedlich gelöst wurden; diesen „vermiedenen Kriegen" hat sich die Forschung zugewandt (202). Das Forschungsprogramm wurde folgendermaßen formuliert: „Krieg wie Frieden sind nie zufällig, und Krieg ist selten unumgänglich. Es gibt jedoch in der Forschung der letzten Jahre eine Tendenz, den Ersten Weltkrieg als gleichsam natürliches Ergebnis der Entwicklung des Mächtesystems anzusehen, als einen normalen Anpassungsprozess. Hier wird genau umgekehrt gefragt: Wie kam es, dass der große und allgemeine Krieg ein halbes Jahrhundert lang vermieden wurde?" (202, S. 2) Gerade die 1860er- und 1880er-Jahre waren reich an vermiedenen Kriegen, der Höhepunkt lag aber in den 1890er-Jahren. Wie deeskalierten die Krisen im Einzelnen?

Es lassen sich einige Aussagen zum Stil des typischen Konfliktverhaltens der Großmächte machen. England als die „einzige eigentliche Weltmacht im 19. Jahrhundert" (190, S. 506) räumte möglichst geräuschlos die eigene Position oder setzte sie nachdrücklich mit Kriegsdrohung durch. Das Frankreich des Zweiten Kaiserreichs betrieb eine Prestigepolitik mit oft kaum kalkulierbaren Risiken, was schließlich maßgeblich zu seinem Ende beitrug. Für die französische Republik war dann der Gestus des pragmatischen Zurücksteckens charakteristisch. Für Preußen-Deutschland ist in den 1890er-Jahren ein wichtiger Einschnitt festzuhalten: Bismarcks kalkulierte Diplomatie, welche Eskalationen vermied, wurde von seinen Nachfolgern nicht mehr fortgeführt. Russland war nach dem Krimkrieg als Großmacht stark eingeschränkt und legte sich selbst Zurückhaltung auf. Und prägend für Österreich war eine Mischung von Aggressionsbereitschaft und defensiver Statuserhaltung, um den immer im Bestand gefährdeten übernationalen Vielvölkerstaat zu bewahren. Die Autoren dieser Sammlung von 35 Fallstudien „vermiedener Kriege" haben mehrere Typen des Konfliktmanagements herausgearbeitet, von territorialen oder ökonomischen Kompensationen über Drohpotenziale und Abschreckung bis hin zur Konfliktschwächung durch internationale Regeln und Institutionen, etwa die von der Haager Friedenskonferenz 1899 bekräftigte Mediation, die freilich keinen verpflichtenden Status erhielt.

„Vermiedene Kriege"

Forschungsprobleme

Der einzige große Konflikt des 19. Jahrhunderts, an dem alle Großmächte direkt oder indirekt beteiligt waren, war der Krimkrieg zwischen 1853 und 1856. Er hat in der Forschung, besonders der angelsächsischen (221), aber auch in der deutschen (190, S. 336 ff., 238), die zudem durch eine umfangreiche Edition der „Akten zur Geschichte des Krimkrieges" herausragt (191), große Aufmerksamkeit gefunden.

Auslöser des Krieges war ein erneuter Vorstoß Russlands gegen das schwache Osmanische Reich mit dem Ziel, Zugang zum Mittelmeer zu erringen. Vor allem England und Frankreich betrachteten die russische Expansion mit Unruhe. Zusammen mit Piemont-Sardinien traten sie gegen Russland in den Krieg ein, auch Österreich mobilisierte Truppen gegen Russland, ohne jedoch einzugreifen, Preußen blieb neutral. Die jeweiligen Intentionen der Mächte waren höchst unterschiedlich, sie sind in der Forschung nach wie vor umstritten. Unzweifelhaft hingegen ist, dass der Krieg auch eine große Bedeutung für die Nationalbewegungen in Italien und Deutschland hatte, vor allem aber, dass er definitiv das Ende der ersten Entwicklungsphase des europäischen Systems nach 1815 bedeutete. Die neuen, sich nunmehr rasch wandelnden Bündniskonstellationen unmittelbar vor und nach dem Krimkrieg werden gemeinhin interpretiert als Ausdruck eines Prozesses der Verflüssigung der Staatenbeziehungen. Bis 1856 dauerte somit die „klassische Zeit" des Europäischen Konzerts der Mächte, danach setzte die Ära seines Zerfalls ein.

Darüber hinaus stellte der Krimkrieg in seinem Ablauf ein merkwürdiges „Gemisch aus Kabinettskrieg und totalem Krieg" dar (190, S. 336). Man hat den Krieg mit seiner industriellen Härte, seinen Massenheeren und seinen hohen Menschenverlusten als den ersten Krieg des Industriezeitalters bezeichnet Gleichwohl blieb er, ein Erfolg des europäischen Mächtekonzerts, diplomatisch in einem kontrollierbaren Rahmen. Formal jedenfalls gelang eine Friedenslösung in der Tradition des Konzerts der Mächte (192). Aber die Machtverhältnisse hatten sich verschoben: Neben England stieg Frankreich zur Vormacht in Europa auf; Russlands Macht war stark gesunken, die orientalische Frage wurde zwar internationalisiert, sie blieb aber in der Folgezeit ein ständiger Unruheherd.

In der zweiten Hälfte des 19. Jahrhunderts wurde das europäische Ordnungssystem von der Gründung des italienischen und besonders des deutschen Nationalstaates grundlegend verändert, bevor es sich seit den 1880er-Jahren im Zeichen des Imperialismus nochmals dramatisch wandelte, ja endgültig zerfiel. Beides, die Gründung des Deutschen Kaiserreichs und dessen Außenpolitik von Bismarck bis Wilhelm II., soll an dieser Stelle nicht eingehend erörtert werden, da ein weiterer Band der „Kontroversen um die Geschichte" speziell dem Deutschen Kaiserreich gewidmet ist. Hier geht es nur um einige der wichtigsten Tendenzen.

Europa und
die deutsche
Reichsgründung

Die deutsche Reichsgründung hatte zur Folge, dass eine der wesentlichen Grundlagen des Systems von 1815 – das Mächtegleichgewicht um den Deutschen Bund als passivem Ordnungsfaktor im Herzen Europas herum – in Frage gestellt war und damit neue Konfliktlagen auftauchten (215). Die Entscheidung über eine Fortsetzung des bisherigen Zusammenspiels der Mächte hing vom Deutschen Kaiserreich ab. Klaus Hildebrand, der beste Kenner der deutschen Außenpolitik – der vor einigen Jahren sein Opus magnum vorgelegt hat (208) –, hat deren Phasen prägnant herausgearbeitet: Die Zeit Bismarcks stand ihm zufolge „im Zeichen der 'Saturiertheit'", Deutschland erwies sich als „gezügelte Macht"; die wilhelminische Außenpolitik nach 1890 hingegen geriet in den Bann „des Prestiges", der „neue Kurs" des jungen Kaisers führte Deutschland auf den Weg einer „entfesselte(n) Macht" (207). Kontrovers diskutiert wird, ob Bismarcks Entlassung die Situation verschärfte oder ob nur besiegelt wurde, was nahezu unvermeidlich war. Außerdem: Hat die allgemeine Entwicklung der Staatengesellschaft den Gang der deutschen Politik geformt oder lagen ihr besondere, genuin deutsche Bedingungen zugrunde (siehe dazu 225)? War es das Besondere der deutschen Außenpolitik, dass sie im Zeitalter des Imperialismus dem allgemein „rennenden Pferd noch die Sporen" gab, wie schon früh Johannes Haller diagnostiziert hatte (zitiert nach: 207, S. 115)? Oder muss man, wie Gregor Schöllgen betonte, in Rechnung stellen, dass das Deutsche Reich genötigt war, in die „Weltpolitik" einzutreten, um sich in einer Zeit des darwinistischen Denkens auch in den Staatenbeziehungen als Großmacht ernst nehmen zu können (233)?

Neben den ökonomischen und rüstungstechnischen Zusammenhängen, die im 19. Jahrhundert das (außen-)politische Führungshandeln nachhaltig bestimmten (211), spielen in der neueren Forschung die Begriffe Macht und Mentalität eine zentrale Rolle. Darüber hinaus ist der alte Streit über die Leitdimension der Politik – Primat der Innen- oder Primat der Außenpolitik – immer noch nicht beendet. Hans-Ulrich Wehler entfachte ihn erneut, als er 1969 seine Darstellung „Bismarck und der Imperialismus" vorlegte, in dem er die Sozialimperialismus-These entfaltete (237). Eine neue strukturgeschichtliche Arbeit von Johannes Paulmann zum Staatensystem des 19. Jahrhunderts verklammert beide Dimensionen, was mittlerweile für eine moderne Politikgeschichte unabdingbar erscheint: Sie schenkt dem symbolischen Handeln und der Theatralisierung der Politik Aufmerksamkeit und zeigt erstmals, wie eng das europäische Staatensystem mit der monarchischen Herrschaft verknüpft war und wie sich die Diplomatie der internationalen „Gipfeltreffen" von Monarchen mit Herrschaftslegitimation, nationalem Prestige sowie gesellschaftlichen Bedürfnissen verband (228).

Mit dem Ausgreifen auf Überseegebiete und dem imperialistischen Wettlauf (siehe dazu als Überblick: 232) wuchs das europäische Mächtesystem zu einem Weltsystem, zumal mit den USA und Japan zwei neue, nicht europäische Mächte die Bühne betraten. Die zunehmende Verknappung „freier" Räume steigerte die Gefahr von Konflikten der rivalisierenden Großmächte zunächst an der Peripherie, aber der Rüstungswettlauf und Konkurrenzkampf schlug schon bald auf Europa zurück. An die Stelle des europäischen Kräftegleichgewichts trat die Rivalität zweier labiler Bündnis- und Mächtegruppen (189), deren Strategien darauf abzielten, günstige Voraussetzungen für einen weithin als „unvermeidlich" erachteten Krieg zu schaffen. Aufrüstung, ein militärische Züge annehmender Nationalismus sowie die Ideologie des Sozialdarwinismus, welcher der Frieden dekadent erschien, ließen die alte Ordnung weitgehend zusammenbrechen (102, S. 55 ff.). Aus dem Europäischen Konzert der Mächte war zunehmend eine Vorstellung rivalisierender Solisten geworden.

Ende des europäischen Konzerts

6. Militär und Gesellschaft – Friedensbewegung und Gesellschaft

a) Militarisierung in sozial- und kulturwissenschaftlicher Perspektive: Ein deutscher Sonderweg?

"Militarismus" –
Kampfbegriff
und wissenschaft-
liche Kategorie

Hans Herzfeld, einer der Gründerväter der Zeitgeschichte in Westdeutschland, schrieb nach der Katastrophe von „Drittem Reich" und Zweitem Weltkrieg im Jahre 1946: „Die außerdeutsche Welt ist sich heute einig, Deutschland und vor allem Preußen als das Geburtsland einer neuen, der modernen Form des Militarismus zu betrachten, die schon vor dem Nationalsozialismus im Heere des kaiserlichen Deutschland vor 1914 ihre Vollendung im guten wie im schlechten Sinne (…) erlangt habe. Und die Selbstkritik unserer Nation ist heute im Begriff, sich mehr denn je die Frage zu stellen, wie es historisch möglich geworden ist, dass der deutsche Staat in dem Jahrzehnt der nationalsozialistischen Herrschaft unter eine totale Militarisierung aller Lebensformen gebeugt wurde, die unleugbar eine Höchststeigerung des Militarismus im modernen Völkerleben darstellte." (253, S. 41) Tatsächlich brachten die alliierten Siegermächte des Zweiten Weltkrieges in ihren Kriegskonferenzen und in der späteren Praxis der Entnazifizierung der deutschen Gesellschaft „Militarismus" und „Nazismus" in eine ganz enge Verbindung. Beides wurde als fatale Erbschaft Preußens aufgefasst.

Man muss allerdings die – auch bei Herzfeld auftauchenden – Begriffe „Militarismus" und „Militarisierung" inhaltlich auseinanderhalten. Militarismus entstand als Kampfbegriff in den 1860er-Jahren, jedoch nicht als Selbstbeschreibung einer politischen Strömung – wie etwa Liberalismus, Sozialismus oder Konservatismus –, vielmehr als eine Fremdbezeichnung, ausgehend von jener politischen Seite, die diese Erscheinung vehement ablehnte: Als antipreußische Parole von Partikularisten, Demokraten und Katholiken in den deutschen Mittelstaaten vor der Reichseinigung hat er seinen Eingang in den modernen deutschen Sprachgebrauch gefunden (244, S. 22 ff.).

Aus diesem Kampfbegriff ist in der Folgezeit auch eine anerkannte geschichtswissenschaftliche Interpretationsfigur geworden. Als „militaristisch" könne man eine staatliche und gesellschaftliche Ordnung bezeichnen, so der Militärhistoriker Wolfram Wette, „die in dominanter Weise von militärischen Interessen und kriegerischen Denkmustern geprägt ist" (292, S. 13). „Militarismus" begünstige kriegerische Konfliktaustragung; sein Gegenstück sei nicht in erster Linie der Pazifismus, sondern ein „Zivilismus". Aber nicht wenige Wissenschaftler halten es für schwierig, den mitunter kämpferisch gebrauchten Begriff Militarismus zu verwenden. „Solchermaßen vorbelastet, erscheint vielen diese Formel als zu einengend, um alle Nuancen militärischer Machtentfaltung zu beschreiben." (287, S. 9) Wette fasst Militarismus als einen Systembegriff auf: Einflüsse des Militärs auf Politik, Wissenschaft und Wirtschaft, sozialer Militarismus, Gewaltverherrlichung, Kriegsideologien, Freund-Feind-Denken, nationalistische und rassistische Ideologien, militaristische Erziehung, Interessen der Rüstungsindustrie und so fort – dies alles seien Bestandteile eines größeren Ganzen, eben des Militarismus (292, S. 14).

Während also Militarismus für ihn einen Systembegriff darstellt, bezeichnet Militarisierung die Prägung von politischen und gesellschaftlichen Teilbereichen eines Staates bzw. einer Gesellschaft durch das Militär und militärische Ordnungsmuster: „Erst die Summe einer Vielzahl militarisierter Teilbereiche des Staates und der Gesellschaft macht den Militarismus als System aus" (292, S. 14), der wiederum, je nach Gesellschaft und Epoche, in unterschiedlichen Ausprägungen und Typen in Erscheinung treten kann.

Was den Forschungsverlauf anbelangt, so haben die 1950er-Jahre in der Bundesrepublik Deutschland eine breite Militarismusdebatte unter den Historikern hervorgebracht, nicht zuletzt infolge des erwähnten Verdikts der Siegermächte, das aber von der angelsächsischen Forschung, allen voran durch die Bücher von Alan J. P. Taylor, „The course of German history" (283) und Arnold Toynbee „War and civilisation" (284), untermauert wurde. Für sie war klar, dass ein in Jahrhunderten gewachsener Militarismus so zwangsläufig bei Hitler und im Zweiten Weltkrieg enden musste, wie ein Fluss in das Meer fließt – in diese Metapher kleidete es Taylor. Gerhard Ritter hingegen, der Nestor der damaligen westdeutschen Geschichtswissenschaft, reduzierte den preußisch-deutschen Militarismus – aus einer Abwehrhaltung gegenüber solchen Thesen – völlig auf das Feld der „Staatskunst", das heißt der Außenpolitik (175) – eine, wie seine Widersacher meinten, antiquierte Sichtweise, die ihm deshalb viel Kritik eintrug. Hans Herzfeld plädierte dafür, das Problem einer „Ausstrahlung der 'Militarismus'-Frage in den inneren Organismus des deutschen Lebens" besonders zu akzentuieren (254, S. 367). Er fragte nach den innenpolitischen Auswirkungen einer historischen Entwicklung, in der die Armee letztlich das Zentrum des Staates bildete. „Diese sozialgeschichtliche, innenpolitische Seite", so Herzfeld, „eine Fragestellung, die sich auch für die Folgezeiten immer wieder anmeldet, ist in der bisherigen deutschen Forschung nicht annähernd so stark wie in der immer nach dieser Richtung weisenden Fragestellung des Auslandes, Amerikas vor allem, berücksichtigt worden." (254, S. 368)

Dieses Plädoyer Herzfelds fand in der Folgezeit im Grunde genommen nur zur Hälfte Gehör: Der Primat der Innenpolitik sollte sich zwar bald als neues Forschungsparadigma erweisen; die Debatte um das Verhältnis von Zivilgesellschaft und Militär erlahmte jedoch in der Bundesrepublik zusehends, nicht zuletzt, weil die seit dem Ende der 1960er-Jahre dominierende Sozialgeschichtsschreibung das Militär mit dem staatlich-politischen Bereich, nicht aber mit dem gesellschaftlichen in Verbindung brachte. In der Sonderwegsdebatte (siehe dazu unten) spielte der Komplex Militär und Gesellschaft indes nach wie vor eine wichtige Rolle.

Die Diskussion ist erst im letzten Jahrzehnt des 20. Jahrhunderts wieder intensiver aufgenommen worden, allerdings weniger unter dem Leitbegriff Militarismus, sondern eher im Rahmen des offeneren Konzepts „Militär und Gesellschaft". Im Mittelpunkt stehen hier sozial-, kultur- und geschlechtergeschichtliche Rekonstruktionen von Lebenswelten, die sich aus dem Wechselverhältnis von Militär und Gesellschaft ausgebildet haben.

> Militarismusdebatte in den 1950er-Jahren

> Militär und Gesellschaft im 19. und 20. Jahrhundert …

Dabei wird neuerdings keine allzu scharfe Trennlinie mehr zwischen Militär und Zivilgesellschaft gezogen – ganz anders als es der britische Soziologe Herbert Spencer 1886 getan hat, der mit seiner These vom strukturellen Antagonismus von Militär und Zivilgesellschaft hundert Jahre später Soziologen und Politikwissenschaftler noch immer beeinflusst (282).

Drei von Ute Frevert konzipierte Tagungen des „Arbeitskreises für moderne Sozialgeschichte" in den Jahren 1993 und 1994 gaben den Startschuss, sich neuerlich ausgiebig mit dem Thema zu beschäftigen (249). Methodisch und konzeptionell wurden dabei neue Wege eingeschlagen. Das Militär wird jetzt, erstens, als eine Institution begriffen, „die die physischen Gewaltmittel eines Staates monopolisiert und zur Wahrung seiner Sicherheits- bzw. Expansionsinteressen geregelt-kontrolliert einsetzt" (250, S. 10). Dafür bilde das Militär in allen Gesellschaftssystemen eigenständige, von anderen unterschiedene, gleichwohl auf vielfältige Art und Weise mit ihnen verknüpfte Organisations- und Sozialformen aus. Unter Militär bzw. dem Militärischen könne man, zweitens, ein kulturelles System verstehen, das sich in bestimmten Denkstilen, Sinnhorizonten und Deutungsmustern manifestiere. Drittens dürfe man sich bei den Wechselbeziehungen von Militär und Gesellschaft nicht auf den Extremfall Krieg beschränken, sondern müsse den Normalzustand des Friedens eingehend untersuchen. Im Mittelpunkt der Analysen hätten viertens schließlich vorrangig die soziale Ordnung und die kulturelle Praxis des Militärs zu stehen.

... in der Frühen Neuzeit

Obwohl dieses Konzept auf das 19. und 20. Jahrhundert zugeschnitten ist, sind für die Frühe Neuzeit, vor allem von Bernhard R. Kroener ähnliche Aspekte einer neuen Militärgeschichte formuliert worden (262; 263). Auch für diese Epoche gab es bis etwa Anfang der 1980er-Jahre zwar durchaus Arbeiten, die sich mit dem Gegenstand Militär und Gesellschaft beschäftigten, jedoch fast ausnahmslos zu Kriegszeiten; Friedenszeiten blieben wenig beachtet. Dabei existierte gerade in dieser Epoche das Militär nicht neben der Gesellschaft, sondern mitten in ihr, denn Militär und Bevölkerung lebten häufig auf engstem Raum zusammen.

Die angelsächsische Forschung hatte Jahre zuvor den Anfang damit gemacht, die anthropologische Dimension des Krieges, kollektive Verhaltensmuster und Phänomene wie Angst und Massenpanik herauszuarbeiten. John Keegan beschrieb in seinem bekannten Buch „Die Kultur des Krieges", das sich mit Kriegen von den Primitiven bis in unsere Zeit beschäftigt, nicht Schlachten und Heldentaten, sondern fragte, was mit Gesellschaften im Inneren passiert, wenn sie Krieg führen (260). Entsprechende Ansätze werden von der deutschen Forschung im Anschluss daran vermehrt auch auf Friedenszeiten angewandt: Wie stellen sich, so lautet die Frage, gemeinsame Lebenserfahrungen von Bevölkerung und Soldaten in Friedenszeiten dar? Hierauf eine Antwort zu finden, könnte zu einem tieferen Verständnis der gesamten frühneuzeitlichen Sozialbeziehungen führen. Kriege, Soldaten und Militär bedeuteten wesentliche Bestandteile der sozialen Realität in den Gesellschaften – und zwar auch in Friedenszeiten.

Niemand wird als Soldat geboren, heute nicht und in früheren Jahrhunderten ebenso wenig. Am Anfang einer jeden militärischen Karriere stand entweder die freiwillig getroffene oder unter Zwang erpresste Entscheidung. Für Angehörige der unteren Schichten war in der Frühen Neuzeit der

Militärdienst bisweilen eine durchaus attraktive Alternative. Darüber sind wir jedoch nur dürftig informiert: „Heiratsverhalten und Familiengröße, Nebenerwerb und Ausbildungsverhältnisse, Wohnsituation und Ernährung gehören zu den bisher noch weitgehend unerforschten Bereichen der inneren Struktur des sozialen Mikrokosmos Militär. Diese Forschungsfelder ermöglichen eine Betrachtung aus jeweils unterschiedlichen Perspektiven, je nachdem, ob die Erwartungshaltung oder Abwehrreaktion der 'Zivilgesellschaft' gegenüber dem Militär oder die Interessenlage der militärischen Gesellschaft gegenüber der Bevölkerung (…) in den Blick genommen wird." (262, S. 288)

Die scharfe Trennung zwischen der zivilen Bevölkerung und der Armee ist eine Erscheinung, die erst seit der Mitte des 19. Jahrhunderts große Bedeutung erlangte. Jetzt separierte man den Soldaten vom Bürger, um ihn besser indoktrinieren und ihn von Einflüsterungen außerhalb seiner Sphäre isolieren zu können. Dem 18. Jahrhundert waren Kasernierungen jedoch noch fremd, die militärische und die zivile Welt überschnitten sich überall und permanent; Soldaten waren ständig anwesend und die Einquartierung in der „guten Bürgerstube" bedeutete die Regel. „Gerade weil sich absolutistisches Militär und Gesellschaft durchaus nicht nur als Kontrahenten, als Gegenpole gegenüberstanden", so Ralf Pröve, „sondern sich eben durch die Einquartierung immer wieder intensive Berührungspunkte beider Welten fanden, die eine Relativierung der Standpunkte begünstigte, gab es im 18. Jahrhundert keine 'scharfe Trennung zwischen Volk und Armee'" (272, S. 216), wie dies in eher schematischen Untersuchungen behauptet wurde (279, S. 103).

Infolge solcher neuer Fragestellungen ist nun überdies die Annahme relativiert, wenn nicht gar zurückgewiesen worden, dass sich das Verhältnis zwischen Militär und Gesellschaft in der Frühen Neuzeit, besonders in Preußen, allein mit dem Begriff der „sozialen Militarisierung" beschreiben lasse, wie es Otto Büsch 1962 noch getan hatte (143). Der Geist der Disziplin und der Unterordnung in Preußen, allgemein gesprochen: die Sozialdisziplinierung, stieß auch an Grenzen, wie man etwa an der Desertion ablesen kann. Michael Sikora beschrieb das 18. Jahrhundert sogar als „Die Zeit der Deserteure"; die Desertion sei damals zu einem Massenphänomen in allen europäischen Gesellschaften geworden. Vorsichtige Schätzungen für die französische Armee in der ersten Hälfte des 18. Jahrhunderts gehen davon aus, dass etwa 20 Prozent der Soldaten im Laufe ihrer Dienstjahre desertiert sind. In einer ähnlichen Größenordnung bewegte sich die Desertion der preußischen Soldaten. Dabei ist zu berücksichtigen, dass gerade in Preußen der Drang nach einem immer größeren Heer gewaltsame Soldaten-„Anwerbungen" nötig machte, was der Desertion Vorschub leistete (281).

Die Forschungsperspektive „Militär und Gesellschaft" hat auch für die Epoche der Aufklärung, des Vormärzes und der Revolutionen von 1848 neue Erkenntnisse zu Tage gefördert. Verflüssigt man die in der deutschen Forschungs- und Lehrtradition noch weitgehend zementierte Zeitgrenze von 1789/1815 und nimmt hingegen mit dem Konzept der „Sattelzeit" (Reinhart Koselleck) – einer Zeit des Wandels, die von etwa der Mitte des

Volksbewaffnung und Bürgerwehren bis 1848/49

18. bis zur Mitte des 19. Jahrhunderts reichte – längerfristige Entwicklungen genauer in den Blick, so erkennt man weit reichende Kontinuitäten und Traditionslinien. Zu den wichtigsten revolutionären Forderungen der 1848er-Revolution gehörte die „Volksbewaffnung", denn wer Waffen trug, war nicht mehr Untertan, sondern nahm als Staatsbürger am politischen Leben teil. Ralf Pröve konnte zeigen, dass Bürgerwehren, solche „zivilen Organisationsformen", geradezu ein Leitmotiv in der öffentlichen Diskussion seit dem Ende des 18. Jahrhunderts darstellten. Angesichts eines beschleunigten politischen und sozioökonomischen Wandels sei das Modell einer Bürgergesellschaft attraktiv geworden, einer Gesellschaft, die sich durch ihre eigenen Sicherheitsmaßnahmen sowohl gegen Repressionen „von oben" als auch gegen besitzgefährdende Umstürze „von unten" schützen konnte (273).

Bürgerwehren sollten in den Augen der Liberalen, modern ausgedrückt, erstens eine Art Verfassungsschutz und zweitens eine Art Hilfspolizei sein. In den liberalen Leitvorstellungen galten sie als konstitutionelles Gegenbild zum fürstlich-absolutistischen Militär. Es war die Hoffnung vieler Liberaler, auf diesem Weg das Militär als Bastion der Reaktion und als massive Bedrohung der freiheitlichen Bestrebungen ganz auflösen und durch eine allgemeine Bürgerbewaffnung dauerhaft ersetzen zu können.

Im Verlauf der Revolution von 1848 schlug dieses Konzept allerdings fehl. Den Fürsten und konservativen Kreisen erschienen Waffen in den Händen potenzieller Revolutionäre als viel zu gefährlich; die Entwaffnung der Bürger signalisierte gleichzeitig das Ende der Revolution. Die Folgen waren weit reichend und sind bekannt: „Die eigentlichen Sieger der Revolution, die Armeen, wurden nicht zuletzt nach diesen Erfahrungen sukzessive ausgebaut und erhielten in Preußen-Deutschland in den 1860er-Jahren und 1871 eine verfassungsexempte Stellung, die maßgeblich an der Militarisierung von Staat und Gesellschaft im 19. Jahrhundert beteiligt war und den alten Eliten für weitere 50 Jahre bis 1918 bzw. sogar bis 1945 die Macht sichern sollte." (274, S. 124 f.) Daran schließen in der Forschung umstrittene Fragen bis heute an: Hätte eine autarke Bürgermiliz nach amerikanischem, französischem oder Schweizer Muster zu einer wesentlich stärkeren demokratischen Durchdringung der Gesellschaft im 19. Jahrhundert beitragen können? Wäre so also die Dominanz des Militärischen, die Stellung des Militärs außerhalb der Verfassungsordnung, gebrochen worden, und lag gerade in diesem Versäumnis eine Abweichung Deutschlands von anderen westlichen Nationen begründet (259; 247)?

Soldaten in der deutschen Revolution von 1848/49

Die Rolle des Militärs in der Revolution von 1848 bildete lange Zeit einen zu Unrecht vernachlässigten Bereich der Forschung (265), dabei entschied doch das Militär über das Schicksal der Revolution. Bei der Frage, warum Soldaten – die aus unteren und mittleren Schichten rekrutiert wurden und somit eigentlich von den Forderungen der Revolution hätten angesprochen sein müssen – bereit waren, gegenrevolutionäre Befehle auszuführen, ist namentlich darauf verwiesen worden, dass bei den Bundestruppen zumeist Soldaten aus einem anderen Bundesstaat in den aufständischen Staaten eingesetzt wurden. So hätten sie die ansässige Bevölkerung nicht als „deutsche Brüder" wahrgenommen (280, S. 100). Bekannt war außerdem, wie konservative Vereine besonders in Preußen eine militärfreundliche Öffentlichkeit geschaffen hatten (285). Aber erst unlängst wurde untersucht, wie die politische und militärische Führung den Einsatz des Militärs rechtfertigte und damit die Bereitschaft zum Gehorsam von Soldaten förderte, die potenzielle Anhänger der Revolutionsbewegungen waren (270).

Eine entscheidende Vorbedingung für den freiwilligen, nicht nur erzwungenen Gehorsam ist, allgemein betrachtet, eine Definition oder eine Ideologie, die dem Ereignis eine schlüssige Bedeutung zuweist. Die militärische Führungsschicht wandte in den Revolutionsjahren – und das war eine vollkommen neue Maßnahme – Methoden der „inneren Führung" an, um das Band zwischen Offizieren und Mannschaften enger zu knüpfen. Dabei handelte es sich um das Disziplinmodell eines innengeleiteten Gehorsams. Die Abschaffung der Stockschläge zählte ebenso dazu wie die Anrede der Soldaten mit „Sie", enge persönliche Kontakte der Offiziere zur Mannschaft oder Fürsprache der Offiziere in persönlichen Belangen. Das Fazit: „Methoden, die heute fester Bestandteil der Führung einer Armee aus 'Staatsbürgern in Uniform' sind, wurden 1848/49 dazu eingesetzt, um Soldaten dem Einfluss der Revolutionäre zu entziehen und die gegenrevolutionäre Indoktrination zu erleichtern." (270, S. 317)

Vergleichende Studien fehlen in diesem Bereich noch. Man weiß nicht, ob es sich dabei um eine deutsche Sonderentwicklung oder um eine allgemeine Erscheinung handelte, die ebenso in anderen europäischen Ländern anzutreffen war. Als deutscher Sonderfall, ja „Sonderweg" gegenüber den anderen westlichen Staaten ist hingegen die herausgehobene Stellung der Armee im Deutschen Kaiserreich seit 1871 bezeichnet worden. Die Einschätzung von einer besonderen Militarisierung des Kaiserreichs, deren Auswirkungen über dessen Zusammenbruch 1918 und die Weimarer Republik bis in die NS-Zeit hineinragten und das „Dritte Reich" erst erklärbar machen, gehörte zum Kernbestand der bundesrepublikanischen Geschichtswissenschaft.

Die These vom „deutschen Sonderweg" – die natürlich weit über das Militärische hinausreicht – war nach 1945, besonders aber in den 1970er Jahren zum vorherrschenden sozialgeschichtlichen Interpretationsmodell aufgestiegen, gleichwohl niemals ohne Widerspruch geblieben, im Gegenteil (261; 266; 291). In der so exponierten Stellung des Militärs im Kaiserreich, in der Aufwertung alles Militärischen nach der Nationalstaatsbildung durch „Eisen und Blut" erkannten „Sonderwegshistoriker" ein „Defizit an Bürgerlichkeit" der deutschen Gesellschaft (289, S. 266). Das Militär als Vertreter der alten (adeligen) Eliten habe die vormodernen Elemente der politischen und sozialen Ordnung geprägt, mit langfristig verhängnisvollen Folgen und gipfelnd im Nationalsozialismus. Nicht selten wurden solche sozialhistorischen Befunde durch kulturelle ergänzt und dann der preußisch-deutsche Militarismus als „Kulturkomplex" beschrieben (293). Die deutsche Gesellschaft des Kaiserreiches schien versinnbildlicht in der Gestalt des monokeltragenden, zackig-dummen preußischen Leutnants – eine Untertanengesellschaft eben. Kritiker der Sonderwegsthese argumentierten jedoch, die vermeintlichen Traditionalismen der preußisch-deutschen

Stellung des Militärs im Kaiserreich – ein deutscher Sonderweg?

85

Armee seien eine Antwort auf massive Veränderungen der militärischen, politischen und sozialen Rahmenbedingungen gewesen und insofern vielleicht sogar als ein Zeichen ihrer Modernität zu interpretieren (252).

Heute erinnert nur noch wenig an die hitzigen Wortgefechte über den deutschen Sonderweg. Selbst Heinrich August Winkler, einer der stärksten Vertreter der Sonderwegsthese, formulierte in der Einleitung seines Werkes „Der lange Weg nach Westen" aus dem Jahr 2000: „Gab es ihn oder gab es ihn nicht, den umstrittenen 'deutschen Sonderweg'? Lange Zeit wurde diese Frage vom gebildeten Deutschland bejaht: zunächst, bis zum Zusammenbruch von 1945 im Sinne des Anspruchs auf eine besondere deutsche Sendung, danach im Sinne der Kritik an der politischen Abweichung Deutschlands vom Westen. Heute überwiegen in der Wissenschaft die verneinenden Antworten. Deutschland, so lautet die herrschende Meinung, habe sich von den großen westeuropäischen Nationen nicht so stark unterschieden, dass man von einem 'deutschen Sonderweg' sprechen könne, und einen 'Normalweg' sei ohnehin kein Land dieser Welt gegangen" (239, S. 1). Jedes Land habe seinen je eigenen „Sonderweg" zurückgelegt, aber vielleicht sei der deutsche doch etwas „besonderer" als andere gewesen.

Niemand stellt den bedeutenden, für den Ausbruch des Ersten Weltkrieges fatalen Einfluss des Militärs im politischen System des Kaiserreichs in Frage und auch nicht die vorherrschende Kriegsmentalität in der wilhelminischen Zeit (246). Da es in der Revolution von 1918 versäumt wurde, die Bastion des Militärs zu schleifen, konnten militärische Organisationsmuster während der Weimarer Republik in die zivile Gesellschaft vordringen (268). Gewaltverherrlichung, der Mythos des Kriegserlebnisses und des Frontkämpfers sowie eine Ästhetisierung des Grauens leisteten dem Vorschub (siehe dazu auch Kap. III, 7. d).

Der Militarismus im Nationalsozialismus trug, wie vor allem der Militärhistoriker Manfred Messerschmidt herausgearbeitet hat, ein neues Gesicht, das aber in Wahrheit darin bestand, ältere Traditionen systematisch gebündelt und radikalisiert zu haben. Es handelte sich hierbei nicht mehr nur um die Einwirkung des Militärs auf die Politik. Kennzeichnend war vielmehr, dass die Trennungslinien zwischen politischer und militärischer Führung, wie auch zwischen Zivilgesellschaft und Militärorganisation tendenziell aufgehoben wurden. Die NS-Zeit brachte eine umfassende Durchdringung der Gesellschaft mit militärischen Denkmustern, Haltungen und Feindbildern. Auch die Ausrichtung der Wirtschafts-, Innen- und Sozialpolitik auf militärische Bedürfnisse war in ihrer Intensität und in ihrem Umfang neuartig. Die gesamte „Volksgemeinschaft" sollte in die Kriegsvorbereitungen einbezogen werden (267).

Die Verbindung zwischen Nationalsozialismus, Technik und Militarismus führte den amerikanischen Sozialwissenschaftler Barrington Morre 1966 zu einer übergreifenden These: Der Militarismus sei nicht ubiquitär, sondern trete besonders in Gesellschaften auf, in denen der Aufstieg zum Kapitalismus spät und unvollständig eingesetzt habe (269). Mit dieser These war ein gemeinsamer Nenner gefunden, mehrere Militarismen zu erklären – den im wilhelminischen Kaiserreich sowie den im „Dritten Reich", aber ebenso den japanischen vor und während des zweiten Welt-

Neuer Militarismus im „Dritten Reich"

krieges und nicht zuletzt den Militarismus in der Sowjetunion. Der damit für den deutschen Fall wiederum unterstellten Kontinuitätsthese vom Kaiserreich zum „Dritten Reich" ist heftig widersprochen worden. Andreas Hillgruber beispielsweise stellte die Elemente der Diskontinuität in den Vordergrund: Die Geschichte des preußisch-deutschen Militarismus sei Mitte der 1930er Jahre ausgelaufen, und was jetzt folgte, sei nicht mehr Militarismus, sondern spezifischer Nationalsozialismus (255) – eine Interpretation, die ihrerseits von anderen Historikern für nicht überzeugend gehalten wird (292, S. 20).

Zurück zum Deutschen Kaiserreich: Das Militär gehörte hier zu jenen Institutionen, die das soziale Klima und auch die Mentalitäten maßgeblich bestimmten. Doch die Forschung hat einfache Pauschalurteile hinter sich gelassen und stattdessen die Schattierungen in den Vordergrund gerückt. Die deutsche Gesellschaft war, das haben zahlreiche neue Forschungen gezeigt, im 19. Jahrhundert viel bürgerlicher, als man lange Zeit glaubte (siehe dazu als Überblick: 264). Das Kaiserreich bestand aus einer prekären Mischung von konservativen und progressiven, von autoritären und demokratischen Elementen, die sich auch im politischen Bereich widerspiegelten.

Kaiserreich: Untertanen in Uniform?

Und die Prozesse der Militarisierung, die es zweifellos gab, stellten einen komplexen Bestandteil der sozialen und kulturellen Nationsbildung dar – wie in vielen europäischen Gesellschaften. Gerade Vergleichsstudien zu Frankreich und England – letzteres ein Land, das gemeinhin als Inbegriff der Zivilität galt, in dem eine tiefe Aversion gegen das Militär geherrscht habe – konnten dies in den letzten Jahren belegen. Nicht allein im Bereich des „Kultes der Nation in Waffen", also einer volkstümlichen Paradenseligkeit und Militärbegeisterung (288), sondern auch in militärpolitischer Hinsicht erscheinen heute die deutschen „Besonderheiten" weniger eindeutig. Die Zabern-Affäre des Jahres 1913 beispielsweise ist lange als eindringlicher Beleg dafür herangezogen worden, dass das deutsche Militär außerhalb der Verfassung stand und zudem spezifische militärische Verhaltenskodizes jeglicher Kritik entzogen waren. Nachdem eine als Beschimpfung aller Elsässer empfundene Äußerung eines Leutnants in der Stadt Zabern zu Protestdemonstrationen geführt hatte, ließen die deutschen Militärbehörden mehrere Personen rechtswidrig verhaften. Offensichtlich galten zivile Rechtsstandpunkte für das Militär nicht, und selbst der Reichskanzler Theobald von Bethmann Hollweg musste dem Druck des Kaisers nachgeben und öffentlich das rechtswidrige Vorgehen der Militärs billigen (290). Dennoch sollte nicht übersehen werden, dass beinahe zur selben Zeit auch Großbritannien von einem durchaus vergleichbaren Vorfall – dem Curragh Incident – erschüttert wurde (241).

In gleicher Weise bedarf die These von der Untertanenmentalität und einem Gesinnungsmilitarismus der Differenzierung (271). In den Kriegervereinen, die 1913 knapp drei Millionen Männer umfassten, und die damit noch vor den sozialdemokratischen „freien" Gewerkschaften die mit Abstand größte Massenorganisation im Deutschen Kaiserreich waren, hat man die Manifestation beider Verhaltensmuster gesehen. Wie läßt sich, so fragte Thomas Rohkrämer in seiner Pionierstudie (277), die subjektive Fas-

Kontroverse um die Kriegervereine

zination erklären, die der Militarismus auf weite Kreise der deutschen Bevölkerung, nicht zuletzt der „kleinen Leute", der Arbeiter, Angestellten und der Handwerker, ausübte? Weshalb neigten so viele Männer dazu, den Krieg zu glorifizieren? Rohkrämer verwies darauf, dass viele dieser Männer sich an verschiedenen Autoritäten orientierten: sie konnten gleichzeitig gute Sozialdemokraten, glühende Monarchisten und treue Söhne der katholischen Kirche sein. Charakteristisch sei aber die Fixierung auf Autorität, die konformistische Anpassung an vorgegebene Machtstrukturen gewesen.

An der Interpretation, dass dies purer Gesinnungsmilitarismus und gleichzeitig ein Beleg dafür sei, wie breit militärische Überzeugungen im Kaiserreich akzeptiert wurden, ja sich tief in die Mentalität eingegraben hätten, hat sich Widerspruch entzündet. Das methodische Problem lautet, ob man aus Artikeln einer von Verbandsfunktionären redigierten Zeitschrift und aus Festreden schließen kann, was die Mehrzahl der „einfachen" Mitglieder der Vereine dachte und welche Überzeugungen sie vertrat. Dies dürfte kaum anzunehmen sein. Blickt man aber auf die soziale Herkunft der Mitglieder, so stellten in ländlichen Gebieten Tagelöhner, Handwerker und kleine Parzellenbesitzer die weitaus größte Mehrheit und in den Städten waren es Angehörige der Unterschichten. Von diesem Befund aus wurde die These formuliert: „Die Teilnahme am Kriegervereinsleben war für die Angehörigen ländlicher und städtischer Unterschichten – welche die große Mehrzahl der einfachen Mitglieder stellten – (…) vor allem ein Vehikel der Partizipation." (286, S. 19) Von „oben" wurde in der Semantik des Militärdienstes die Untertänigkeit der Soldaten gefordert; von „unten" hingegen verlangte man als zwingend notwendige Konsequenz der Wehrpflicht die Gleichberechtigung unter Männern. Ebenso wie Sozialdemokraten, Linksliberale oder Zentrumspolitiker auf der obersten Reichsebene, so klagten – dieser Argumentation zufolge – die „einfachen" Mitglieder der Kriegervereine durch ihre Mitgliedschaft staatsbürgerliche Rechte im Militär ein. Dies wäre dann als ein Vorgang zu werten, der einer unterstellten Untertanenmentalität geradezu diametral entgegengesetzt wäre.

Militär und Geschlechterverhältnis

Diese Kontroverse ist noch nicht entschieden, doch an einem Punkt gibt es nichts zu deuteln: das Militär bedeutete eine „Schule der Nation" und eine „Schule der Männlichkeit". Ute Frevert hat in ihrem Buch „Die kasernierte Nation" die Geschichte der allgemeinen Wehrpflicht in Deutschland erforscht (251). Die Bedeutung des Militärs, genauer: der Wehrpflicht für Staats- und Nationsbildungsprozesse, ist nicht zu überschätzen, denn hier wurde umfassend versucht, das Bewusstsein nationaler Zusammengehörigkeit hervorzurufen. Unabhängig von ihrer regionalen und konfessionellen Zugehörigkeit sowie ihrer Klassenzugehörigkeit mussten Männer in ihren jungen „formativen Jahren" Militärdienst leisten und erfuhren so eine nationale und vaterländische Erziehung, die andere Loyalitäten zwar nicht auflöste, aber doch überlagerte. Zugleich verlieh die Wehrpflicht den Status eines aktiven Bürgers, der einerseits Unterschiede einebnete, andererseits aber auch vergrößerte: zu denen, die nicht „dazugehörten", besonders den Frauen. Das Thema Militär und Geschlechterverhältnis, dem lange keine Aufmerksamkeit geschenkt worden ist, ist deshalb von großer Bedeutung.

Die Institution Militär kennzeichnete im 19. Jahrhundert eine „Eingeschlechtlichkeit"; diesen Zustand teilte sie zwar mit anderen Institutionen, etwa dem Gymnasium oder der Universität, doch die Codierungsansprüche und Sozialisationspraktiken waren hier viel umfassender: „'Männlichkeit' ist aber nicht nur die Substanz, sondern zudem auch ein erklärtes Erziehungsziel des Militärs, das sich im 19. Jahrhundert als 'Schule' der männlichen Nation präsentiert. Das Militär greift damit strukturell und intentional in die 'Ordnung der Geschlechter' ein und verleiht ihr eine spezifische Färbung." (250, S. 12f.)

Zivile Gesellschaft und Militär waren im 19. und zu Beginn des 20. Jahrhunderts eng miteinander verflochten, und zwar in allen mit einer Wehrpflicht ausgestatteten Staaten, woraus sich zwei Entwicklungsoptionen ergaben: „die Militarisierung der Zivilgesellschaft und/oder die Zivilisierung des Militärs" (251, S. 297). Beide Richtungen ließen sich in zeitlichen und räumlichen Variationen in Europa beobachten. So gab es selbst einen *British Prussianism* – die Vorstellung einer Militarisierung der britischen Gesellschaft, um sich gegen die Feinde behaupten zu können. Aber in diesem zeitgenössischen Disput mussten die Befürworter einer Militarisierung in Großbritannien den Primat demokratisch legitimierter Kontrolle anerkennen (258).

Zivilisierung des Militärs/ Militarisierung der Gesellschaft

Anders im Kaiserreich: „In Deutschland", so Frevert, „trugen die monarchische Verfassung und die enge Allianz zwischen Thron und Armee zweifellos dazu bei, die Empfänglichkeit der zivilen Gesellschaft für militärische Prägungen zu erhöhen." (251, S. 297) Hinzu kam, dass die nationalen Einigungskriege das Prestige der Armee noch zusätzlich erhöht hatten. Aber von einer kritiklosen Bewunderung könne man nicht sprechen. Bei Soldaten, die die deutschen Einigungskriege kämpfend miterlebt hatten, hielt sich die unmittelbare Kriegsbegeisterung ohnehin in ganz engen Grenzen. In überlieferten Feldpostbriefen eines einfachen Braunschweiger Soldaten aus dem Deutsch-Französischen Krieg von 1870/71 war nichts von der „für-König-Gott-und-Vaterland"-Parole zu spüren, viel hingegen von Angst, Stress, Frustration und dem Wunsch, lebend aus dem Krieg herauszukommen (278).

Eine ganz andere Stimmung kommt in den späteren Bildern von Krieg und Nation zum Ausdruck. Und es erweist sich dabei, wie fruchtbar neue kulturwissenschaftliche Ansätze zum Forschungsfeld Krieg und Frieden sein können. In den Bildern gerannen die Einigungskriege aus der Rückschau zu einem Mythos. In der bürgerlichen Öffentlichkeit des Kaiserreichs knüpften sich an diesen Mythos jedoch zentrale Leitideen, nicht zuletzt die Idee einer Nation, die sich den Normen des Bürgertums verpflichtet wusste. Wie ist das zu erklären? Autoren, die der These vom autoritären Untertanenstaat Kaiserreich immer skeptisch gegenüberstanden, argumentierten, dass der militärische Habitus bürgerlicher Schichten des Kaiserreichs gar nicht der unterstellte Ausdruck einer Anpassung an die Aristokratie sein musste. Denn er konnte sehr wohl an bürgerliche Traditionen einer „Volksbewaffnung" anknüpfen. So schlug beispielsweise Stig Förster vor, von einer Art doppeltem Militarismus im Kaiserreich zu sprechen: Ein aristokratischer und ein bürgerlicher Militarismus hätten gleichsam nebeneinander und ohne jeden Bezug existiert (248).

Bilder produzieren den Mythos der deutschen Einigungskriege

Eine neue Untersuchung knüpfte an diese These an, gelangte im Ergebnis aber zu einer anderen Deutung. Der bürgerliche Militarismus bis 1914 sei kein Ausdruck eines Untertanengeistes gewesen, vielmehr durchaus moderner Ausdruck einer selbstbewussten Teilhabe der bürgerlichen Schichten am Nationalstaat. Als Quellen dieser Interpretation dienen die „Bilder von Krieg und Nation": Gemälde, Karikaturen, Stiche, Schlachtenpanoramen und Illustrationen in den bürgerlichen Zeitschriften. In dieser bürgerlichen Öffentlichkeit seien die Führungspersönlichkeiten, die als Symbolfiguren der Nation galten, bis hin zum König und Kaiser ausgesprochen bürgerlich dargestellt worden. Der Autor der Untersuchung, Frank Becker, schlägt den neuen Begriff eines „synthetischen Militarismus" vor: Er „stellte vor allem ein 'Relais' zwischen Adel und Bürgertum dar, das die Vermittlung und den Ausgleich der Interessen beider Schichten ermöglichte" (240, S. 506). Militär und Gesellschaft – die Forschung hierzu ist viel facettenreicher geworden, als sie es lange Zeit war. Auch die jeweilige zeitgenössische Militarismuskritik und die Friedensbewegung werden in das Gesamtbild einbezogen.

b) Probleme der Friedensbewegung und ihrer Schwäche in Deutschland

Ursprünge der Friedensbewegung

Im Gegenzug zu dem aufkommenden Bellizismus und Nationalismus des 19. Jahrhunderts entstand, zunächst in kleinen Gruppen organisiert, eine neue internationale Friedensbewegung. Sie hatte ihren Ursprung in den Vereinigten Staaten. 1815/16 wurden erste Friedensgesellschaften in New York (New York Peace Society), kurz darauf, 1816, in London (London Peace Society), 1821 in Paris (Société de la Morale Chrétienne), 1830 schließlich in der Schweiz (Société de la Paix) gegründet, die offensiv für eine weltweite Zusammenarbeit ohne Rücksicht auf die bestehenden Staatsgrenzen eintraten. Die amerikanischen Gesellschaften standen häufig in der Tradition der Quäker, aus der sie die christlich-religiösen Impulse – vor allem die radikale Einlösung des Liebesgebots der Bergpredigt – schöpften (243), aber ihre Entstehung gehört auch zur „linearen Rezeptionsgeschichte der kleinen Schrift Immanuel Kants" über den „Ewigen Frieden" (96, S. 216). Ferner erwies sich die Freihandelsbewegung als wichtig. Für deren Führer, den Briten Richard Cobdan (1804–1865), bedeutete der Freihandel die wichtigste Möglichkeit, das Gift des Krieges auszurotten. Auch Cobdan knüpfte dabei an die ältere Friedensliteratur des 18. Jahrhunderts an, die bereits den freien Handel und den Wirtschaftsaustausch als friedensfördernd klassifiziert hatte. Der christlich geprägten Friedensbewegung ging es um die Erfüllung eines göttlichen Gebots, der Gewaltfreiheit. Von einer anderen Perspektive gingen die aus dem Denken der Aufklärung entstammenden Bemühungen um den Frieden aus: Es sollte ein rationales System der internationalen Beziehungen geschaffen werden. 1828 schlossen sich 50 dieser aus dem Bürgertum hervorgegangenen Gruppen zur American Peace Society zusammen. Auf dem europäischen Festland tagten Mitte des 19. Jahrhunderts erste Friedenskongresse, in Brüssel 1848, in Paris 1849 und in Frankfurt am Main 1850.

Weitere, vorwiegend institutionelle Entwicklungen müssen genannt werden: Florence Nightingale, eine englische Krankenpflegerin, hatte während des Krimkrieges die katastrophalen Verhältnisse in den Lazaretten kennen gelernt. Ein von ihr geschaffener Organisations- und Arbeitsplan wurde zur Grundlage einer verbesserten Krankenpflege. Der Schweizer Henri Dunant beschrieb in seiner 1862 erschienenen Schrift „Eine Erinnerung an Solferino" die blutigen Folgen massiver Kriegführung mit moderner Waffentechnik. Seine Aktivitäten führten 1863 zur Gründung des Internationalen Komitees vom Roten Kreuz und 1864 zum Abschluss der Genfer Konvention, die Abkommen zum Schutz der Verwundeten, der Kriegsgefangenen und der Zivilbevölkerung in Kriegszeiten enthielt (275).

Solche Fortschritte bezüglich einer „Humanisierung" des Krieges setzten sich auf der ersten Haager Friedenskonferenz von 1899 fort: Die so genannte Haager Landkriegsordnung legte Regeln für den Landkrieg fest – etwa Bestimmungen zur Kennzeichnung der Krieg führenden Parteien, zur Behandlung von Wehrlosen, zu erlaubten und verbotenen Kriegshandlungen und -mitteln sowie zur Stellung von Besatzungsmächten. Man kann die Konferenz auch als einen Erfolg für die internationale Friedensbewegung werten, die seit 1899 in der Weltfriedensunion und der Interparlamentarischen Union, einem Zusammenschluss pazifistisch gesonnener Abgeordneter, organisiert war. Auch hierbei liefen zwei ältere Traditionen zusammen. Zum einen die Tradition, Frieden durch Recht zu schaffen, durch justizförmige Prozeduren der Konfliktregelung, und zum anderen die Tradition, Kriege „humaner" zu machen. Nicht nur diese zuletzt genannte Tendenz war innerhalb der Friedensbewegung in hohem Maße umstritten; die Bemühungen um eine „Humanisierung" des Krieges zielten – so der Vorwurf – darauf, Kriege „führbarer" zu machen. So kam es vom Beginn der Bewegung an zu einem Gegensatz zwischen gemäßigten und radikalen Pazifisten, der bis heute andauert. Während ein Teil den Verteidigungskrieg als letzte Mittel etwa zur Wahrung der Sicherheit und Freiheit des Staates anerkannte, lehnte der andere Teil selbst diesen vehement ab.

Die Friedensbewegung entstand als bürgerliche Reformbewegung und muss vom später aufkommenden sozialistischen Antimilitarismus definitorisch abgegrenzt werden. Die Gründung und Tätigkeit bürgerlicher Reformbewegungen sind typische Erscheinungsformen für den Emanzipationsprozess des Bürgertums. Konstitutiv war die Öffentlichkeit. Darüber hinaus bemächtigte sich die Friedensbewegung jenes Mediums repräsentativer Öffentlichkeit, welches bisher als Privileg der fürstlichen Machthaber galt: des Kongresses. Internationale Friedenskongresse wurden zur kennzeichnenden Aktionsform der Friedensbewegung.

Friedensbewegung als bürgerliche Reformbewegung

So sehr die nationalen Friedensbewegungen in die jeweilige politische Kultur eines Landes eingebunden waren und sich dadurch merklich voneinander unterschieden, so gab es doch signifikante Übereinstimmungen hinsichtlich der organisatorischen Gestalt – in Form des Vereins- oder Assoziationswesens – und ihrer Kommunikationsweise – in Form von Kongressen.

Der zweite Internationale Friedenskongress in Paris im Jahr 1849 war

Victor Hugo 1849

einer der wichtigsten und öffentlichkeitswirksamsten überhaupt. Seine Forderungen erstreckten sich auf die Schaffung von Schiedsgerichten und
eines Staatenkongresses sowie auf eine Kodifizierung des Völkerrechts. Be-
rühmt wurde er jedoch vor allem, weil er mit einem Aufgebot bekannter
Persönlichkeiten glänzte, und Victor Hugo eine eindrucksvolle Eröffnungs-
rede hielt. „Ein Tag wird kommen", so Hugo, „wo es keine anderen
Schlachtfelder mehr geben wird als die Märkte, die sich dem Handel öffnen, und die Geister, die für die Ideen geöffnet sind. – Ein Tag wird kommen, wo die Kugeln und Granaten von dem Stimmrecht ersetzt werden,
von der allgemeinen Abstimmung der Völker, von dem ehrwürdigen
Schiedsgericht eines großen, souveränen Senats, der für Europa das sein
wird, was das Parlament für England, was die Nationalversammlung für
Deutschland, was die gesetzgebende Versammlung für Frankreich ist. (…)
Ein Tag wird kommen, wo man sehen wird, wie die beiden ungeheuren
Ländergruppen, die Vereinigten Staaten von Amerika und die Vereinigten
Staaten von Europa Angesicht in Angesicht sich gegenüberstehen, über die
Meere sich die Hand reichen, ihre Produkte, ihren Handel, ihre Industrien,
ihre Künste, ihre Genien austauschen, den Erdball urbar machen, die Ein-
öden kolonisieren, die Schöpfung unter den Augen des Schöpfers verbes-
sern, um aus dem Zusammenwirken der beiden unendlichen Kräfte, der
Brüderlichkeit der Menschen und der Allmacht Gottes für alle das größte
Wohlergehen zu ziehen!" (276, S. 27) In dieser Rede sind alle Argumente
zu finden, die die bürgerliche Friedensbewegung prägten: die Verknüpfung
des religiös-humanitären Glaubens an die Heraufkunft des Friedens mit
zivilisatorischem Fortschrittsoptimismus; die Verbindung von Demokratie
mit Frieden; die Verbindung der Anerkennung nationaler Einheit mit dem
Streben nach europäischer Einigung; die Synthese von Friedensbewegung
und Freihandelsbewegung.

Schwächen der deutschen Friedensbewegung

Das Standardwerk zur Friedensbewegung und zum Pazifismus in
Deutschland hat Karl Holl vorgelegt (256); daneben ist die etwas früher erschienene Arbeit von Dieter Riesenberger erwähnenswert (276). Holl verglich die deutsche Entwicklung mit der internationalen und fragte, warum
sich die deutsche Friedensbewegung so spät entfaltete – die Deutsche Friedensgesellschaft z. B. wurde erst 1892 von Bertha von Suttner und dem Österreicher Alfred Hermann Fried gegründet – und warum sie in ihrer Wirkung bis 1945 so schwach blieb. Unter „Friedensbewegung" versteht Holl
„jene Organisationen, die – von der Verwerflichkeit und Sinnlosigkeit des
Krieges ausgehend – Konzeptionen entwickeln, Methoden erarbeiten und
konkrete Vorschläge unterbreiten, die den Krieg verhindern und schließlich
unnötig machen." (256, S. 7)

Auf die Frage, warum der deutsche Pazifismus im internationalen Vergleich schwach blieb, werden heute einhellige Antworten gegeben. Anders
als etwa in Frankreich fehlte ihm in Deutschland die starke Verankerung im
Liberalismus, was wiederum mit der spezifischen Entwicklung der deutschen liberalen Strömung und mit Bismarcks Reichseinigung zu tun hat.
Die Schwierigkeiten der pazifistischen Initialperiode in Deutschland lassen
sich auf einen Nenner bringen: Mangel an Interesse. Später hatte die
schwache Friedensbewegung in Gestalt der Agitationsverbände wie dem

Alldeutschen Verband oder dem Deutschen Wehrverein übermächtige Gegner. Da sich ein wichtiger Entwicklungszweig des Pazifismus aus dem Feminismus speiste, kam es zu zusätzlichen Diffamierungen. Beispielhaft sichtbar wird dies an Reaktionen auf Bertha von Suttners Roman „Die Waffen nieder!". Es handelte sich um einen pazifistischen Tendenzroman, ohne literarische Qualität, doch darum geht es hier nicht. Allein die Tatsache, dass die Friedensgesellschaft 1892 von einer Frau, von Bertha von Suttner, mitbegründet wurde, gab dem Schriftsteller Felix Dahn in einem Gedicht willkommene Gelegenheit, die ganze Friedensbewegung zu diffamieren: „An die männlichen und weiblichen Waffenscheuen (Gegen das 'Die Waffen nieder!' Von Bertha von Suttner). Die Waffen hoch! Das Schwert ist des Mannes eigen! Wo Männer fechten, hat das Weib zu schweigen. Doch freilich, Männer gibt's in diesen Tagen – die sollten lieber Unterröcke tragen." (256, S. 66)

Weiterhin: Die katholische Kirche hielt kühle Distanz zur Friedensbewegung, und die protestantische zeigte, von wenigen Ausnahmen abgesehen, eine eindeutige Frontstellung gegen sie. Und „die deutschen Sozialdemokraten neigten dazu, gleichsam in spiegelbildlicher Übernahme konservativ-nationalistischer Vorurteile, die bürgerlichen Pazifisten als 'kapitalistische Friedenspfeifenraucher' verächtlich zu machen" (256, S. 86). Sozialdemokratische Friedensstrategien unterschieden sich von den bürgerlichen vor allem dadurch, dass sie den Aspekt der sozialen Gerechtigkeit – wenn nicht gar der sozialen Revolution – einbezogen, dessen Fehlen sie bei der bürgerlichen Seite immer wieder anprangerten. Die SPD betrachtete den Pazifismus lange Zeit als eine Art bürgerliche Verschleierungsideologie, wenn nicht sogar als pathologische Erscheinung des nationalen und internationalen Systems. Auch die Zweite Sozialistische Internationale, die seit 1889 tagte, behandelte die Frage von Krieg und Frieden eher zwiespältig: Einerseits wurde das Ende aller Kriege allein durch die Überwindung des kapitalistischen Systems erwartet; andererseits unterstützte man Forderungen wie internationale Abrüstung und Schiedsgerichtsbarkeit. Diese jedoch waren Instrumente aus dem Arsenal der bürgerlichen Friedensbewegung, die gerade deshalb als bedeutungslos für eine Friedenssicherung betrachtet wurden, weil sie die „wahre" Ursache von Kriegen – den Kapitalismus – verschleiern und weil sie die Lebensdauer des kapitalistischen Systems verlängern würden. Erst eine große, weltumspannende soziale Revolution, die die kapitalistische Gesellschaft zusammenbrechen lasse, konnte in dieser Sicht einen Frieden bewirken.

So gab es nur wenige Berührungspunkte zwischen der sozialistischen und der bürgerlichen Friedensbewegung. Aber auch die internationale Arbeiterbewegung bildete kein einheitliches Ganzes. Die Forderung etwa, Kriege durch internationale Antikriegsstreiks zu verhindern, wurde nur von einer syndikalistischen Minderheit um den Holländer Domella Nienwenhuis vertreten (242).

Innerhalb der bürgerlichen Friedensbewegung entstand bald auch eine Kontroverse unter ihren führenden Persönlichkeiten um die geeignete strategische Ausrichtung. Ein Appell an die Masse des Volkes wurde eigentlich nie ernsthaft in Erwägung gezogen. Alfred Hermann Frieds Theorie eines

Streit um die strategische Ausrichtung

„wissenschaftlichen Pazifismus" negierte die Notwendigkeit einer ethischen Motivation. Die Friedensbewegung habe es gar nicht nötig, aktiv um Anhänger zu werben, denn der Pazifismus brauche nur abzuwarten, bis sich „die Richtigkeit seiner Ziele der großen Masse bemächtigt" habe (256, S. 51). Somit sollte der Pazifist auf eine politische Tätigkeit verzichten und gleichsam nur zum „Friedenstechniker" werden. Der „wissenschaftliche Pazifismus" wollte den Krieg nicht als Symptom bekämpfen, sondern die Ursachen, die ihn hervorbrachten, beseitigen. Diese Ursachen sah er darin, dass das Zusammenleben der Staaten untereinander nur unzulänglich reguliert sei, ja eine Art Anarchie in den zwischenstaatlichen Beziehungen herrsche. In diesem ungeordneten Zustand könne man nicht von ‘Frieden’ sprechen, sondern lediglich von einem ‘Nicht-Krieg’. Diese Zustandsbeschreibung war kaum von der Hand zu weisen. Aber der „wissenschaftliche Pazifismus" litt darunter, dass er deterministische Theorien formulierte. Darin war die Willensfreiheit nahezu vollständig ausgeschaltet, und der Glaube an eine gesetzmäßige Entwicklung verleitete unweigerlich zur Passivität. Ganz anders argumentierte Frieds Kontrahent, der Historiker Ludwig Quidde: Im Unterschied zur „Selbstlauf-Theorie" Frieds beharrte er darauf, dass Pazifismus „nicht nur eine Wissenschaft, auch nicht nur eine Interessenbewegung, sondern ebenso eine Willensausrichtung in der Menschheit", mithin eine ethische Tätigkeit sei (256, S. 56 f.). Ohne Idealismus gehe die Friedensbewegung zugrunde; Frieden müsse aktiv gewollt und erkämpft werden.

Marginalisierung
und
Rehabilitierung

Am Vorabend des Ersten Weltkrieges gab es zwar stärker als zuvor Berührungspunkte zwischen der bürgerlichen und der sozialistischen Friedensbewegung, doch entfernten sich gleichzeitig die jeweils nationalen Friedensbewegungen voneinander. Die mentale und ideologische Bindung an nationale Interessen erwiesen sich als sehr fest. Sandi E. Cooper hat gezeigt, wie die Selbstverpflichtung der nationalen Friedensorganisationen zu einem „patriotischen Pazifismus" die pazifistische Internationale vielfach einer Zerreißprobe aussetzte und bei Beginn des Ersten Weltkrieges zu deren Kollaps führte (245). Im Ersten Weltkrieg wurde der Pazifismus dann zur „unbedingten, prinzipiellen, kämpferischen Kriegsgegnerschaft" (257, S. 780). Den Friedensvertrag von Versailles 1919 empfand die deutsche Friedensbewegung als eine Niederlage des Pazifismus, weil er die Voraussetzungen internationaler Verständigung zerstören würde. In der Weimarer Republik zerstritt sich die Deutsche Friedensgesellschaft, sie wies nun deutlich erkennbare Flügel auf. Die heftigen Auseinandersetzungen trugen dazu bei, dass der deutsche Pazifismus politisch einflusslos blieb. Carl von Ossietzky, der selbst für die Deutsche Friedensgesellschaft arbeitete, hielt dem deutschen Pazifismus Mitte der 1920er-Jahre vor, er sei „immer illusionär, verschwärmt, gesinnungsbesessen" gewesen und „argwöhnisch gegenüber den Mitteln der Politik, argwöhnisch gegen die Führer, die sich dieser Mittel bedienen". Dem stellte Ossietzky den fest in der Politik verankerten westeuropäischen Pazifismus gegenüber: „Der Pazifismus Herriots und McDonalds’ ist politisch, das heißt, real fundiert, beweglich und deshalb auch bewegend." (zit. nach 257, S. 782) Gegner sahen in der Friedensbewegung eine grundsätzliche Gefährdung der Nation, die bald zu einer totalen Verneinung des Pazifismus in der Öffentlichkeit führte. Dem Nationalsozialismus bedeutete Pazifismus soviel wie „Zersetzung" und „Landesverrat"; er rühmte sich, ihm den „Todesstoß" versetzt zu haben. Erst nach dem Zweiten Weltkrieg wurde der Pazifismus in der öffentlichen Meinung Deutschlands „von einem Großteil der Vorurteile befreit, die ihm hier anhafteten, ja, der Pazifismus hat unmittelbar nach 1945 geradezu eine Rehabilitierung erfahren" (257, S. 786).

Vollzog sich nach dem Zweiten Weltkrieg in den westlichen Industrienationen eine Abwertung von Krieg, Militär und Gewalt? Handelte es sich, mit Blick auf die deutschen Verhältnisse, gar um einen Prozess, der sich als tief greifender Mentalitätswandel beschreiben lässt? Gibt es eine lineare Erfolgsgeschichte einer 'Friedenskultur'? Wie schliffen sich Altbestände der Kriegskultur ab – so etwa die Vorstellung, dass der Krieg ein bewusst einzusetzendes, legitimes Mittel der Politik und der Soldat Leitfigur des Menschen sei? Die Forschung diskutiert heute, ob sich das visionäre Modell der „Friedenskultur" eignet, um politische, gesellschaftliche und kulturelle Dimensionen der Beziehung von Menschen zur kriegerischen, außerkriegerischen und alltäglichen Gewalt synthetisierend zu untersuchen (21). In der Kriegskultur werden Konflikte mit physischer oder symbolischer Gewalt gelöst. Friedenskultur hingegen sei nicht nur durch die Abwesenheit von Krieg und direkter Gewalt gekennzeichnet, sondern durch die tendenzielle Beseitigung struktureller und symbolischer Gewalt. So bezieht sich dieser sehr weit gefasste Friedensbegriff auf ganz unterschiedliche Bereiche: Er umfasst die Außenpolitik, die Verteidigung und das Militär ebenso wie wirtschaftliche, arbeitsrechtliche und sogar familiäre Strukturen. Auf diese Weise von Friedenskultur zu sprechen heißt, die Gesamtheit von Wertorientierungen, Verhaltensdispositionen, Lebensformen, Mentalitäten und soziale Praktiken zu untersuchen. Somit gelangt man in der Debatte um Friedens- bzw. Kriegskultur zu ähnlichen Kontroversen, denen man bereits in der Diskussion um den umfassenden Friedens- bzw. Gewaltbegriff begegnet ist (siehe dazu Kap. III., 1. b).

7. „Totaler Krieg" – Vorläufer und Vollendung

a) Amerikanischer Bürgerkrieg, Deutsch-Französischer Krieg, Kolonialkriege: Vorstufen zum totalen Krieg?

Seit einigen Jahren ist in der historischen Forschung eine Kontroverse über den „totalen Krieg" entbrannt. Wo sind dessen Vorläufer zu suchen? Welche Bedeutung kam dabei den Französischen Revolutionskriegen zu (siehe dazu Kap. III., 4)? Lieferte der Amerikanische Bürgerkrieg von 1861 bis 1865 das eigentliche strukturelle Vorspiel zu den modernen Großkriegen des 20. Jahrhunderts? Wie beeinflusste dieser den Deutsch-Französischen Krieg von 1870/71? Und inwiefern verweisen die Kolonialkriege des ausgehenden 19. und frühen 20. Jahrhunderts auf die Formen des totalen Krieges?

Der Begriff *la guerre totale* tauchte zuerst 1916 in Frankreich auf und meinte die vollständige Mobilisierung aller menschlichen und materiellen Ressourcen für den Krieg. 1935 entwarf Erich Ludendorff, im Ersten Weltkrieg zusammen mit Hindenburg Leiter der Obersten Heeresleitung und später rechtsradikaler Agitator in der Weimarer Republik, in seiner Schrift „Der totale Krieg" die Vision einer unter strengster Militärdiktatur lebenden Gesellschaft, die bereits in Friedenszeiten alle Kraft für den Existenzkampf im Krieg aufbringen müsse (378). NS-Propagandaminister Joseph Goebbels schließlich trieb in seiner Rede im Berliner Sportpalast vom 19. Februar 1943 die Idee des totalen Krieges auf die Höhe und die Anwesenden in rauschhafte Begeisterung (315).

Definition des „totalen Krieges"

Die aktuelle Ausgabe der Brockhaus Enzyklopädie definiert den totalen Krieg als „eine Art der Kriegsführung, in der es nicht nur um die Unterwerfung des Gegners zur Erreichung begrenzter politischer Ziele, sondern um seine moralische und physische Vernichtung geht. Diesem Ziel werden alle militärischen und personellen Ressourcen untergeordnet, wobei außerdem sämtliche ideologischen und propagandistischen Mittel zur Diskriminierung des Feindes eingesetzt werden. Der totalen Mobilisierung entspricht die Form uneingeschränkter Gewaltanwendung, die jede Grenze zwischen Militärischem und Zivilem ignoriert und die gegnerische Zivilbevölkerung ebenso wie ihre Wirtschaft und Infrastruktur zu Zielen der Kriegführung macht. Der Einsatz von Massenvernichtungsmitteln, Flächenbombardements und die Verminung ganzer Landstriche sind Ausdruck der totalen Kriegführung."

Amerikanischer Bürgerkrieg

Dass der totale Krieg ein historisch neuartiges Phänomen darstellt, welches die industrielle Revolution, technische Entwicklungen und die Entstehung von Ideologien zur Voraussetzung hat, ist unmittelbar einleuchtend. Das Zeitalter der Volkskriege im 19. Jahrhundert trug jedoch, so argumentierte der Militärhistoriker Stig Förster, den Keim des totalen Krieges bereits in sich. Von ihm und der amerikanischen Forschung wurde dabei das Augenmerk vermehrt auf den Amerikanischen Bürgerkrieg gelenkt (319). Dieser zählte zu den furchtbarsten Katastrophen des 19. Jahrhunderts überhaupt – 360 000 Nordstaatler und 260 000 Südstaatler fanden den Tod. Beide Seiten mobilisierten mehr als 5 Millionen Soldaten. Er beanspruchte die ganze Finanzkraft der Staaten. Kaum eine Familie wurde nicht in Mitleidenschaft gezogen, da die Zivilbevölkerung in die Kriegsanstrengungen eingebunden war. Rüstungstechnisch wurde eine weitere Schwelle überschritten: Maschinengewehre fanden ihren Einsatz, ebenso Minen, Panzerschiffe und U-Boote. Das Eisenbahnwesen erlaubte eine neue effizientere Kriegführung, hinzu kam ein Guerillakrieg sowie ein Kampf gegen die Kriegsmoral der feindlichen Seite.

In den Augen nicht weniger Historiker stellt der Amerikanische Bürgerkrieg den ersten totalen Krieg der Weltgeschichte dar; er habe sich im Laufe der Jahre von einem begrenzten Konflikt zum totalen Krieg gesteigert, mit allen seinen Elementen: totale Mobilisierung, totale Kriegsziele, totale Kriegführung, zentrale Lenkung von oben (318). Die Hauptauseinandersetzung in der Wissenschaft bezieht sich auf die politische und militärische Kriegführung; im Zentrum steht die Frage des *unconditional surrender*. Vor allem seit dem Jahreswechsel 1862/63, so wird argumentiert, habe der Norden mit seiner Forderung nach Revolutionierung des Südens und nach *unconditional surrender* den Krieg entgrenzt, und 1864 hätten die Generale Grant und Sherman mit ihrer Strategie der permanenten Schlacht und des Krieges gegen die Zivilbevölkerung die militärischen Implikationen der veränderten politischen Vorgaben ohne Zögern brutal in die Praxis umgesetzt. Ziel sei es gewesen, durch die Befreiung der Sklaven die wirtschaftlichen und sozialen Grundlagen des Südens zu zerschlagen. Die Kriegsziele seien somit bis zur Vernichtung des feindlichen Gesellschaftssystems entgrenzt worden, und der Krieg gegen die Zivilbevölkerung habe sich in erster Linie darauf gerichtet, deren materiellen Besitz völlig zu zerstören. Die am weitesten gehende Interpretation spricht daher vom einem „Zeitalter des totalen Krieges" zwischen 1861 und 1945 (320).

Eine solche Deutung fordert Widerspruch heraus. Insgesamt gesehen sei der Amerikanische Bürgerkrieg zwar ein moderner, industrialisierter Massenkrieg, aber niemals ein totaler Krieg gewesen. Die Kritiker sprechen in diesem Zusammenhang eine deutliche Warnung aus: Man dürfe nicht eine gleichsam teleologische Entwicklung von den Massenkriegen des 19. Jahrhunderts zum totalen Krieg des 20. Jahrhunderts ausmachen. Vielmehr gelte es, die Sprünge und Wendungen der Geschichte zu beachten, immer habe es Alternativen gegeben, nie schlichte Gradlinigkeit. Man wird diesen Streit nicht schlichten können. Zuviel hängt von Definitionen und Begrifflichkeiten ab; einiges wiederum könnte sich in neuem Licht zeigen, wenn auch Kriege in anderen Erdteilen, etwa der Taiping-Aufstand in China (1850–1864), in den Blick genommen würden. Am ehesten noch lässt sich sagen, dass der Amerikanische Bürgerkrieg eine neue, gesteigerte Form des Volkskrieges hervorgebracht hat, der vielleicht sogar als „Vorstufe zum totalen Krieg" bezeichnet werden kann (319, S. 84).

Sechs Jahre nach dem Amerikanischen Bürgerkrieg traten Merkmale einer Totalisierung des Krieges erneut zu Tage: im Deutsch-Französischen Krieg von 1870/71. US-General Sheridan folgte dem Königlichen Hauptquartier als Militärbeobachter, und er war von den Deutschen tief beeindruckt. Gleichwohl sagte er zu Bismarck: „Sie verstehen es, den Feind zu schlagen, wie keine andere Armee, aber ihn vernichten, das haben Sie noch nicht weg. Man muss mehr Rauch von brennenden Dörfern sehen, sonst werden Sie mit den Franzosen nicht fertig." (319, S. 91) Der spätere Generalstabschef Graf Waldersee schrieb in sein Tagebuch: „Und ich bin überzeugt, der Mann hat recht. Wenn wir unsere Kavallerie Verwüstungszüge à la Sheridan quer durchs Land machen ließen, so würde vielen Franzosen die Lust vergehen, Franktireurs zu spielen." (ebd.) Tatsächlich wurden Terrormaßnahmen gegen die Zivilbevölkerung verlangt. Die systematische, immer brutaler werdende Kriegführung gegen die Zivilbevölkerung: dies war die Verbindungslinie der industrialisierten Volkskriege des 19. Jahrhunderts zu den totalen Kriegen des 20.

Deutsch-Französischer Krieg

Besonders ausgeprägt zeigte sich diese Verbindungslinie in den Kolonialkriegen, hier waren die offensichtlichsten Vorformen des totalen Krieges zu finden. Dabei ist nicht zuletzt der Hererokrieg im südlichen Afrika zwischen dem Stamm der Herero und dem Deutschen Kaiserreich von 1904 bis 1907 ins Blickfeld geraten, weil von deutscher Seite die vollständige

Kolonialkriege

Vernichtung des Herero-Volkes angestrebt wurde (363). Vor dem Krieg umfasste das Volk der Herero zwischen 35 000 und 100 000 Menschen; die
Hälfte ist vernichtet worden.

In der deutschen Kolonie wurde die Schwelle zur Totalisierung des Krieges überschritten. Der „Vernichtungsbefehl" erfolgte nicht aus militärischen, sondern aus politischen Gründen. Die Kolonialtruppen waren darauf vorbereitet, nicht gegen eine Armee, sondern gegen alle Angehörigen
des Stammes zu kämpfen, und ihr Ziel war nicht allein der militärische
Sieg. Bereits die Kolonialpropaganda stimmte die einzelnen Soldaten darauf ein, gegen „Wilde" vorzugehen und mit den „Barbaren" aufzuräumen.
Gegen einen solchen Feind gab es kein Pardon und keinen soldatischen
Ehrenkodex. Der Oberkommandierende Lothar von Trotha schrieb, Kolonialkriege seien „nicht nach den Gesetzen der Genfer Konvention" zu führen. In Trothas Politik hatte der „Wille zur Vernichtung eine neue Dimension erlangt" (300, S. 231). Er versuchte, die Vernichtung sozialdarwinis-
tisch zu begründen. Und dieser Versuch, die Vernichtung von Menschen
wissenschaftlich zu legitimieren, rückte Trothas Politik mehr noch als die
Gnadenlosigkeit und die Zahl der Opfer in die Nähe zum Nationalsozialismus. Daher wird in der Forschungsliteratur hinsichtlich des Herero-Krie-
ges auch eine – allerdings in vielerlei Hinsicht umstrittene – Debatte über
die Kontinuität deutscher Genozidpolitik geführt (422).

In das Blickfeld der Forschung gerieten aber nicht nur deutsche Waffen-
gänge, sondern etwa auch der Kolonialkrieg der USA auf den Philippinen
von 1899 bis 1902 oder der Burenkrieg, den Großbritannien in Südafrika
ebenfalls in den Jahren 1899 bis 1902 führte. In den drei Jahren des amerikanischen Krieges auf den Philippinen, wo mehr als 130 000 US-Soldaten
eingesetzt waren, wurden eher vorsichtigen Schätzungen zufolge mindestens 20 000 philippinische Soldaten, ein Viertel der gesamten Streitkräfte,
getötet. Vor allem aber kamen ungeheuerliche Opfer unter der Zivilbevölkerung hinzu: Sprach man bisher von 250 000 Toten, so gehen neuere
Untersuchungen von 750 000 Menschen, mithin 10 Prozent der Gesamtbevölkerung, aus, die direkt oder indirekt – durch Hunger und Krankheit –
ihr Leben verloren (419). Und der Burenkrieg, ein als Kolonialfeldzug be-
gonnener Abnützungskrieg, ist als die „erste Katastrophe des 20. Jahrhunderts" bezeichnet worden (436). Für Südafrika wurde der Konflikt zwischen Briten und Buren zum Desaster. Mit brutalsten Methoden erkämpft,
gewannen die Briten zwar den Krieg, verloren jedoch den Frieden. Dies
nicht allein, da sie wenige Jahre später der vormaligen britischen Kolonie
doch eine Teilautonomie gewähren mussten. Viel schwerer wog, dass die
Buren, als sie 1948 an die Macht gelangten, diese aufgrund ihrer Erfahrungen nie mehr aus der Hand geben wollten – auch dies eine Wurzel der
Politik der Apartheid, der jahrzehntelangen Diskriminierung der schwarzen
Bevölkerung.

b) Erster Weltkrieg: „Urkatastrophe" des 20. Jahrhunderts und deutsches Trauma

Der Erste Weltkrieg steht am Schnittpunkt mehrerer historischer Entwicklungen: Er begann als Auseinandersetzung innerhalb des alten, noch im 18. Jahrhundert verwurzelten europäischen Staatensystems; er enthielt mit seinem Auslöser – dem Nationalismus der Völker auf dem Balkan – zugleich ein modernes, dem 19. Jahrhundert entstammendes Element; er wies mit der emotionalen Mobilisierung, der Ideologisierung und den Tendenzen zum totalen Krieg schließlich bereits auf den Zweiten Weltkrieg hin.

Bedeutung

George F. Kennan gab dem Ersten Weltkrieg ein unauslöschliches Signum, als er ihn 1979 „im Kern *die* große Urkatastrophe dieses Jahrhunderts" nannte (356, S. 3). Er zerstörte die alte Ordnung und die traditionelle weltpolitische Vormachtstellung Europas, ließ zwei neue Großmächte mit antagonistischem Gesellschaftssystem entstehen – die USA und die Sowjetunion –, löste einen politischen Sturm, ideologische Spaltungen und einschneidende territoriale Veränderungen aus, die bis 1989 die Landkarte Europas bestimmten. Der Weltkrieg war eine Inkubationszeit eines aggressiven Nationalismus und radikalen Antisemitismus; der Nationalsozialismus und die faschistischen Bewegungen wären ohne ihn nicht zu erklären. Nicht erklärbar wären ohne ihn auch der beschleunigte Niedergang des Bürgertums als führender gesellschaftlicher Schicht oder der Prozess der Dekolonisation, der im Ersten Weltkrieg begann und sich nach dem Zweiten beschleunigt fortsetzte.

Die Bezeichnung „Erster Weltkrieg" wurde 1921 von einem britischen Journalisten geprägt, aber die meisten beteiligten Nationen nannten ihn – und nennen ihn bis heute – einfach „the Great War", „la Grande Guerre", „la Grande Guerra"; nur die Deutschen bezeichneten ihn nicht als den „großen Krieg", sondern von Anfang an als „den Weltkrieg", was möglicherweise bereits etwas über die Bestrebungen der deutschen Führung im Jahr 1914 aussagt (352, S. 19f.). Auch die Auffassung, dass der Erste und der Zweite Weltkrieg zusammenhängen, ja in Wirklichkeit ein einziger neuer Dreißigjähriger Krieg und nur durch einen langen Waffenstillstand unterbrochen gewesen seien, ist weit verbreitet. Der britische Militärhistoriker Michael Howard beispielsweise hat den Standpunkt vertreten, dass die Feldzüge von 1939 bis 1940 als eine direkte Fortsetzung des Ersten Weltkrieges, als ein Krieg um die Vorherrschaft in Europa zu deuten seien (351). Noch zutreffender erscheint indessen Raymond Arons Interpretation der Kriegsabfolge aus dem Jahr 1951 als „guerres en chaine", als einzelne, doch miteinander zusammenhängende Kriege (295).

Die internationale Literatur zum Ersten Weltkrieg vermag mittlerweile ganze Bibliotheken zu füllen. Wertvolle neue Forschungsüberblicke erleichtern den Zugang. Aufschluss über die Tendenzen der deutschen Forschung vermitteln die Überblicke von Gerd Krumeich (366), Bruno Thoss (428), Michael Epkenhans (314) und Sven Oliver Müller (393); die englische Forschung fasst Jay Winter zusammen (446), die französische Stéphane Audoin-Rouzeau (296) und die italienische Holger Afflerbach

Vielfalt der Forschung

(294). Eine umfassende Bestandsaufnahme der internationalen Forschung über Ursachen und Verlauf des Krieges bietet der voluminöse Sammelband von Wolfgang Michalka (385).

Überdies liegen eine ganze Reihe neuerer gelungener Gesamtdarstellungen vor, zu Deutschland besonders der von Wolfgang J. Mommsen verfasste Band des neu bearbeiteten „Gebhardt. Handbuch der deutschen Geschichte" (388) sowie Roger Chickerings souveräne Darstellung „Das Deutsche Reich und der Erste Weltkrieg" (305) oder Gunther Mais Buch „Das Ende des Kaiserreichs. Politik und Kriegsführung im Ersten Weltkrieg" (379). Gerd Krumeich analysiert die französische Aufrüstung am Vorabend des Ersten Weltkrieges (365). Österreich-Ungarns Untergang im Ersten Weltkrieg beschreibt Manfred Rauchensteiner (406). Ein einzigartiges Standardwerk zum Ersten Weltkrieg, das der Komplexität der historischen Ereignisse gerecht wird und ein erschütterndes Panorama der Sinnlosigkeit entfaltet, stammt aus der Feder eines führenden britischen Militärhistorikers, John Keegan (355). Die amerikanische Forschung interpretiert den Ersten Weltkrieg mittlerweile als den Beginn des „kurzen 20. Jahrhunderts", das sieben Jahrzehnte im Zeichen jener Dynamik stehen sollte, die im August 1914 zum ersten Mal außer Kontrolle geraten war – ein Amalgam aus Nationalismus, ideologischem Fanatismus, Völkermord und totalem Krieg (447). Robert K. Massie legt das Augenmerk einmal mehr auf den deutsch-britischen Antagonismus, welcher der Dekade vor dem Beginn des Ersten Weltkrieges seinen Stempel aufdrückte (382), Ronald Schaffer beleuchtet innenpolitische Probleme der Vereinigten Staaten während des Weltkrieges (413) und Jörg Nagler legt in seiner wissenschaftliches Neuland betretenden Untersuchung zu den USA den Finger auf die gesellschaftliche Mobilisierung gegen tatsächliche oder vermeintliche innere Feinde, namentlich die „feindlichen Ausländer", deren Überwachung und Internierung er als eine neue Phase der Totalisierung des Krieges wertet (394).

Wandel der Ansätze und Fragen

Besonders auffallend ist: Die Forschungen zum Ersten Weltkrieg waren häufig Vorreiter methodischer Modernisierung innerhalb der Geschichtswissenschaft, ja sie erwiesen sich als ein Laboratorium für neue historische Ansätze und Zugriffsweisen – das gilt für den internationalen, namentlich aber für den deutschen Kontext. Insofern waren Kontroversen über den Ersten Weltkrieg oft auch methodische Kontroversen. In den 1960er-Jahren kam es im Zuge der hoch bedeutsamen Fischer-Kontroverse über die Kriegsursachen von 1914 (siehe dazu unten) – es handelt sich hierbei um die Schlüsselkontroverse der bundesdeutschen Historiographie – zu einer politikgeschichtlichen Revision, die schließlich in eine umfassende Formverwandlung des historisch-politischen Denkens in der Bundesrepublik mündete und der kritischen Sozialgeschichte die Tür öffnete (354). In den 1970er-Jahren erfolgte auf vielen Untersuchungsfeldern eine Neubewertung des Krieges unter struktur- und sozialgeschichtlicher Perspektive. Auch der neueste Forschungsboom zum Ersten Weltkrieg seit den ausgehenden 1980er-Jahren ist wiederum mit einem Paradigmenwechsel verbunden – nun hin zu alltags- und mentalitätsgeschichtlichen Ansätzen, die erfahrungs- und kulturgeschichtliche Fragestellungen, wie sie zuerst in der westeuropäischen Forschung entwickelt worden waren, auf die deutsche

Weltkriegsforschung übertragen. Die einstmals dominierende Frage nach der Kriegsschuld und militärstrategische Probleme sind mittlerweile in großem Umfang von der Agenda der Historiker verschwunden, hingegen widmet man sich verstärkt dem Problem, wie der Krieg von den Zeitgenossen an der Front und in der Heimat erlebt, erfahren und verarbeitet wurde. Dies zumal es sich hier um den ersten Krieg handelt, der umfängliches Quellenmaterial für ein solches Erkenntnisinteresse hinterlassen hat.

Die Bedeutung der „Fischer-Kontroverse" soll an dieser Stelle nur skizziert, nicht aber ausführlich dargestellt werden, weil sie in der Reihe „Kontroversen um die Geschichte" im Band über das Deutsche Kaiserreich eine wichtige Rolle spielt und dort ausgiebig vorgestellt und diskutiert wird. Zwei Bücher des Hamburger Historikers Fritz Fischer wirkten wie Paukenschläge: 1961 erschien sein Werk „Griff nach der Weltmacht. Die Kriegszielpolitik des kaiserlichen Deutschland 1914/18" (316) und wenige Jahre später „Krieg der Illusionen. Die deutsche Politik von 1911 bis 1918" (317). Darin hatte Fischer die These aufgestellt, die deutsche Reichsregierung habe auf den Weltkrieg hingearbeitet, ja habe einen Angriffskrieg sogar von langer Hand geplant und trage deshalb die Hauptverantwortung für den Ausbruch des Ersten Weltkrieges. Dies erschien wie eine nachträgliche Bestätigung des Kriegsschuld-Artikels aus dem Versailler Vertrag von 1919. Die Empörung der älteren deutschen Historikerschaft, namentlich des Nestors der bundesdeutschen Geschichtsschreibung, Gerhard Ritter, war groß, und die sich entzündende Kontroverse ragte weit über die Fachwissenschaft hinaus bis in die öffentliche und politische Sphäre hinein. Denn bislang war man von einem deutschen Verteidigungskrieg ausgegangen, allenfalls davon, dass – wie der britische Staatsmann Lloyd George es in seinen „Kriegserinnerungen" von 1933 geschrieben hatte – alle Mächte aufgrund verhängnisvoller Verkettungen in den Krieg „hineingeschlittert" seien. Die amtliche deutsche Militärgeschichtsschreibung seit 1919 hatte über den Wechsel der politischen Systeme hinweg bis Mitte der 1950er-Jahre in geschichtspolitischer Manier das Bild eines Deutschland aufgezwungenen Krieges in der breiten Öffentlichkeit fest verankern können und damit zur Legendenbildung beigetragen (401).

Nach 1945 kam der deutschen Unschuld-These bzw. der „Schlitter-These" in Westdeutschland eine ganz besondere Bedeutung zu, denn sie war geeignet, den in der alliierten Öffentlichkeit weit verbreiteten Vorwurf zu entkräften, die preußisch-deutsche Geschichte habe sich von Beginn an durch einen extremen Nationalismus und Militarismus ausgezeichnet. Nur so konnte man eine Diskontinuität, einen tiefen Bruch vom Kaiserreich zum „Dritten Reich" postulieren. Das Bewusstsein von der relativen oder gar absoluten Unschuld Deutschlands am Ersten Weltkrieg spielte in der westdeutschen Historiographie und im Nationalbewusstsein eine zentrale Rolle, die dadurch noch verstärkt wurde, dass es an der Verantwortung für den Ausbruch des Zweiten Weltkrieges nichts zu deuten gab. Fritz Fischers These einer aktiven, von einer Interessenkontinuität konservativer Eliten getragenen Hegemonialpolitik vor und eben auch nach dem Ersten Weltkrieg brach in radikaler Weise mit dem bestehenden Geschichtskonsens, der den deutschen Selbstbehauptungscharakter der Politik 1914/18 betont hatte und damit einen dicken Trennungsstrich zwischen dem „guten" Kaiserreich

Bedeutung der „Fischer-Kontroverse"

und dem „schlechten" „Dritten Reich" ziehen konnte. So war plötzlich eine Kontinuitätslinie vom ersten Griff nach der Weltmacht 1914 zum zweiten Griff nach der Weltmacht 1939 gezogen worden.

Flucht in den Krieg?

Fischers Thesen lösten eine emotionale und intensive Debatte aus, die zwei Jahrzehnte andauerte und in die auf die eine oder andere Weise nahezu alle deutschen Historiker für Neueste Geschichte eingriffen bzw. sich positionierten (siehe dazu als Überblick: 344, S. 79 ff.). Jenseits der Emotionen hat die Debatte der Forschung viele Impulse vermittelt, auch methodischer Art. Sowohl die Unschuld-These wie auch die Angriffskrieg-These sind mittlerweile als der komplexen Wirklichkeit nicht angemessen zurückgewiesen worden, neue Deutungen entstanden. Sie differenzieren nach allgemeinen Entwicklungstrends – imperialistische Bestrebungen, Rüstungswettlauf, Versäulung der Bündnissysteme – und der besonderen deutschen Verantwortung. So wurde, was die Politik der Reichsleitung anbelangt, von einem „Sprung ins Dunkle" oder einem „kalkulierten Risiko" gesprochen, das sich jedoch am Ende als unkalkulierbar herausstellen sollte, oder von einem – mehr oder minder defensiv motivierten – Präventivkrieg, um die innen- wie außenpolitischen Probleme in einer scheinbar noch günstigen Stunde zu lösen. Am meisten Zuspruch finden Interpretationen wie sie z.B. Wolfgang J. Mommsen vertritt und welche eine Vielzahl an strukturellen Ursachen – etwa eine Kriegsmentalität, das Weltmachtstreben, vor allem aber auch die innere Verfasstheit des wilhelminischen Deutschland sowie das ungeklärte Kompetenzverhältnis zwischen der Politik und dem Militär – dafür verantwortlich machen, dass die deutschen Handlungsspielräume 1914, sei es subjektiv oder objektiv, eingeschränkt waren (389): „In gewissem Sinne suchten die Führungseliten im Juli 1914 ihre Zuflucht im Kriege, weil sich ansonsten die überfälligen politischen und gesellschaftlichen Reformen, die unter anderem in den Forderungen der Arbeiterbewegung, aber auch dem zunehmenden politischen Partizipationsverlangen der bürgerlichen Schichten zum Ausdruck kamen, nicht mehr hätten abwehren lassen." (388, S. 150 f.)

Neuerdings hat Immanuel Geiss versucht, den „langen Weg in die Katastrophe" zwischen 1815 und 1914 nachzuzeichnen (325), was in gewisser Hinsicht aufschlussreich ist, weil der Erste Weltkrieg aus einem Knäuel von Spannungen entstand, die bereits im frühen 19. Jahrhundert verortet werden können. Doch die unterstellte Zwangsläufigkeit der Entwicklung hin zum katastrophalen Ende – als wäre die Geschichte eine Einbahnstraße – verstellt den Blick auf die vorhandenen Alternativen und entlastet überdies die Verantwortlichen von 1914.

Allenthalben Kriegsbegeisterung?

In der älteren Forschung war häufig vom „Geist des 4. August 1914" zu lesen – einem legendären „Augusterlebnis" anlässlich des Kriegsausbruchs, das die Massen in Begeisterung und Hysterie versetzt habe. Fotos zeigen jubelnde Menschen, die Strohhüte schwenken und offenbar das Ende der Sinnleere ihres Lebens feiern. Überall schienen sich Kriegsfreiwillige zu melden, davon beseelt, in den lange ersehnten Krieg für Gott, Kaiser und Vaterland einzutreten und die „deutsche Kultur" gegen „französische Zivilisation", „britische Perfidie" oder „zaristische Autokratie" zu verteidigen. Mittlerweile ist anhand einer Vielzahl von Regionalstudien klar geworden, dass man die Legende bzw. den Wunsch der Reichsleitung mit der Wirklichkeit verwechselt hatte. Allenfalls Teile der großstädtischen Bevölkerung wurden von einer Euphorie erfasst; Korpsstudenten gerieten leicht in den Strudel patriotischer Begeisterung und glaubten, der Krieg bedeute eine Art Großmensur und erlaube es, die Männlichkeitsrituale auf dem Schlachtfeld fortzusetzen.

Doch weite Teile der Bevölkerung, besonders diejenigen außerhalb von Großstädten, hatten ganz andere „Augusterlebnisse", die wenig Kriegsbegeisterung, mehr hingegen Bedenken und tiefe Sorge, ja oftmals Bestürzung offenbaren. Und die Landbevölkerung fragte sich, wer denn, wenn die Söhne und Knechte „zu den Fahnen eilen" mussten, die gerade beginnende Ernst einbringen sollte. „Es gab", so fasste der Autor einer Regionalstudie zu Darmstadt seine Ergebnisse zusammen, „kein einheitliches 'Augusterlebnis', es gab stattdessen viele verschiedene Augusterlebnisse" (424, S. 9). Inwieweit der Versuch der Eliten gelang, mit dem „Geist von 1914" die deutsche Gesellschaft nach innen zu integrieren, darf mithin als umstritten gelten – und Interpretationen, die mit Blick auf die Situation von 1914 von der „Erfindung der Volksgemeinschaft" sprechen (435), sind mit großer Vorsicht zu genießen.

Andererseits fehlten zweifellos auch große Anti-Kriegsdemonstrationen oder gar Akte des Widerstands gegen den Krieg, und zwar nicht nur in Deutschland, sondern auch in den anderen beteiligten Ländern. So ist im deutsch-französischen Vergleich das „Wunder" der inneren Einheit herausgearbeitet worden (405); man kann diesseits und jenseits des Rheins von durchaus ähnlichen mentalen Strukturen sprechen. Diese Überschneidung dürfte nicht zuletzt mit den Sozialisationsinstanzen zu tun haben: Geschichts- und Feindbilder sowie Geschichtsbewusstein werden in erster Linie durch Unterrichtslehrwerke an den Schulen vermittelt. Die Analyse von deutschen und französischen Schulgeschichtsbüchern vor 1914 zeigt ähnliche Bedrohungsszenarien, Kriegserwartungen, nationale Selbst- und Feindbilder, die nun bei Kriegsausbruch abgerufen werden konnten (298).

Proteste gegen den Krieg und Burgfriedenpolitik

Immer wieder ist die Haltung der Sozialdemokraten und der Arbeiterbewegung zum Kriegsausbruch in den Mittelpunkt gerückt worden. Gab es Alternativen zum Burgfriedensschluss? Warum blieben Massenversammlungen gegen den Krieg aus? Wolfgang Kruse hat – indem er sich gleichsam gegen die gesamte neuere Forschung zum Thema stellte – nachzuweisen versucht, dass es in der letzten Juli-Woche des Jahres 1914 durchaus Möglichkeiten einer Antikriegspolitik gegeben habe, die aber von einer ängstlich agierenden Parteiführung vergeben worden sei (370). Sein Indikator dafür sind die Antikriegsversammlungen in diesem Zeitraum, an denen sich eine halbe Millionen Menschen beteiligte. Aber handelt es sich dabei wirklich um eine „hohe Protestbereitschaft" – oder zeigt gerade diese, das gesamte Deutsche Reich umfassende Zahl, in Wahrheit doch genau das Gegenteil, nämlich das Fehlen einer Massenbewegung? So wie im Übrigen in der Arbeiterbewegung aller vergleichbaren Staaten unmittelbar vor dem großen Krieg. Der Erste Weltkrieg bedeutete jedoch auch, je länger er dauerte, eine erhebliche Belastungsprobe für die Arbeiterbewegung, deren Einheit in der Mitte des Krieges, beschleunigt durch die Russische Revolution unwiederbringlich zerbrach (303).

„Kulturkrieg" und Kriegsziele

Es waren vor allem deutsche Intellektuelle, Wissenschaftler und Schriftsteller, die den beginnenden Weltkrieg zum notwendigen Kampf der Nation und zur Erhaltung ihres „geistigen Wesens", kurz: zum „Kulturkrieg" stilisierten. Dabei verbanden sich zivilisationskritische Tendenzen mit einem zunehmend extremer werdenden Nationalismus (299). Bereits 1969 konnte Klaus Schwabe überzeugend darstellen, wie der Krieg die deutsche Wissenschaft und deutsche Wissenschaftler beeinflusst und aggressive politische Ansichten hervorgetrieben hatte. Viele Hochschullehrer trugen nachhaltig zur geistigen Mobilisierung in Deutschland bei (420) und formulierten wie andere Pressure Groups innerhalb der Gesellschaft eine Flut an Denkschriften über die deutschen Kriegsziele. Besonders aggressiv gestaltete sich der Kriegszielkatalog des Alldeutschen Verbandes und auch der rheinisch-westfälischen Schwerindustrie, die fürchteten, Reichskanzler Bethmann Hollweg tendiere zu einem „schlappen Frieden". Mit dem Postulat eines „Verteidigungskrieges" hatte die Kriegszielpolitik, auch diejenige der Reichsleitung, nichts mehr gemein, statt eines Verhandlungsfriedens, wie er 1915 vielleicht noch möglich erschien, wurde der Weg in den Erschöpfungskrieg eingeschlagen (432). Freilich hat die Forschung heute von rein deutschlandzentrierten Sichtweisen Abschied genommen und die oftmals nicht minder weit ausholenden britischen, besonders jedoch französischen Kriegsziele thematisiert (421).

Scheitern des Schlieffenplans

Studien zu militärischen Angelegenheiten, zu einzelnen Operationen und Feldzügen – vor allem zu den Schlachten des Jahres 1914, im Osten bei Tannenberg, im Westen an der Marne, dann zum Kampf um Verdun 1916 und zum uneingeschränkten U-Boot-Krieg seit 1917 –, zu Militärplanungen und den neuen Anforderungen durch unvorstellbare Materialschlachten existieren in großer Zahl. Kontrovers diskutiert wurde dabei insbesondere das Scheitern des Schlieffenplans in der von Helmut Graf von Moltke modifizierten Form (331). Alfred Graf von Schlieffen (1833–1913), der Chef des Generalstabs der preußischen Armee, hatte 1905 einen strategisch-operativen Feldzugsplan ausgearbeitet, um einen Einfrontenkrieg gegen Frankreich bzw. einen Zweifrontenkrieg gegen Frankreich und Russland führen zu können. Die Entscheidung sollte zuerst im Westen gesucht werden. Das operationelle Ziel lautete, die französische Armee in wenigen Wochen zu schlagen, und dies bei fehlender eigener Überlegenheit. Dazu sollte das französische Heer durch Umfassung seines linken Flügels umgangen und gegen den Festungsgürtel im Südwesten gedrückt werden. Um dies zu erreichen, sah der Plan vor, die belgische, luxemburgische und niederländische Neutralität zu verletzen. Helmut Graf von Moltke, Schlieffens Nachfolger, modifizierte den Plan, ohne vom Grundgedanken abzurücken. Er verstärkte den linken Flügel des deutschen Heeres im Südwesten zum Schutz von Elsass-Lothringen gegen eine etwaige französische Offensive. Dadurch aber schwächte er entscheidend den Flügel im Norden, der die Invasion Belgiens – die Niederlande sollten verschont werden – auszuführen hatte. Moltkes Kritiker warfen ihm später vor, dem Schlieffen-Plan die ursprüngliche Brillanz und Durchschlagkraft geraubt zu haben.

Kriegseintritt der USA

Das Jahr 1914 endete für das Kaiserreich mit Schlieffens Alptraum, denn es stand nun, nachdem der Plan fehlgeschlagen war, genau vor jenem langen Zweifrontenkrieg, den die militärischen Führer hatten verhindern wollen. Es hatte sich ein strategisches Fiasko ereignet, der kurze Krieg erwies sich als Illusion (321), was folgte war ein langer Zermürbungskrieg, waren mörderische Materialschlachten, die ganze Generationen auslöschten.

Einig ist sich die Forschung, dass mit dem Kriegseintritt der USA 1917 der Krieg für die Mittelmächte nicht mehr zu gewinnen war. Die Gewichte der wirtschaftlichen Macht, der industriellen Produktivität und der effektiv mobilisierbaren Truppenstärken verlagerten sich, so Paul Kennedy, im totalen Krieg beträchtlich: „Sicherlich mussten Generäle immer noch ihre Feldzüge leiten (oder *fehl*leiten), Truppen mussten immer noch den individuellen Mut aufbringen, um eine feindliche Position anzugreifen, und Matrosen mussten immer noch die Härte des Seekrieges erdulden; aber die Quellen zeigen, dass es solche Qualitäten und Talente auf beiden Seiten gab und dass keine der Koalitionen ein entscheidend größeres Maß davon besaß. Aber was eine Seite, besonders nach 1917, in der Tat besaß, war eine markante Überlegenheit der produktiven Kräfte. Wie in früheren lang gezogenen Koalitionskriegen stellte sich dieser Faktor schließlich als entscheidend heraus." (211, S. 415)

Wichtige Dimensionen des totalen Krieges waren nicht allein die modernen Waffensysteme, die neuen Taktiken und Strategien und die ungeheuren Verluste auf beiden Seiten, sondern auch die ersten größeren Luftangriffe auf zivile Ziele in der Geschichte (425). Besondere Bedeutung kommt schließlich dem Jahr 1918 zu, als mit der großen Westoffensive vom März die deutsche militärische Führung alles noch einmal auf eine Karte setzte und verlor. Den Monaten vom März bis zum November 1918 hat sich die Forschung neuerdings intensiv gewidmet, weil hier extreme Spannungsschwankungen auftraten (313). Kollektive Erschöpfung, enttäuschte Erwartungen auf deutscher wie auf alliierter Seite schlugen sich auch politisch nieder, bis hin zum viel diskutierten „verdeckten Militärstreik" im kaiserlichen Heer (309).

In der heutigen Forschung nehmen Untersuchungen zu den sozial- und wirtschaftsgeschichtlichen Aspekten des Ersten Weltkrieges einen wichtigen Platz ein, denn auch hieran – am Aufbau eines militärisch-industriellen Komplexes –, nicht allein an den Materialschlachten, lässt sich ablesen, wie weit eine Totalisierung des Krieges vorangetrieben wurde. Es kam zu einer Mobilisierung und dann zu einer weit reichenden Unterordnung aller wirtschaftlichen, bürokratischen, finanziellen und entwicklungstechnischen Prozesse unter das Ziel einer effizienten Kriegführung. Die produktiven Kräfte der Gesellschaft mussten sich den massiven Anforderungen des industriellen Krieges anpassen; zentrale Lenkungsinstanzen wurden erforderlich. Welche Folgen dies im Einzelnen hatte, ist etwa am Beispiel des Großherzogtums Baden untersucht worden (412). Wenig strittig ist, dass das Jahr 1916 den Wendepunkt hin zu einem totalen Krieg brachte: Die Feldzüge waren brutaler als jemals zuvor, in Deutschland kamen militärische Befehlshaber an die politische Macht, die Wirtschaft wurde rigoros reorganisiert, die Ernährungslage in der Heimat spitzte sich zu und mit Blick auf die Psychologie und die Moral der Menschen an der „Heimat-

Sozial- und wirtschaftsgeschichtliche Aspekte

front" wurde eine Repressionspolitik gegenüber „Abweichlern" eingeschlagen.

Mit seiner Studie „Klassengesellschaft im Krieg" hat Jürgen Kocka 1973 der sozialgeschichtlichen Forschung zum Ersten Weltkrieg entscheidende Impulse verliehen (360). Sozioökonomische Wandlungsprozesse und Verteilungskonflikte, aber auch die prekären Verhältnisse zwischen Stadt und Land/Zentrum und Peripherie führten, wie nachfolgend eine große Zahl von regionalen Untersuchungen verdeutlichte, zu erhöhten inneren Spannungen in Deutschland. Dabei ist in den letzten Jahren insbesondere diskutiert worden, inwiefern der Weltkrieg als Epocheneinschnitt mit Blick auf die Arbeitsgesellschaft und den sozialen Wandel gelten kann. In das Zentrum einer Nationen vergleichenden Forschung sind Familien und Haushalte als Orte des zivilen Überlebens unter Kriegsbedingungen und Frauen als Zielgruppe spezieller kriegspolitischer Maßnahmen an der Heimatfront gerückt (438). Wo war der Platz der Arbeiterfrauen in der Kriegsgesellschaft? Veränderten sich die traditionellen Geschlechterrollen? Gab es eine mit Emanzipation verbundene „Stunde der Frauen"? Am deutschen Beispiel untersuchte Ute Daniel systematisch den brisanten Zusammenhang von Haus- und Erwerbsarbeit – ein Problem für alle Krieg führenden Nationen. Entgegen allen frühren Erwartungen und Annahmen führte der Weltkrieg nicht zu einem massenhaften Zustrom bislang nicht erwerbstätiger Frauen auf den Arbeitsmarkt. Es fand lediglich eine Umschichtung statt: Frauen wechselten während des Krieges aus den „Frauenbranchen" in „Männerbranchen". Dies war eine temporäre Erscheinung. Nach dem Krieg sollten die Familien restabilisiert werden. Die Arbeit von Frauen wurde von einer öffentlichen wieder zu einer privaten Angelegenheit (307).

Kriegsalltag, Kriegserlebnis, Feldpostbriefe

Wie sonst kaum ein weiterer Bereich sind seit den 1990-Jahren Fragen nach dem Kriegsalltag und subjektivem Kriegserlebnis, nach Wahrnehmungen und Erfahrungen von Soldaten und Zivilisten zu einem vorrangigen Thema geworden. Gefragt wird nach den individuellen Erfahrungen der Beteiligten, nach Bewusstseinslagen und nach politischen Mentalitäten, die noch Auswirkungen auf künftige Generationen hatten (348). Dabei stehen die Millionen von erhalten gebliebenen Feldpostbriefen als wieder entdeckte historische Quellen im Mittelpunkt der Debatte. Gestritten wird jedoch über deren Quellen*wert*: Sind sie ein Beleg für das Leiden und Sterben des Individuums? Können sie eine Sicht des Krieges „von unten" vermitteln? Vermögen sie gar durch ihren Massencharakter umfassend die Kultur der Unterschichten freizulegen? Bernd Ulrich lotete die Möglichkeiten und Grenzen dieser alltagsgeschichtlichen Quellengattung aus (433). Die methodischen Probleme einer Untersuchung von Feldpostbriefen liegen auf der Hand. Nicht nur die äußere Zensur durch die Militärbehörden muss beachtet werden, sondern auch die „innere" Zensur, die Schere im Kopf der Schreibenden, die immer damit rechnen mussten, dass ihr Brief von den Überwachungsorganisationen geöffnet würde. Außerdem: Pfarrer und Geistliche riefen dazu auf, keine „Jammerbriefe" in die Heimat zu schreiben; und Rücksichten auf die Empfängerinnen und Empfänger der Briefe bestimmen den Duktus der Briefe zusätzlich.

Die Fronterfahrung übertraf in ihrer Schrecklichkeit jede Vorstellung und hatte mit den herkömmlichen Vorstellungen des Soldatendaseins nichts mehr zu tun. Tapferkeit und individuelle „Heldentaten" waren unter den Bedingungen des Stellungskrieges kaum mehr gefragt, hingegen die Leidensfähigkeit und das Durchhaltevermögen unter widrigsten Bedingungen. Aber ebenso wie es 1914 kein einheitliches „Augusterlebnis" gegeben hatte, so gab es auch kein einheitliches Kriegserlebnis; jeder besaß sein individuelles. Nur in wenigen Fällen konnte das Grauen sprachlich ausgedrückt werden. Für Wolfgang J. Mommsen bedeuten die Feldpostbriefe deshalb insgesamt eine Enttäuschung: „Die jüngst wieder vielfach genährte Hoffnung, man könne durch eine sorgfältig und umfassende Auswertung der Massenquelle der Feldpostbriefe zu zuverlässigen Aussagen über das Kriegserlebnis der Soldaten an der Front gelangen, erweist sich als trügerisch. Die Soldatenbriefe halten nicht, was man sich von ihnen versprochen hat." (390, S. 133) Diese Ablehnung geht mit Sicherheit zu weit. Denn Untersuchungen, die die Quellenkritik ernst nehmen, haben in den Feldpostbriefen ein spezifisches Gesprächsmedium gesehen, das durchaus wichtige Aufschlüsse über zeitgenössische Wahrnehmungs- und Deutungskontexte im Massenkrieg zu Tage fördert (410).

Der Trend zu einer „Kulturgeschichte" des Ersten Weltkrieges mündet schließlich in Forschungen, die nach der Entstehung bzw. absichtsvollen Schaffung von Mythen fragen – etwa Hindenburg als „Sieger der Schlacht von Tannenberg", der „Mythos von Langemarck" oder die „Dolchstoßlegende" – und so das Augenmerk über die unmittelbaren Kriegsereignisse richten. „Die Psychose des in den Köpfen nicht bewältigten Krieges" stellt für Gerd Krumeich das wichtigste neue Forschungsparadigma dar (367, S. 164). Schon lange wird darüber kontrovers debattiert, ob und wie die Republikaner von Weimar die alten Eliten hätten entmachten oder zähmen können. „Man wird zu den bisher vorwiegenden Erklärungsansätzen in Zukunft stärker auf die Dimension der nicht bewältigten Niederlage – zum Weiterwirken des Krieges in den Köpfen – zurückkehren müssen, denn diese Polemik machte es möglich, dass die neue Republik sich an die Ideenpotenziale der abgewirtschafteten alten Eliten als Funktionseliten klammerte und diesen somit einen allzu großen Spielraum gab." (367, S. 164) Es geht also um den Zusammenhang von Sozialkultur und Erinnerungskultur: Erforscht werden soll das soziale Bewusstsein, wie es sich durch totalen Weltkrieg und einem fast nicht minder totalen Friedensschluss ausprägte (siehe dazu Kap. III., 7. d).

Der Krieg geht in den Köpfen weiter

c) Zweiter Weltkrieg: Rassischer Vernichtungskrieg

Der folgende Abschnitt kann eine eingehende Beschäftigung mit dem Zweiten Weltkrieg, besonders mit dem nationalsozialistischen Krieg, nicht ersetzen. Die Ausführungen können nicht mehr als eine Art Wegweiser sein, um sich in einigen der zentralen Kontroversen zurechtzufinden, um eigenständig tiefer in die Thematik einzudringen. Dafür sei auf den in Vorbereitungen befindlichen Kontroversen-Band „Der Zweite Weltkrieg" verwiesen.

Bis in die 1980er-Jahre hinein gehörte der nationalsozialistische Krieg nicht zu denjenigen Themengebieten, in denen die großen Kontroversen um das „Dritte Reich" ausgetragen wurden. Einige (Militär-)Historiker, so etwa Bernd Wegner, monierten dies zu Recht (439). Inzwischen steht der Krieg mitten im Zentrum des Interesses der NS-Forschung. Es existiert eine ganze Reihe guter Gesamtdarstellungen (323; 329; 332; 441). Das neu erwachte Interesse ist auch auf die massenmediale Präsenz von Kriegsthemen zurückzuführen, die anlässlich verschiedener 50-jähriger „Jubiläen" – Kriegsentfesselung 1939, Überfall auf die Sowjetunion 1941, Stalingrad 1942/43, Kriegsende 1945 – nicht mehr zu übersehen war.

Forschungen zum Kriegsbeginn und zur NS-Außenpolitik

Studien zum Kriegsbeginn 1939 und zur nationalsozialistischen Außenpolitik lagen bereits früh vor. Eine Kriegsschulddebatte wie nach dem Ersten Weltkrieg gab es nach 1945 nicht, zu eindeutig war Hitlers Kriegswille zu sehen gewesen, weshalb schon in den 1960er-Jahren nicht von „Kriegsausbruch", sondern von „Kriegsentfesselung" gesprochen wurde (350), was sich in der Kriegsursachenforschung eingebürgert hat (398; 409). Hinsichtlich Hitlers absolutem Kriegswillen besteht keinerlei Dissens in der seriösen internationalen Forschung. „Allerdings", so gab Klaus-Jürgen Müller zu bedenken, „ein Mann allein konnte nicht die ganze Welt in Brand setzen, da musste schon weiteres Brandmaterial vorhanden sein." (391, S. 253) Von daher sind Einwände gegen die verkürzende These von „Hitlers Krieg" formuliert worden: Sie erschöpfe sich in einer politisch-moralischen Individualerklärung und vernachlässige vorhandene Strukturen und Handlungsspielräume. Die Suche nach einem umfassenderen Erklärungsrahmen hatte bereits mit Ludwig Dehios großem Werk „Gleichgewicht oder Hegemonie" (81) aus dem Jahr 1948 begonnen, in dem er den Zweiten Weltkrieg in die Geschichte des europäischen Staatensystems einzuordnen versuchte und als letzten der europäischen Hegemonialkriege seit dem 16. Jahrhundert deutete. Probleme dieses Ansatzes sind unter anderem, dass Dehio den neuen Typus des rassischen Vernichtungskrieges nicht genügend berücksichtigte, dass er außerdem zu sehr auf Europa zentriert blieb und die globale Dimension des Geschehens nicht hinreichend in den Blick nahm.

Globalität des Zweiten Weltkrieges

So stellten ab den 1960er-Jahren jüngerer Historiker neue Thesen auf, die konsequent die Globalität des Zweiten Weltkrieges betonten. Danach handelte es sich beim Zweiten Weltkrieg um die Auseinandersetzung zwischen regionalen Hegemonialkonzepten und universalen Ordnungskonzeptionen: Japan strebte ab 1931 mit der Besetzung der reichen chinesischen Provinz Mandschurei die Errichtung einer großasiatischen Einflusssphäre an; Italien zielte seit dem Krieg gegen Äthiopien 1935 darauf, ein mittelmeerisch-afrikanisches „Imperio Romano" aufzubauen, und das „Dritte Reich" legte zwischen 1933 und 1939 die Grundlagen dafür, durch Eroberungen ein kontinentales „Großdeutsches Reich" in Mittel- und Osteuropa zu errichten. Diesen Konzeptionen standen seit 1917 jedoch die beiden damals neu in die Weltpolitik eingetretenen und miteinander rivalisierenden Weltkonzeptionen der liberalen Demokratie, verkörpert durch die USA, und des Kommunismus, verkörpert durch die Sowjetunion, gegenüber. Die regionalen Hegemonialbestrebungen der drei Mächte

Japan, Italien, Deutschland, so die These, riefen die Gegenwehr der Mächte mit universellen Konzeptionen hervor und flossen seit 1941 zu einem Weltkonflikt zusammen (391, S. 255).

Auch gegen diese und ähnlich argumentierende Interpretationen wurden Einwände erhoben. Vor allem hat der internationale Blickwinkel seinerseits eine Gegenbewegung hervorgebracht, die, oft sehr einseitig, innenpolitische und ökonomische Faktoren – besonders des „Dritten Reiches" – als kriegsauslösend herausstellte: Die forcierte Aufrüstungs- und Wirtschaftspolitik Hitlers habe das Reich bis 1939 in eine ökonomisch ausweglose Situation gebracht, in deren Folge dem Reich ein Legitimationsverlust drohte, weshalb das Regime die Flucht nach vorn in Richtung Raub- und Eroberungskrieg vollzogen habe (so sehr früh bereits: 381).

Seit mehr als einem Jahrzehnt hat sich die Forschung in vielfältige Bereiche differenziert, wie insbesondere ein Sammelband von 1989 eindrücklich dokumentiert (346). Ein ganzes Ursachenbündel wird nun zusammen als bedeutsam angesehen: Einerseits fällt der Blick auf die innenpolitischen Strukturbedingungen der NS-Diktatur – Wirtschaft, Gesellschaft, Eliten, Mentalitäten, nicht zuletzt auf einen virulenten Revisionismus und auf eine Militarisierung der Gesellschaft, die eine bellizistisch-aggressive Grundstimmung erzeugte (383). Andererseits findet die Strukturkrise, ja „Anarchie" des internationalen Systems Beachtung, die erst die oben genannten Krisen in Asien, Afrika und Europa voll zu erklären vermag (346). Schließlich werden konkrete historische Entscheidungssituationen eben so wenig außer Acht gelassen wie das Gewicht bereits weiter zurückliegender Entwicklungen in den genannten Regionen.

Differenzierung der neueren Forschung

Über die Ausformung einer krisenhaften Weltordnung zu Beginn der 1930er-Jahre, über politische Maßnahmen und militärische Operationen auf allen Kriegsschauplätzen der Welt informieren zuverlässig das schmale Bändchen von Gerhard Schreiber (417) sowie besonders die umfangreiche, konsequent unter globaler Perspektive stehende Studie des amerikanischen Historikers Gerhard L. Weinberg „Eine Welt in Waffen" (440). Während die Vereinigten Staaten im Krieg zur Zentralmacht des Westens aufstiegen, wurde das sozioökonomische System der Briten ebenso ruiniert wie ihr Empire und ihre Großmachtstellung. Großbritannien überlebte die Anfangsphase des globalen Krieges vor allem wegen seiner vorteilhaften geostrategischen Lage. Die „Luftschlacht über England" ging für die Deutschen verloren (397). Großbritannien vermochte die Langzeitstrategie des totalen Krieges auch deshalb durchzuhalten, weil ihm die Hilfe der USA, dem „Arsenal der Demokratie", sicher war.

Sowohl zeitgenössisch als auch in der Forschung, stand immer wieder die Appeasement-Politik der Westmächte während der 1930er-Jahre im Kreuzfeuer der Kritik. Hat sie Hitlers Griff nach der Weltherrschaft erst ermöglicht? Waren die „Appeaser" Feiglinge oder politische Dummköpfe? Oder sahen sie sich Problemen gegenüber, in denen sie, den Zeitumständen entsprechend, vernünftig handelten? Die Appeasement-Politik, so Klaus-Jürgen Müller, „als schwächliche Anpassungs- und komplizenhafte Beschwichtigungspolitik aufzufassen, greift mit Sicherheit zu kurz" (391, S. 268). Vielmehr kann sie, wie der britische Historiker Richard A. C. Parker

Appeasement-Politik

herausgearbeitet hat, als eine britische Antwort auf eine ganze Reihe von Dilemmata angesehen werden (400): Das Münchner Abkommen von 1938 bedeutete für die Westmächte vor allem einen Zeitgewinn für ihre Vorbereitungen auf einen eventuellen Krieg. Doch die Folgen der Konferenz waren verheerend, weil ein souveränes Mitglied des Völkerbundes, die Tschechoslowakei, territorial und politisch verstümmelt worden war. Die beiden Hauptbeteiligten folgten in dieser Zeit höchst unterschiedlichen Rationalitäten: Chamberlain meinte, Hitler werde nicht so töricht sein, einen Krieg vom Zaun zu brechen; für den britischen Premier war eine Problemlösung ohne Krieg immer das Vernünftige. Hitler indessen hielt die Westmächte für verweichlicht; aufgrund seiner darwinistischen Weltsicht und seines rassistischen Menschenbildes bedeutete für ihn der Krieg etwas Erstrebenswertes.

Hitlers Ziele

Die Frage, welches die letzten Ziele Hitlers gewesen seien, ist in der historischen Forschung unterschiedlich beantwortet worden. Die so genannten Kontinentalisten stehen hier den so genannten Globalisten gegenüber. Die entscheidende Frage lautet: Zielte Hitler „nur" auf die „Lebensraum"-Eroberung im Osten oder gab es weiter gehende, über die kontinentaleuropäischen Grenzen hinausgreifenden Ziele? Andreas Hillgruber, einer der besten Kenner der Materie, vertrat die heute weithin vorherrschende These eines „Stufenprogramms": „Dieses endete nicht (…) bei der projektierten Eroberung neuen 'Lebensraumes' im Osten, sondern war (…) weltweit angelegt." (347, S. 34) An dieser Stelle tritt indessen eine weitere Kontroverse hinzu, die auf den Begriff gebracht werden kann: „Programmator" oder Polykratie in der NS-Außenpolitik. Existierte eine Art Omnipotenz Hitlers auch im außenpolitischen Bereich, bestimmte er alles und war die Außenpolitik nurmehr der Vollzug eines lange angelegten, von Hitler entworfenen Programmes, oder muss man vielmehr auch auf diesem Feld von polykratischen Machtstrukturen des Nationalsozialismus sprechen? Während Wolfgang Schieder dafür plädiert, die Hitler-Zentristik zu überwinden (414), betont Klaus Hildebrand die relativ hohe Eigenständigkeit des Hitler'schen Programms, welcher in der Außenpolitik gleichsam ein „persönliches Regiment" geführt habe (345, S. 197 f.).

Rassendogma und Vernichtungskrieg

Dass das Rassendogma die Kriegführung bestimmte, ist unumstritten. Die Bejahung des Krieges und der Wille zum Krieg waren immanente Bestandteile der nationalsozialistischen „Weltanschauung". So bezog der Nationalsozialismus den Krieg nicht allein in das Kalkül seiner Politik ein – wie das Deutsche Kaiserreich vor 1914 –, sondern der Krieg war als fester Bestandteil der NS-Politik eingeplant, und Judentum und Bolschewismus wurden zum nahezu identischen Gegner erklärt. Die Führung der Wehrmacht folgte den Vorgaben bereitwillig und nur gelegentlich zweifelnd. Der Leitende Historiker des vom bundesdeutschen Verteidigungsministerium unterhaltenen Militärgeschichtlichen Forschungsamtes, Manfred Messerschmidt, fasste in den 1980er-Jahren die Erkenntnisse folgendermaßen zusammen: „So muss der Krieg gegen die Sowjetunion, ein Angriffskrieg, wie alle anderen deutschen kriegerischen Unternehmungen seit 1939, über den allgemeinen Unrechtsgehalt hinaus als ein von der Wehrmacht-, Heeres-, Luftwaffen- und Marineführung mitgeplantes Ereig-

nis gewertet werden, das den absoluten Tiefpunkt der deutschen Militärgeschichte darstellt." (383, S. 234) Und Klaus Hildebrand fügte hinzu: „(…) in
ihrer Radikalität und Ungeheuerlichkeit übertraf Hitlers *Rassenpolitik* noch
bei weitem seine auf Errichtung einer Weltmachtstellung bzw. Weltvorherr-
schaft zielenden *strategischen Planungen und Vorhaben*. Im Verlauf des
Krieges wurde in der mit der Machtpolitik des Dritten Reiches untrennbar
verwobenen, sie mehr und mehr behindernden und endlich die Überhand
gewinnenden Rassen- und Besatzungspolitik die eigentliche Triebkraft des
nationalsozialistischen Regimes sichtbar. Mit universellem Anspruch strebte sie nach rassischer Herrschaft und betrieb damit im Grunde die Zerstörung des Dritten Reiches." (345, S. 69)

Der Massenmord, der in den Genozid überging, und die Kriegsverbrechen, denen sich die Forschung in den letzten Jahren intensiv zugewandt
hat, bedeuten einen nie da gewesenen Zivilisationsbruch. Der Krieg wurde
in rassistischen Kategorien und in maximalistischen Sieg-oder-Untergangs-
Vorstellungen geplant. Dadurch gewann die Vorstellung immer mehr
Raum, dass gerecht sei, was dem eigenen Sieg nütze. Um bestehende völkerrechtliche Regeln scherte man sich im Verlauf des Krieges wenig. Die
Leidtragenden waren jene Teile der Bevölkerung der Krieg führenden Länder, die das Völkerrecht eigentlich hatte schützen wollen: die Zivilbevölkerung, Kriegsgefangene und Zwangsarbeiter.

Lange Zeit ist die Forschung davon ausgegangen, dass es signifikante
Unterschiede in der deutschen Kriegführung und Besatzungspolitik zwischen West- und Osteuropa gegeben habe. Ein neuer, von Wolfram Wette
und Gerd R. Ueberschär herausgegebener Sammelband über Kriegsverbrechen im 20. Jahrhundert, der nicht allein deutsche Verbrechen, sondern
auch japanische und alliierte untersucht, kommt allerdings zu einem anderen Ergebnis. Es werde deutlich, so schreiben die beiden Herausgeber,
„dass die Vorstellung von einer verbrecherischen Kriegführung im Osten
und einem mehr oder weniger völkerrechtskonformen Kampf im Westen
und Norden kaum haltbar ist" (443, S. 14). Der kriminelle Charakter der
NS-Kriegsführung begründete sich in Kriegsverbrechen, und im Ganzen
betrachtet bestand dabei zwar ein quantitatives, aber kein qualitatives Ost-
West-Gefälle, wie etwa die Ermordung von über 7000 gefangen genom-
menen bzw. sich ergebenden italienischen Soldaten nach 1943 oder die
Deportationen von Männern und Frauen aus Westeuropa zur Zwangsarbeit
deutlich macht.

Kriegführung und Besatzungsherrschaft folgten von Beginn an den Gesetzen der nationalsozialistischen Ideologie, nicht des Völkerrechts. Vor
allem jedoch im Osten, wo gegen den ideologischen und „rassischen"
Hauptfeind gekämpft wurde, befanden sich die deutschen Soldaten in
einem Weltanschauungs-, Vernichtungs- und Beutekrieg, dessen Formen
von der Wehrmacht weitgehend akzeptiert wurde. Ein umfänglicher Forschungsbericht von Rolf-Dieter Müller und Gerd R. Ueberschär führt alle
wesentlichen Veröffentlichungen zum Thema auf und unterzieht sie einer
kritischen Analyse (392). Mit dem Beginn des Russlandfeldzuges war eine
beispiellose Vernichtungsmaschinerie in Gang gesetzt worden. Der völker-
rechtswidrige „Kommissarbefehl", den die deutschen Oberbefehlshaber

*Weltanschauungs-
und Vernichtungs-
krieg im Osten*

schriftlich erhielten, um ihn dann mündlich weiterzugeben, sah vor, zivile Kommissare jeder Art, also kommunistische Funktionäre, nicht gefangen zu nehmen, sondern gleich zu töten (353). Dieser Befehl setzte sich über jedes gültige Kriegsrecht und über jegliche überlieferte Moral hinweg. Rassisch „unerwünschte" Teile der Bevölkerung sollten „verschrottet" werden, wie es in der menschenverachtenden NS-Sprache hieß. Seit dem Sommer des Jahres 1941 agierten vier „Einsatzgruppen" mit einer Gesamtstärke von 3000 Mann als Mordkommandos, die unter der Zivilbevölkerung im Baltikum, in Weißrussland, in der Ukraine und auf der Krim Massaker unvorstellbaren Ausmaßes verübten. Innerhalb nicht einmal eines Jahres, zwischen Juni 1941 und April 1942, wurden über eine halbe Million Menschen ermordet. Die Verbrechen hatten viele Dimensionen. Zu ihnen zählt das Massensterben der sowjetischen Kriegsgefangenen – etwa 3,3 Millionen starben in deutschem Gewahrsam –, Deportationen, Zwangsarbeit und der Ernährungskrieg gegen die Zivilbevölkerung – weil sowjetische Regionen radikal ausgeplündert wurden, verhungerten Millionen von Menschen, was beabsichtigt war –, Repressalien und Geiselerschießungen sowie vor allem der Völkermord an den Juden.

Der deutsche Ostkrieg blieb vor Moskau stecken. Aber während „das Dritte Reich in der zweiten Hälfte des Weltkrieges vor der Übermacht der gegnerischen Koalition beständig an allen Fronten wich, wurde die sog. 'Endlösung' der 'Judenfrage' weiter vorangetrieben. Zuweilen gewinnt man tatsächlich den Eindruck, als korrespondierten den militärischen Niederlagen der Wehrmacht die rassischen 'Siege' Hitlers. Bis zum Oktober 1944 waren der 'Führer' und die SS in ständiger Steigerung ihrer Anstrengungen darum bemüht, dem rassischen Dogma über politische und militärische Zweckmäßigkeitserwägungen zum Durchbruch zu verhelfen." (345, S. 83)

| Holocaust-forschung | Die Forschung diskutiert die Judenvernichtung und die Rassenpolitik im Spannungsverhältnis zwischen Führerbefehl, NS-Herrschaftschaos und Tätermentalität. Nach den grundlegenden, aus dem Amerikanischen übersetzten Arbeiten besonders von Raul Hilberg (343) liegt mittlerweile eine neue deutsche Gesamtdarstellung der nationalsozialistischen Judenverfolgung aus der Feder von Peter Longerich vor (377). Seit den 1990er-Jahren werden die Debatten der Holocaust-Forschung zusehends nicht mehr von einem tatsächlichen oder vermeintlichen Befehl Hitlers bestimmt. Vielmehr sind Bemühungen ins Zentrum gerückt, die Komplexität der gesellschaftlichen, politischen, ökonomischen, kulturellen und psychologischen Bedingungen von Ursprung, Entwicklung und Durchführung der „Endlösung" zu entwirren (371). Ulrich Herberts bahnbrechende Studie über Werner Best (337), als Vertreter einer auf rund 300 Personen veranschlagten, generationell, ideologisch und sozial kohärenten Führungselite im Reichssicherheitshauptamt, den eigentlichen Organisatoren der Judenvernichtung, hat eine Fortsetzung in der Kollektivbiografie von Michael Wildt gefunden (444). Diese „Generation des Unbedingten" löste die von Hitler geforderte „unerhörte Härte" ein, überwand zivilisatorische Hemmschwellen und konzipierte den Genozid als eine Art „Problemlösung". |

Nicht erst im Zuge der „Goldhagen-Debatte" von 1996 sind methodische und konzeptionelle Kontroversen innerhalb der Holocaust-Forschung offenbar geworden, aber sie kulminierten anlässlich des Buches „Hitlers willige Vollstrecker" von Daniel Jonah Goldhagen (328), das den Anteil von „ganz gewöhnlichen Deutschen" am Holocaust aufzeigen wollte und viel Furore machte. Seine Kernthese lautet: Nirgendwo, außer in Deutschland, habe sich seit dem Ende des 19. Jahrhunderts der rassisch motivierte Antisemitismus so tief in alle Poren der Gesellschaft eingefressen; nirgendwo, außer in Deutschland, habe er sich in der Folge zu einer Ausgrenzungs- und Ausmerzungsmentalität verfestigt. Der Boden für das Vernichtungsprogramm sei längst bereitet gewesen, als Hitler an die Macht kam – ja zwischen der Nazi-Führung und einer großen Mehrheit des deutschen Volkes habe ein stillschweigendes Einverständnis darüber geherrscht, dass Deutschland und Europa „judenrein" gemacht werden müssten. Etablierte NS-Forscher waren entsetzt über diese simplifizierende Neuauflage der Kollektivschuldthese; Goldhagen, so wurde bestenfalls gesagt, stelle die richtigen Fragen, gebe aber falsche Antworten (gute Überblicke über die Debatte: 338; 402; 416).

Obwohl sich das Tempo der internationalen Holocaust-Forschung in den letzten Jahren stark beschleunigt hat, werden immer noch drei zentrale Komplexe in der Forschung kontrovers diskutiert. Erstens: Wie entwickelte sich die nationalsozialistische „Judenpolitik"? Welche politischen Weichenstellungen wurden im Nervenzentrum des NS-Regimes getroffen, und zu welchem Zeitpunkt entstand das Programm einer systematischen totalen Vernichtung, also die „Endlösung"? Zweitens: Auf welche Weise kollidierten damit pragmatische, kriegsbedingte Überlegungen, die jüdische Arbeitskraft durch Zwangsarbeit auszubeuten? Wie versuchten NS-Behörden, die Ausrottungspolitik mit den ökonomischen Notwendigkeiten des Krieges zu vereinbaren? Drittens: Welche Erkenntnisse lassen sich über das Verhalten der Täter gewinnen? Welches waren die Einstellungen und Motivationen „gewöhnlicher" Deutscher, die die Vernichtungspolitik an Ort und Stelle vollstreckten, und unterlagen diese irgendwelchen Wandlungen?

Das Verhalten der Täter

In jüngeren Studien hat einer der angesehensten Holocaust-Forscher, Christopher R. Browning, herausgestellt, dass Hitler zwar als zentrale ideologische Legitimationsinstanz und oberster Entscheidungsträger fungierte, dass der Prozess als solcher aber entscheidend durch Initiativen und Reaktionen „von unten" vorangetrieben wurde. Browning vertritt somit eine Art von „Rückkoppelungs-Modell": An der Spitze wurden Befehle und Parolen ausgegeben; dort, wo sie ankamen, auf der lokalen Ebene, stießen sie auf Ermessens- und Handlungsspielräume, die wiederum den höheren Instanzen als Vorlage für die Formulierung politischer Direktiven dienen konnten (303). So kam es zu dem, was Hans Mommsen, eine „fortschreitende kumulative Radikalisierung" nennt (386, S. 66). Neuere regionalhistorische Nahperspektiven auf die nationalsozialistische Besatzungs- und Vernichtungspolitik geben tiefe Einblicke in die Praxis der Vernichtung, an denen es der Forschung bisher gemangelt hat. So hat Christian Gerlach in einer monumentalen Studie mit dem Titel „Kalkulierte Morde" (326) die drei Jahre deutscher Besatzung Weißrusslands untersucht, nach denen fast 1,7 von zehn Millionen Einwohnern ermordet und fast 400 000 Zwangsarbeiter verschleppt worden waren.

An die Stelle des früher angenommenen „Befehlsnotstands" oder des subjektiv empfundenen, daher: putativen Befehlsnotstands der Täter, tritt in der Forschung mehr und mehr der Verweis auf den rassenideologischen Fanatismus, auf Rachegelüste, auf den Drang zur persönlichen Bereicherung und eines aus Omnipotenzphantasien gespeisten Blutrausches sowie einer mental und habituell verfestigten Gehorsamsbereitschaft, die durch Anpassungsdruck und Gruppenkonformität noch gesteigert wurde. Nicht allein die Mordbereitschaft der Täter des Holocaust, sondern auch die „gewöhnliche" Gewaltbereitschaft der „einfachen" Soldaten lassen sich ohne die Berücksichtigung längerfristiger Prägungen wohl nicht vollends begreifen. Der alte Kameradschaftsmythos, so Thomas Kühne in seiner erfahrungs- und geschlechtergeschichtlichen Studie, wurde auf die „Herrenrasse" neu zugeschnitten und wirkte als Motor der Barbarisierung des Krieges (372). Gestützt wird diese These auch von Klaus Latzel, der Feldpostbriefe des Zweiten Weltkrieges mit denen aus dem Ersten Weltkrieg verglich, daraus Merkmale für Kriegserlebnis und Kriegserfahrung ableitete und einen viel hemmungsloseren Gebrauch von diskriminierenden, auf Menschen gemünzten Wörtern feststellte – Ausdruck einer entgrenzten Gewaltbereitschaft (376).

Die Wehrmacht im Rassen- und Vernichtungskrieg

Die kritische Wehrmachtsforschung hat die ideologische und institutionelle Teilhabe der Wehrmacht am NS-Rassen- und Vernichtungskrieg und an der Judenvernichtung nachgewiesen (384). Die Wehrmacht wirkte seit Kriegsbeginn im Osten an den Massakern mit, die Einsatzgruppen der Sicherheitspolizei an Juden verübten; auf dem Balkan nahm das Heer der SS sogar teilweise die Arbeit ab (380). „Und die Vernichtungslager, das lässt sich schwerlich ignorieren, arbeiteten hinter dem Schutzschild des Ostheeres. Das Fazit – ohne Duldung, auch Gutheißen des Genozids durch die, im weiteren Sinn des Wortes verstanden, Wehrmachtsführung, wäre der Völkermord nicht möglich gewesen", so Gerhard Schreiber (417, S. 69). Aufgrund von lange zuvor erworbenen antirussischen und antisemitischen Feindbildern folgten die Generale Hitler in einen völkerrechtswidrigen Krieg, wie jüngst Wolfram Wette in einer Gesamtdarstellung zur Wehrmacht eindrücklich dargestellt hat (442).

Wie war es um den „kleinen Mann" in Uniform bestellt? Sicherlich muss man sich vor Pauschalurteilen gegenüber den deutschen Soldaten hüten, es gab eine breite Palette abgestufter Verhaltensweisen bis hin zu Verweigerungen gegenüber verbrecherischen Befehlen. Aber diese blieben die Ausnahme. Ebenso undifferenziert sind jedoch auch Urteile, wonach die deutschen Soldaten „nichts gewusst" hätten. Es gibt berechtigte Zweifel daran, „dass ein im Osten eingesetzter Wehrmachtssoldat überhaupt in Unkenntnis der rassistisch motivierten Mordtaten bleiben konnte" (442, S. 199). Woraus erwuchs die Kampfmotivation der deutschen Soldaten? Der israelisch-amerikanische Historiker Omer Bartov gab 1985 einen wichtigen Anstoß zu einer Erklärung, indem er auf die Primärgruppenbildung („Kameradschaft") und auf die Wirkungen der Kriegspropaganda verwies, die zur Deformation des Humanitäts- und Rechtsempfindens geführt habe (296a). Hinzuzufügen ist dieser Interpretation das „Erziehungsprogramm" für das Militär während des „Dritten Reiches", auf das Ute Frevert hingewiesen hat: Es umfasste nicht nur politische, sondern auch rassische Feinde, denen das Existenzrecht abgesprochen wurde. In ihrer Vorstellung kämpften die Soldaten im Osten gegen „Minderwertige", die Gegner waren keine Menschen mehr. Diese rassistische Imprägnierung hält Frevert für wichtiger als die Primärgruppenbildung (251, S. 327). Man wird zudem auf die nationalsozialistischen Mythen, Riten und Symbole, besonders den Heldenkult, verweisen müssen. Dieser Heldenkult konnte zu einem wichtigen Faktor der Gewaltbereitschaft und der Kriegszustimmung werden (297a).

Der amerikanische Historiker Roger Chickering hat erst vor kurzem das Plädoyer formuliert: „Der totale Krieg erfordert eine Totalgeschichtsschreibung" (306, S. 308). Seit der Krieg die Angelegenheit ganzer Bevölkerungen geworden sei, müsse eine Militärgeschichte, wolle sie auf der Höhe der Zeit sein, als Totalgeschichte geschrieben werden. Dies würde nicht weniger bedeuten, als sämtliche Zusammenhänge zwischen den verschiedenartigsten Teilbereichen des historischen Lebens in ein umfassendes Geschichtsbild zu gießen. Allerdings wird dieser hohe Anspruch einer „histoire totale", wenn überhaupt, so wohl nur ganz selten einzulösen sein. Ein wichtiger Aufsatz von Michael Geyer aus dem Jahr 1986 über „Krieg als Gesellschaftspolitik" (327) ging bereits in eine ähnliche Richtung. Er hatte „forschungspolitische Demarkationslinien" (327, S. 559) zwischen den Teilbereichen der Geschichtswissenschaft kritisiert, Grenzziehungen, die sehr wenig mit der Geschichte des „Dritten Reiches" zu tun hätten: „Hier wird vielmehr Geschichte betrieben, wie der dörfliche Verkehr in Doderers Trethofen beschrieben wird: dauerhaft raufend, nicht etwa weil es die Erkenntnis fördert, sondern weil es so Brauch ist" (327, S. 559). Für Arbeiten, die sich mit der Gesellschaft im Krieg beschäftigten, sei der Krieg nur Folie, ein externer Faktor. „Es fehlt aber an Untersuchungen, welche die Geschichte der Gesellschaft mit derjenigen der Gewalt verbinden und damit das gesellschaftliche Interesse an Gewalt und Gewaltherrschaft thematisieren" (327, S. 556).

Unmöglichkeit einer „histoire totale"

Wenngleich solche geforderten transdisziplinären Zugriffe noch immer eher die Ausnahme darstellen, so erschienen doch im Verlauf der 1980er-Jahre einige wichtige Arbeiten, die von unterschiedlicher Seite aus eine Diskussion über Aspekte des totalen Krieges in Gang brachten: Ludolf Herbst befasste sich 1982 mit dem politischen Umfeld der totalen Kriegswirtschaft, dem die historische Forschung bis dahin wenig Aufmerksamkeit geschenkt hatte (341), Marie-Luise Recker widmete sich 1985 der nationalsozialistischen Sozialpolitik im Zweiten Weltkrieg (408), und Dieter Rebentisch rückte 1988 die Verwaltungspolitik im Krieg in den Mittelpunkt des Interesses (407). Forschungen zu den ausländischen Zwangsarbeitern und zu dem Verhalten der deutschen Gesellschaft ihnen gegenüber haben die von Geyer kritisierten traditionellen Grenzziehungen wohl am weitesten hinter sich gelassen. 2,8 Millionen Menschen wurden als zivile „Ostarbeiter" in das Reich deportiert, 5,7 Millionen Kriegsgefangene der Roten Armee befanden sich in deutscher Hand, und etwa 6,4 Millionen Sowjetbürger wurden in den besetzten Gebieten zur Arbeit eingesetzt. Die wirtschaftliche Ausplünderung der eroberten Gebiete war für die deutsche Kriegswirtschaft von maßgeblicher Bedeutung. Trotz aller Anstrengungen

Zwangsarbeit

und brutaler Ausbeutungen hatte das Deutsche Reich letztlich nie eine Chance, den Krieg zu gewinnen – zu stark waren die geballten ökonomischen Kräfte der Alliierten.

Der Widerspruch zwischen kriegswichtiger ökonomischer Effizienz und nationalsozialistischer Rassenpolitik bildete das zentrale Problem des Einsatzes ausländischer Arbeiter im Zweiten Weltkrieg. Neuere Forschungen, besonders von Ulrich Herbert über die Fremdarbeiter (339) oder von Hans Mommsen zum Arbeitseinsatz von Fremdarbeitern im Volkswagenwerk (387) machen deutlich: Der Arbeitseinsatz ausländischer Zwangsarbeiter erscheint heute nicht mehr als Umsetzung langfristiger Planungen und Ideologien, sondern als eine Art Herrschaftskompromiss zwischen den ökonomischen Interessen von deutschen Unternehmen und den rassenpolitischen Prioritätensetzungen von NS-Führungsstellen.

In dem Maße, in dem die Kriegführung totaler wurde, wurden Kriege nicht mehr allein von Männern ausgefochten, sondern es kam zu einer größtmöglichen männlichen und weiblichen Partizipation am Krieg. Frauen waren dabei nicht gleichsam qua Geschlecht friedfertiger. Die Auswertung von Frauentagebüchern zeigt vielmehr einen weiblichen Bellizismus im Vernichtungskrieg, der dem männlichen kaum nachstand (450). Ganz anders als im Ersten Weltkrieg blieb die (weibliche) „Heimatfront" bis zur Kapitulation bestehen. Die Sorge um die Stabilität der „Heimatfront" hielt das NS-Regime zwar von einer generellen weiblichen Dienstverpflichtung ab; doch waren im Zweiten Weltkrieg offenbar militärische Zielvorgaben wichtiger als ein Konservatismus auf der geschlechterpolitischen Ebene – im Ersten Weltkrieg war dies genau umgekehrt gewesen (375).

Stalingrad: Kriegswende 1942/43

Seit der Jahreswende 1942/43 war das „Dritte Reich" in der Kriegführung in die Defensive gedrängt worden. Das Regime stilisierte sich nun zum Verteidiger der „Festung Europa" gegen den Bolschewismus. Weiterhin gab es eine permanente Überschätzung der eigenen Kräfte; „Endsieg"-Hoffnungen wurden an den Zerfall der gegnerischen Koalition und an die „Wunderwaffen" V 1 und V 2 geknüpft. Die Vernichtung der 6. Armee bei Stalingrad signalisierte die Kriegswende (als Forschungsüberblick: 342). Das nationalsozialistische Regime stellte sie dem deutschen Volk als sinnstiftende Tragödie dar, die zum Durchhalten aufrufe, vergleichbar mit dem Untergang des spartanischen Königs Leonidas an den Thermopylen (374). Wenngleich sich in der deutschen Bevölkerung eine Kriegsmüdigkeit bemerkbar machte, so hielten doch die ideologischen und sozialpolitischen Integrationsklammern bis zuletzt. Kaum irgendwo auf dem Gebiet des Reiches kam es zu nennenswerten Aktionen in der Öffentlichkeit, die auf eine Beendigung des Krieges gezielt hätten.

Alliierter Luftkrieg

Auch die Flächenbombardements auf deutsche Großstädte, die der Chef des Bomber Command, Luftmarschall Arthur Harris, anordnete, um die Moral der Bevölkerung zu brechen, erwiesen sich als kontraproduktiv. Was als Zermürbung gedacht war, stabilisierte sogar oft noch den Durchhaltewillen. Der alliierte Luftkrieg gegen die deutsche Zivilbevölkerung war ein untrügliches Zeichen des totalen Krieges und stand mit dem Völkerrecht nicht in Übereinstimmung. Die meisten der deutschen Großstädte sanken in Schutt und Asche, etwa 600 000 Menschen sind dabei getötet, 900 000 verletzt worden. Besonders der Angriff auf Dresden Mitte Februar 1945 wurde zum Symbol der Luftkriegsverbrechen, die im Übrigen von den Deutschen mit den Angriffen auf Coventry und Rotterdam eingeleitet worden waren. Die Zahl der in Dresden getöteten Menschen wird auf über 35 000 geschätzt. „Als Fazit der wissenschaftlichen Forschung ergibt sich, dass die Vernichtung Dresdens und die Tötung eines großen Teils der städtischen Bevölkerung (…) militärisch sinnlos und nicht durch die allgemeinen Regeln des Kriegsvölkerrechts gedeckt waren." (429, S. 392) Ein besonderes Kapitel stellen die Atombombenabwürfe auf die japanischen Städte Hiroshima und Nagasaki im August 1945 dar (451). Sie bedeuteten den Höhepunkt der Totalisierung des Krieges.

Der vom Institut für Zeitgeschichte 1988 herausgegebene voluminöse Sammelband „Von Stalingrad zur Währungsreform" thematisiert die Sozialgeschichte des Umbruchs in Deutschland und wies diesem Jahrfünft fast den Charakter einer Revolution zu: „Die Zeit des gewaltigen Umbruches von Not und Zerstörung zwischen Stalingrad und der Währungsreform markiert – mehr noch als die Jahre 1918 und 1933 – einen epochalen Einschnitt in der neuesten deutschen Geschichte: Hier gelangte das mit unheilvollen Traditionsbeständen beladene und unter unüberbrückbaren inneren Spannungen leidende alte Deutschland an das Ende seines im 19. Jahrhundert betretenen Sonderwegs, aber schon im Niedergang des Hitler-Regimes und dann in den nachfolgenden Besatzungsjahren zeichneten sich die Umrisse einer moderneren, homogeneren, sich nach und nach an die westeuropäischen liberal-demokratischen Traditionen angleichenden Gesellschaft ab." (452, S. XXV) Gegenüber dieser Sichtweise, die die Forschung ungemein angeregt hat, ist zu Recht eingewendet worden, dass man die Folgen des totalen Krieges adäquat wohl nicht mit dem Begriff der Modernisierung erfassen kann. Zweifellos habe das „Dritte Reich" den sozialen Wandel vorangetrieben, wenn auch eher ungewollt; aber es machte gleichzeitig ganz bewusst Emanzipationsprozesse rückgängig. Außerdem verwässere diese These eines revolutionären Umbruchs die schlechterdings entscheidende politische Zäsur des Jahres 1945 viel zu stark (445).

Klaus-Dietmar Henke hat in gewisser Weise den roten Faden dieses Bandes aufgenommen. In seiner Darstellung „Die amerikanische Besetzung Deutschlands" (336) beschrieb er mit einem Zugriff, der durchaus als *histoire totale* bezeichnet werden kann, das letzte Kriegsjahr vom Sommer 1944 bis zum Sommer 1945 und führte dieses Jahr als Epochenscheide vor. Henke kennzeichnete es als Wende von der Herrschaft des Nationalsozialismus, des Weltkrieges, der Dominanz des Alten Kontinents zur zweigeteilten Welt unter – im Westen – amerikanischer Vorherrschaft. Seine Kernthese besagt, dass sich die deutsche Gesellschaft im Zuge der amerikanischen Besetzung vom NS-Regime und seiner Ideologie ablöste. Somit seien die Tore für die nachfolgende Amerikanisierung der Gesellschaft und die Einbindung in die westliche Welt geöffnet worden. Der gleichsam „entnazifizierende Erfahrungsschock" durch ein amoklaufendes, sich gegen die eigene Bevölkerung richtendes NS-Regime in der Endkrise des „Dritten Reiches" habe die Diskreditierung und Entlegitimierung des Regimes nach-

Revolutionärer Wandel zwischen Stalingrad und Währungsreform

haltig gemacht (336, S. 795 ff.). Tatsächlich war das letzte Kriegsjahr des Zweiten Weltkrieges für die Deutschen keine Etappe des Krieges wie jede andere, sondern die mörderischste und zerstörerischste überhaupt: Durchhalteterror, Luftkrieg, „Nero-Befehle" und Verbrechen gegen das eigene Volk – ein einziger Gewaltexzess.

Dennoch kann man sich darüber streiten, ob diese Wende vom Bösen zum Guten von Henke nicht überpointiert wird. Immerhin könnte die „US-freundliche" Stimmung, die sich in den Quellen widerspiegelt, auch lediglich als ein Reflex auf die Kriegsmüdigkeit interpretiert werden. Ganz abgesehen davon waren es ja nicht nur die Amerikaner, die Deutschland besetzten, sondern im Westen auch Briten und Franzosen. Und die sowjetische Besetzung Ostdeutschlands mit ihren willkürlichen Vergewaltigungen, Plünderungen und Verschleppungen wirkte als Schock ohnegleichen, wie der amerikanische Historiker Norman M. Naimark deutlich gemacht hat (395). Regionalgeschichtliche Studien zum Kriegsende in Europa zeigen ein breites Spektrum von Konstellationen und Verhaltensweisen (340), das noch breiter wird, bezieht man weitere Einzelaspekte wie Militär, Verwaltung, Kirchen, Alltag, Generationen, Geschlechter usw. mit ein (437). Vor allem aber die Flucht und Vertreibung von über 12 Millionen Deutschen aus Ostmitteleuropa brachte unbeschreibliches Leid über diesen Teil der deutschen Bevölkerung (als Forschungsüberblick: 448). Der deutsche Vernichtungskrieg und die auf ihn folgende Zerstörung, totale Niederlage und bedingungslose Kapitulation des Deutschen Reiches waren einzigartig in der neueren Geschichte.

d) Frieden oder: der Krieg in der Nachkriegszeit – Versailles 1919, nach 1945

Der Übergang vom Krieg zum Frieden war immer ein schwieriges Problem großer Friedensschlüsse nach langen Kämpfen; das war 1648 so, das war auch 1815 so. 1918 jedoch war eine neue Qualität erreicht: Der Totalität des alliierten Sieges entsprach 1918 die Totalität der deutschen Niederlage. Dies wirft die Frage auf: Kann einem totalen Krieg überhaupt ein versöhnlicher Frieden folgen? Der Versailler Vertrag von 1919 war immer Gegenstand leidenschaftlicher Diskussionen, der zeitgenössischen ohnehin, aber auch derjenigen in der Forschung; die jeweils nationalen Sichtweisen unterschieden sich beträchtlich.

Rahmenbedingungen des Friedensschlusses von 1919

Man muss sich einige grundlegende Dimensionen bewusst machen, die zeigen, wie extrem schwierig es war, wenn schon nicht jeden zufrieden stellende, so doch zumindest einigermaßen haltbare Lösungen zu finden: Es war hier ein Weltkrieg zu liquidieren. Dieser hatte fast sämtliche Gesellschaften bis an den Rand ihrer Mobilisierungs- und Leidensfähigkeit gebracht; ganze Generationen waren auf den Schlachtfeldern gestorben; die Folgen des massenhaften Kriegstodes hinterließen in breiten Schichten der Bevölkerung aller beteiligten Staaten traumatische Wirkungen; er hatte, auch mit Blick auf die Kriegsziele, die Emotionen wie noch niemals zuvor hochkochen lassen bzw. sie wurden durch eine auf Hochtouren laufende

Propaganda geschürt, und diese Emotionen wirkten weit über den Krieg hinaus fort.

Weiterhin: Mächtige neutrale Staaten, die vermittelnd hätten wirken können, gab es nach 1918 nicht mehr. Eine Vielzahl territorialer Fragen, vor allem in Ostmitteleuropa nach dem Untergang der Donaumonarchie, waren zu lösen. Das proklamierte „Selbstbestimmungsrecht der Völker" führte überdies in vielen Teilen der Welt, nicht allein in Europa, sondern etwa auch in Indien, zu blutigen Aufständen; die Entkolonialisierung begann sich ihre Bahn zu brechen. Dies läutete den Verlust der weltpolitischen Vormachtstellung der europäischen Groß- und Kolonialmächte ein. In Europa sollte künftig das „Nationalitätenprinzip" gelten. Doch das Problem war: In den von den Neuordnungen hauptsächlich betroffenen Ländern Ostmittel- und Südosteuropas lebten jeweils mehrere Nationalitäten in engster Nachbarschaft oder gar völliger Vermischung, sodass eindeutige Grenzziehungen gar nicht praktiziert werden konnten. Die Siegermächte versuchten, die so geschaffenen Probleme zu entschärfen, indem sie die entstehenden multinationalen Staaten zu Minderheitenschutzabkommen verpflichteten, deren Umsetzung indes nur begrenzt gelang.

Schließlich: Auf der Friedenskonferenz waren 32 Staaten vertreten, deren Vollversammlung umfasste über tausend Beteiligte. Deutschland war nicht dabei. Dies bedeutete nichts weniger als „einen verhängnisvollen Bruch mit den bewährten Maximen und Traditionen früherer europäischer Friedensschlüsse" (411, S. 246), auf denen auch die Besiegten immer vertreten waren. 1919 wurden die besiegten Mittelmächte nicht an den Verhandlungstisch geholt; sie verfügten lediglich über die Möglichkeit, zu den zuvor von den Siegern intern beratenen und beschlossenen Vertragsentwürfen schriftlich Stellung zu nehmen und gegebenenfalls Gegenvorschläge zu unterbreiten. Die letzte Verlautbarung der Alliierten trug dann aber die Form eines Ultimatums. Die Auseinandersetzungen bezüglich des Vertragsinhalts verliefen nicht zwischen Siegern und Besiegten, sondern fanden im Lager der Sieger statt. Es waren die drei großen Nationen – Frankreich, Großbritannien und die Vereinigten Staaten –, die letztlich alles entschieden; im Viererrat wurden sie nominell durch Italien ergänzt, dessen Gewicht aber nicht an die drei Großmächte heranreichte (als Gesamtdarstellung: 418).

Frankreichs Ziele gegenüber Deutschland entsprangen seiner Sicherheitsdoktrin: Das Deutsche Reich sollte möglichst dauerhaft geschwächt werden, und Frankreich sollte eine hegemoniale Stellung auf dem Kontinent erringen (423). Großbritannien strebte danach, weiterhin ein gewisses Gleichgewicht auf dem Kontinent zu bewahren; es lehnte deshalb eine zu weitgehende Schwächung Deutschlands ab (324). Die USA, besonders deren Präsident Wilson, wollten den Grundstein für eine universale Friedensordnung legen (359). Ein erstmals zu schaffender Völkerbund schien ihnen der Schlüssel des gesamten Friedens zu sein. Doch die USA selbst nahmen an ihm nicht teil, und die Besiegten waren zunächst ausgeschlossen. Er war ein schwaches und problematisches Gebilde: „Der Völkerbund wurde so zum Konservator des durch die Friedensverträge geschaffenen Status quo, was Frankreich und die kleineren Staaten begrüßten, während es den besiegten Staaten unmöglich war, ihre revisionistische Politik im Rahmen des Völkerbundes zu verfolgen." (361, S. 26)

Ziele der Alliierten in Versailles

Das liberale
Modell der
Friedenssicherung

Überhaupt muss man sagen, dass das liberale Modell der Friedenssicherung – welches sich so klar in den „Vierzehn Punkten" für einen Weltfrieden des amerikanischen Präsidenten Woodrow Wilson vom Januar 1918 greifen lässt – nach 1919 nicht realisiert werden konnte. Dieses liberale Modell konkurrierte mit zwei anderen Modellen: zum einen mit den traditionellen Vorstellungen, die Sicherheit im internationalen System durch ein Gleichgewicht der Kräfte herstellten wollten, und zum anderen mit dem leninistischen Modell, das den Frieden durch Revolutionierung der liberalkapitalistischen Ordnung gewinnen wollte. Welches waren die wichtigsten Bestandteile der „Vierzehn Punkte"? Zuerst wurden „öffentliche Friedensverträge" gefordert. Es müsse zu einer größeren Transparenz zwischenstaatlicher Verhandlungen kommen, und die Außenpolitik sollte der Kontrolle der Völker unterliegen, denn die alte Geheimdiplomatie habe kriegstreibend gewirkt. Man kann diese Forderung insgesamt als eine Demokratisierung der Außenpolitik bezeichnen. Die liberale Alternative zu den autokratischen Regierungen und deren Kriegspolitik lautete: Partnerschaft demokratischer Nationen. Der Frieden sollte auf den Grundlagen politischer Freiheit errichtet werden. Dies bedeutete sodann auch eine ökonomische Freiheit, im Sinne eines Frieden schaffenden Freihandels. Daraus wiederum ergab sich eine weitere Forderung: die Reduzierung nationaler Rüstungen. Ein unkriegerisches Wettbewerbssystem in der Weltpolitik sollte Abrüstungen beschleunigen. Was territoriale Probleme und Kolonialfragen anbelangte, so lag den „Vierzehn Punkten" der Kerngedanke eines Selbstbestimmungsrechts der Völker zu Grunde. Schließlich wurde die Schaffung eines offenen multipolaren internationalen Systems gefordert, in dem es keine hegemonialen Führungsansprüche oder Machtblöcke gebe: der Völkerbund. Zusammengefasst verfügte das liberale Modell der Friedenssicherung über drei konstitutive Elemente: die weltwirtschaftliche Verflechtung demokratischer Industriestaaten, ein mulipolares internationales System sowie strikte Rüstungsbegrenzungen. Dieses Modell jedoch konnte gegenüber der französischen Sicherheitspolitik in Europa nicht durchgesetzt werden, erst Mitte der 1920er-Jahre – im Zeichen der kurzen Locarno-Ära – kam es zu einer begrenzten Realisierung solcher Ideen. Die Friedensschlüsse von 1919 jedoch rückten selbst von bisher als unumstößlich geltenden Grundbestimmungen ab, womit sie ihre Härte demonstrierten.

Kriegsschuld-
artikel

Bis zum Beginn des 20. Jahrhunderts waren die „Oblivionsformeln" – also Vergessensformeln – und Amnestieklauseln grundlegende Bestandteile der Friedensverträge gewesen; nur Vergeben und Vergessen der Kriegstaten, so der Gedanke, könne einen dauerhaften Frieden verbürgen, das Gewesene sollte ruhen gelassen und ein Schlussstrich gezogen werden (93, S. 35 ff.). Dieses „friedewirkende Vergessen" (310) enthielt der Versailler Vertrag nicht – man müsste aber auch fragen, ob dies nach dem totalen Krieg überhaupt noch möglich gewesen wäre. Stattdessen enthielt er mit dem Artikel 231 eine Klausel über die „Kriegsschuld" des besiegten Deutschland und über die „Kriegsverbrecher", die nach Abschluss des Vertrages strafrechtlich zu verfolgen waren. Wenngleich in der Forschung zum Teil betont wurde, dass dieser Artikel im Wesentlichen die Funktion hatte, eine juristische Haftung des Deutschen Reiches für die angerichteten Schäden festzuschreiben und den Reparationsanspruch von 132 Milliarden

Goldmark rechtlich abzusichern (361, S. 31; 363), so bedeutete er in den Augen der Deutschen ein moralisches Kriegsschuldverdikt, das zum Trauma der Weimarer Republik werden sollte.

Für die Deutschen gab es an dieser Interpretation nichts zu deuteln: Nicht weil sie den Krieg verloren hatten, sollten sie Reparationen leisten, hatten sie Gebiete abzutreten und wurden ihnen militärische Restriktionen auferlegt – so war es seit Jahrtausenden üblich gewesen –, sondern weil man sie für ihre Verbrechen bestrafen wollte. „Für die Deutschen des Jahres 1919", so urteilte Gerd Krumeich, „war dieser Verbrechens-Vorwurf das Schlimmste, was ihnen passieren konnte." (368, S. 281) In dieser Perspektive bedeutete der „Diktatfrieden" von Versailles nichts anderes als die „Fortsetzung des Krieges mit politischen Mitteln" (368, S. 283).

Seit jeher hat sich die Forschung mit der historischen Würdigung des Versailler Vertrages schwer getan. Ordnet man ihn in die Geschichte der politischen und völkerrechtlichen Versuche des 19. und 20. Jahrhunderts ein, eine übernationale Friedensordnung zu gestalten, so überschnitt sich hier der Wunsch nach Verrechtlichung und Friedenssicherung mit der klassischen Abwicklung eines „Siegfriedens" (312; 449). Mit Blick auf Deutschland ist zu Recht argumentiert worden, der Vertrag sei entweder zu hart oder zu milde gewesen – je nachdem, von welcher Seite man die Dinge betrachte. Zu hart, weil er den Deutschen von Beginn an keine andere Möglichkeit ließ als zu versuchen, ihn zu revidieren, und zu milde, weil die Belastungen wiederum nicht so groß waren, als dass sie die Hoffnung genommen hätten, den Vertrag zerschlagen zu können. Er stellte eine extreme Hypothek für den Aufbau einer Demokratie dar, dennoch behielt das Deutsche Reich den Status einer europäischen Großmacht.

Würdigung des Versailler Vertrags

Die neuere Forschung hat den Fokus verändert: Sie hat sich auf den zusammenhängenden Komplex „Ziele, Wirkung und Wahrnehmung" konzentriert (369). Ihr geht es verstärkt um das „Syndrom Versailles", um Mythisierung, Legendenbildung und politische Instrumentalisierung des Friedensvertrages mit langfristig verhängnisvollen Folgen.

In George F. Kennans Augen resultierte der Zweite Weltkrieg aus „the very silly and humiliating punitive peace imposed on Germany after World War I" (357, S. 17). Aus dem aufgezwungenen Frieden musste für ihn geradezu neuer Hass zwischen den Völkern entstehen. Dass Hitler innenpolitisch von nichts mehr profitierte als von seinem Versprechen, den „Schandfrieden" zu tilgen, kann heute als gesichert gelten. Doch neuere Gesamtwürdigungen des Vertragswerkes machen auch die Zwangslagen der Friedensplanungen und der „Friedensmacher" von 1919 deutlich und gelangen zu dem Ergebnis, dass der Vertrag, so unzulänglich er im Einzelnen auch scheinen mag, letztlich der bestmögliche Kompromiss zwischen den verschiedenen Interessen war (301). Als eigentliches Problem wird deshalb mittlerweile etwas anderes herausgestellt: Mit ihren jeweiligen Verdikten zu Versailles hätten die Politiker der einzelnen Länder frühzeitig Entspannungsmöglichkeiten verschüttet, seien zu Gefangenen der von ihnen selbst erzeugten öffentlichen Meinung geworden, welche die Mentalitäten und Erinnerungen der Menschen in eine verhängnisvolle Schieflage gebracht hätte.

In Deutschland wurde Versailles so zur wirksamsten Chiffre der Republikgegner, die alles bündelte, was mit der Kriegsniederlage zusammenhing: Revolution, Republik, Demokratie, Inflation, außenpolitische Diskriminierung – und die somit den ohnehin vorherrschenden antiwestlichen Affekt noch zusätzlich steigerte. Dass diese Entwicklung nicht zwangsläufig so hätte sein müssen, ist inzwischen klar. Es handelte sich 1918 um eine „verdrängte Niederlage" (335). Die innerdeutschen Debatten über die Frage nach der Verantwortung für den Ausbruch des Ersten Weltkrieges, die seit November 1918 geführt worden waren, wurden aus innenpolitischen Gründen wieder abgebrochen (311). Zwar hatten das Auswärtige Amt und die Weimarer Nationalversammlung zahlreiche Dokumente zusammengetragen, die die alte Führung des Deutschen Reiches erheblich belasteten, letztlich jedoch klammerten sich die meisten Parlamentarier der neuen Demokratie an die Vergangenheit und kaschierten die Verantwortlichkeit des kaiserlichen Deutschland, was sich für die spätere Entwicklung als schwerer Fehler erweisen sollte. Durch die unterlassene „Vergangenheitsbewältigung" wurde ein Geschichtsbild festgezurrt, nach dem die Kriegsschuld eine Lüge der Siegermächte und Versailles ein unverdientes Strafgericht waren. Die Kriegsunschuld verband sich dabei mit der Dolchstoßlegende und diese beiden Zwillingslegenden wurden in den Händen der Republikgegner zu einer gefährlichen Waffe gegen die Demokratie.

Erinnerungen an Kriegstod, Niederlage und Sieg

Die neuere kulturwissenschaftlich inspirierte Geschichtswissenschaft fand einen Anhaltspunkt dafür, wie Deutschland nach dem Weltkrieg mit dessen Deutung und dem massenhaften Kriegstod umging, nämlich in den Kriegerdenkmälern, die Reinhart Kosellecks bekannter These zufolge in erster Linie als Identitätsstiftung für die Überlebenden dienen (362). Nach einer relativen Sprach- und Hilflosigkeit der frühen Gedenkzeichen tauchte ab Mitte der 1920er-Jahre in den Denkmälern zusehends ein dumpfer Heroismus auf, der zum vorherrschenden Umgang mit dem Kriegstod wurde (297). Martialische öffentliche Erinnerungen und der publizistische Kampf rechtskonservativer Kreise, die im Krieg ein „Stahlbad" erblickten, überlagerten die oft ganz anders gearteten individuellen Erinnerungen (434) und Kriegserfahrungen, die nicht selten zur Kriegsinvalidität geführt hatten (358).

Alle am Ersten Weltkrieg beteiligten Mächte hatten ihn anders erlebt und die Deutungen differieren ebenfalls erheblich. Auch der Frieden kam in je anderem Gewand daher. In den Köpfen der Deutschen hatte sich die Idee einer dem Kaiserreich aufgezwungenen „Vorwärts-Verteidigung" eingekerbt; für die Franzosen waren die Schlachten patriotische Kämpfe zur Verteidigung und zur Rettung des bedrohten Vaterlandes. In Großbritannien gibt es bis heute eine auffällige Präsenz des „Great War" im öffentlichen Bewusstsein des Landes, die sich daraus erklärt, dass die Zahl der Opfer, die Großbritannien und sein damals noch bestehendes Empire zu beklagen hatten, im Ersten Weltkrieg weitaus höher war als im Zweiten Weltkrieg. Russland verbindet mit dem Ersten Weltkrieg nicht zuletzt die Oktoberrevolution; Österreich den Zerfall seines Großmachtstatus. Die negativen Erfahrungen mit dem Versailler Vertrag verstanden aber viele Menschen auch als Lehre. Bereits 1919 hatte der amerikanische Ökonom John Maynard Keynes darauf hingewiesen, wie kontraproduktiv hohe Reparationszahlungen Deutschlands für die ganze europäische Wirtschaft sein würden. Nicht zuletzt aus dieser Erkenntnis sollte nach 1945 der Marshallplan erwachsen: Nach seinem Muster finanzieren die Sieger eines Krieges lieber den Wiederaufbau eines besiegten Landes, als sich mit den unkalkulierbaren Folgen eines „Siegfriedens" auseinandersetzen zu müssen.

Nach dem Zweiten Weltkrieg kamen Friedensverträge zustande zwischen den Alliierten und Italien, Bulgarien, Rumänien, Ungarn und Finnland in Paris im Februar 1947, zwischen 48 Alliierten und Japan in San Francisco im August 1951 und zwischen den Alliierten und Österreich durch den Staatsvertrag vom Mai 1955 in Wien. Der Kriegszustand mit Deutschland ist allein durch gegenseitige Erklärungen beendet worden, da Deutschland im völkerrechtlichen Sinne als Rechtssubjekt handlungsunfähig war. Erst der „Zwei-plus-Vier-Vertrag" nach dem Kollaps des Kommunismus, dem Zusammenbruch der DDR und auf dem Weg zur deutschen Wiedervereinigung kam einem Friedensvertrag gleich. Die Epoche der Weltkriege und die der Teilung der Welt ist seit dem „Vertrag über die abschließende Regelung in Bezug auf Deutschland" vom 12. September 1990 überwunden.

> Friedensverträge nach 1945

Der Nürnberger Prozess gegen 24 hochrangige nationalsozialistische Politiker und Militärs, die als Hauptkriegsverbrecher angeklagt wurden, markiert den Übergang in die Friedenszeit nach dem Zweiten Weltkrieg. Er begann am 20. November 1945 und endete schließlich am 1. Oktober 1946 mit der Verkündung der Urteile (404; 426). Ihm folgten weitere Tribunale unter der Gerichtshoheit einzelner Nationen. Der Generalstab und das Oberkommando der Wehrmacht sind im Hauptkriegsverbrecherprozess nicht verurteilt worden, aber 1948/49 fanden in Nürnberg OKW-Prozesse, Einzelprozesse gegen 14 Angehörige der militärischen Führungsschicht der Wehrmacht, statt. Die alliierten Prozesse gegen Kriegsverbrecher schrieben ein neues Kapitel in der Geschichte des Völkerrechts: Erstmals wurden die Schuldigen eines Krieges und an Kriegsverbrechen Schuldige zur Verantwortung gezogen; es war dies der Versuch, Kriegsverbrechen ein für allemal zu ächten (430).

> Nürnberger Kriegsverbrecherprozesse

Die normsetzenden Nürnberger Kriegsverbrecherprozesse unterschieden Verbrechen gegen den Frieden, Verbrechen gegen die Menschlichkeit und Kriegsverbrechen, also Verstöße gegen das anerkannte Kriegsrecht. Mit dem Briand-Kellogg-Pakt aus dem Jahr 1928 war der Angriffskrieg als Mittel der Politik geächtet worden (304). Das Recht eines jeden Staates auf Selbstverteidigung blieb als unveräußerliches Recht anerkannt. Bis 1939 waren dem Pakt 63 Staaten beigetreten, und die Regelungen gingen später in die Satzung der UNO ein. Bei den alliierten Kriegsverbrecherprozessen spielten sie eine wesentliche Rolle. Ebenso wichtig waren die beiden Genfer Rot-Kreuz-Konventionen von 1929 – die eine Konvention zur Behandlung von Kriegsgefangenen, die andere zur „Verbesserung des Loses der Verwundeten und Kranken der Heere im Felde". Das Deutsche Reich war beiden Abkommen 1934 beigetreten. Die genannten internationalen Vereinbarungen waren damit für die Soldaten verbindliches Recht. Das galt auch für die Haager Landkriegsordnung von 1899 und 1907, die darauf gezielt hatte, Rechtsgrundsätze zu kodifizieren, die eine Vorstellung davon gaben, was man künftig als Kriegsverbrechen betrachten wollte. Ein Gericht jedoch, das Kriegsverbrechen hätte verurteilen können, hatte man damals nicht geschaffen. So war der Nürnberger Prozess die bis dahin nachdrücklichste politische und rechtliche Anstrengung der Staatengemeinschaft, Kriegsverbrechen durch Pönalisierung einzuschränken.

Die Nürnberger Verfahren waren präzedenzlos. Sie richteten sich gegen eine jegliche Zivilisationsstandards verachtende Politik und eine barbarische Kriegführung. Zentral waren in diesem Sinne vor allem drei Aspekte: *Erstens*, dass die Alliierten nicht auf Gewalt, sondern auf das Recht setzten, um auf den von NS-Deutschland betriebenen Zivilisationsbruch zu reagieren. *Zweitens*, dass die Einsicht unausweichlich geworden war, nach der es am Ende des furchtbarsten Krieges der Menschheitsgeschichte keine Alternative mehr dazu gab, einen internationalen Strafgerichtshof einzusetzen. *Drittens*, dass die Täter ohne Ansehen ihres Ranges oder ihrer Position persönlich verantwortlich sein sollten.

Bewertung der Kriegsverbrecher-prozesse

Die Kritik, hier habe eine „Siegerjustiz" stattgefunden und es sei gegen das Gebot *nullum crimen, nulla poena sine lege* verstoßen worden, greift ins Leere. Die Alliierten argumentierten: Die deutsche Aggression habe eine einmalige Situation geschaffen; Deutschland sei zu einem „verbrecherischen Staat" geworden; die bedingungslose Kapitulation und die Übernahme der *supreme authority* durch die Alliierten, also die Besatzungsherrschaft, erlaube es, strafrechtliche Maßnahmen anzuwenden. Die juristische Zeitgeschichte ist sich weitgehend einig: „Erstmals wurden in Nürnberg höchst und höher rangige Politiker und Militärs für ihre Taten zur Verantwortung gezogen, und kein nationales Recht und darin etwa bestehende Erlaubnisnormen vermochten sie zu schützen." (334, S. 255) Das war zukunftsweisend.

Eine längerfristige Folge dieser Prozesse war aber auch das, was Thomas Kühne die „Viktimisierungsfalle" genannt hat (373). In den 1950er-Jahren externalisierte man in Westdeutschland die Verbrechen und den Holocaust als Werke Hitlers bzw. der SS und fundierte den Mythos von der deutschen Wehrmacht als Inbegriff zeitloser Soldatentugenden; die deutschen Soldaten erschienen hierbei als passiv Duldende, als Leidende und Opfer einer skrupellosen Führung. So entstand die Legende von der „sauberen" Wehrmacht, also die Vorstellung, die deutschen Soldaten hätten einen „sauberen", „normalen" und im Großen und Ganzen den Völkerrechtskonventionen entsprechenden Krieg geführt (442 S. 197 ff.).

Legende von der 'sauberen' Wehrmacht

In seinem Buch „Vergangenheitspolitik" hat Norbert Frei herausgearbeitet (322), wie es in den 1950er-Jahren anlässlich von Koreakrieg und Wiederbewaffnungsdebatte zu einer veritablen „vergangenheitspolitischen Obsession" kam. Basierend auf einem breiten politischen und gesellschaftlichen Konsens ging es „um die politisch-moralische Rehabilitierung militärischer, staatsbürokratischer und wirtschaftlicher Eliten, deren Ehre und Einfluss durch die Aburteilung einiger ihrer Mitglieder sozusagen kollektiv beschädigt worden war" (S. 194). Die Konsequenzen waren weit reichend: „Die Fama vom 'unbefleckten Schild' der Wehrmacht, von dem von ihr (im Unterschied allenfalls zu eng begrenzten Teilen der SS) geführten 'normalen Krieg' wurde im Kampf um die Freilassung inhaftierter Soldaten Anfang der Fünfzigerjahre in einer Weise genährt, die ihre geschichtswissenschaftliche Widerlegung bis in die Achtzigerjahre hinein äußerst schwierig machte." (322, S. 305)

Von hier aus ist die hohe Wellen schlagende Kontroverse um die Ausstellung des Hamburger Instituts für Sozialforschung „Vernichtungskrieg. Verbrechen der Wehrmacht 1941 bis 1944" zu erklären. Es handelt sich um die spektakulärste zeitgeschichtliche Ausstellung der 1990er-Jahre, die von 1995 bis 1999 in 33 Städten in der Bundesrepublik und Österreich gezeigt wurde und annähernd eine Million Besucher zählte. In der Forschung wohl Bekanntes, in der Gesellschaft indessen lange Verdrängtes – dass die Wehrmacht ein aktiver Teil der Massenmordpolitik gewesen war –, brach sich mit voller Wucht Bahn. Die Ausstellung löste positive und äußerst negative Reaktionen aus; sie war Anlass für zwei Bundestags- und zahlreiche Landtagsdebatten und eine umfangreiche Diskussion in der breiten Öffentlichkeit. Die Botschaft der Ausstellung, transportiert durch zahlreiche Fotografien, war irritierend. Jedermann, so lautete sie, ganz normale Männer, konnten zu Mördern werden. Die Streitpunkte der Kontroverse bezogen sich sowohl auf die quantitative als auch auf die qualitative Dimension. In quantitativer Hinsicht: In welchem Ausmaß hatten die Wehrmachtssoldaten an den Verbrechen partizipiert? In qualitativer Hinsicht: Warum und in welcher Weise taten sie das? Als den Ausstellungsmachern ein teilweise unwissenschaftlicher Umgang mit ihren Bildquellen nachgewiesen wurde und einige Fehldeutungen zutage traten, war der Skandal nicht mehr abzuwenden (zur Kontroverse: 403; 427). Es kam zu einem Moratorium, und eine wissenschaftliche Kommission überprüfte die Ausstellung. Zwar, so ihr Ergebnis, argumentiere die Ausstellung teilweise zu pauschal und unzulässig verallgemeinernd; dessen ungeachtet blieben aber die Grundaussagen über die Wehrmacht und den im Osten geführten Vernichtungskrieg der Sache nach richtig. In überarbeiteter Fassung wird die Ausstellung seit November 2001 wieder gezeigt (333).

Die allgemeine Frage, welche Konsequenzen Nachkriegsgesellschaften aus den in Niederlagen endenden Kriegen für die Zukunft zogen, nimmt in der neueren Forschung einen breiten Raum ein (399; 415). Mit Blick auf beide Teile Deutschlands nach 1945 wurde von verschiedenen Disziplinen aus die Verarbeitung oder Verdrängung der Kriegserfahrung in der Nachkriegsgesellschaft untersucht (330). Was die Bundesrepublik anbelangt, so sind die Ergebnisse dieser Studien durchaus ambivalent. Zwar wurden beispielsweise alte Feindbilder abgestoßen, aber vornehmlich in westlicher Richtung. Demgegenüber bestand eine ungebrochene Kontinuität des Antikommunismus, die im Kalten Krieg noch gesteigert werden konnte. Auch empfanden sich die Deutschen lange Zeit als Opfer, als Opfer Hitlers wie als Opfer der Alliierten, namentlich der Sowjetunion. Demgegenüber waren die Deutschen als Täter kaum ein Thema, und der Holocaust blieb bis zum Frankfurter Auschwitz-Prozess Mitte der 1960er-Jahre aus der Öffentlichkeit weitgehend verbannt. Wann die Nachkriegszeit endete, ist umstritten und hängt davon ab, welche Bereiche in den Blick genommen werden. Endete sie mit der Währungsreform im Jahr 1948, mit der jeweiligen Blockintegration der beiden Teile Deutschlands 1955, mit der Protestbewegung in der zweiten Hälfte der 1960er-Jahre, mit der neuen Ostpolitik oder gar erst mit dem Fall der Berliner Mauer und der Wiedervereinigung? Wie

Verarbeitung und Verdrängung der Niederlage

auch immer die Antworten ausfallen mögen, so formulierte Klaus Naumann in der Einleitung seines Sammelbandes „Nachkrieg in Deutschland" jedoch zu Recht, „dass eine der erstaunlichsten und zugleich irritierendsten Leistungen der deutschen Gesellschaft nach dem Zweiten Weltkrieg darin bestand, wie sie die Kriegsfolgen meisterte. Anders als nach dem Ersten Weltkrieg gelang es nach 1945 in jahrzehntelangen, sich schubweise vollziehenden Entwicklungen, Zivilität zu etablieren, die in der deutschen Vergangenheit ohne Vergleichsfall ist." (396, S. 9)

IV. Ausblick:
Alte Kriege, neue Kriege und Friedensprozesse seit der zweiten Hälfte des 20. Jahrhunderts

Stärker als andere Themengebiete der Geschichtswissenschaft veränderte und verändert das Thema Krieg und Frieden im Wandel der Zeitläufte sein jeweiliges Gesicht. Nach 1945 haben wiederum, z. T. dramatische Wandlungsprozesse eingesetzt, die eine problemorientierte Geschichtswissenschaft, aber auch viele weitere Wissenschaften, besonders die Politologie, beschäftigen und weiterhin noch stärker beschäftigen werden. Zentrale Grundtendenzen und einige der sich daraus ergebenen Schlüsselfragen sollen jetzt abschließend zumindest skizziert werden.

Erklärung des Kalten Krieges

Der amerikanische Journalist Walter Lippmann prägte 1947 den Begriff des „Kalten Krieges", mit dem er die Form, in der die USA und die Sowjetunion ihre gegensätzlichen politischen Vorstellungen und daraus resultierenden Machtansprüche austrugen, charakterisierte. Dabei handelte es sich um einen „Aggregatzustand des Ost-West-Konflikts, der zu unterschiedlichen Zeiten in unterschiedlicher Dosierung aufgetreten ist" (460, S. 285). Merkwürdig war der Konflikt, weil die beiden Großmächte gar keine gemeinsamen Grenzen zueinander besaßen; aber die „Dritte Welt", die Ozeane, ja der Weltraum („Sputnik-Schock" von 1957) wurden zu Bereichen, in denen die USA und die Sowjetunion miteinander konkurrierten.

Die Strategie der zwei dominierenden kollektiven Bündnisse nach 1945 – der NATO und des Warschauer Pakts – unterschied sich in vielen Punkten von politischen und militärischen Bündnissen der früheren Jahrzehnte und Jahrhunderte: So bildeten sie bereits in Friedenszeiten ein gemeinsames militärisches Oberkommando; außerdem gingen sie weit über reine militärische Absprachen hinaus und ihr Kennzeichen war eine tiefer gehende Interessenverbundenheit ökonomischer, ideologischer und gesellschaftspolitischer Natur. Ferner dienten sie der Absicherung des Hegemonialanspruchs der beiden Weltmächte; schließlich war es kaum möglich, den jeweiligen Block zu verlassen, zu schädlich wären die Auswirkungen auf das entsprechende Gesamtbündnis gewesen.

Der Kalte Krieg und seine Ursprünge sind unterschiedlich interpretiert worden. Die traditionelle Auffassung des Westens, dass er durch das sowjetische Expansionsstreben verschuldet sei, wurde seit den 1960er-Jahren in den USA von einer „revisionistischen" Historiker- und Politologenrichtung grundsätzlich in Frage gestellt; sie betonte stattdessen die auslösende Rolle der amerikanischen Politik. Aber wann schon in der Geschichte lässt sich so eindeutig urteilen? Beide Supermächte, und auch Europa, hatten ihren Anteil am Scheitern einer kooperativen Nachkriegsordnung. Neuere Forschungen haben gezeigt, dass es eine Fülle von Weichenstellungen gab; der Kalte Krieg war kein unvermeidliches Schicksal (453; 461; 467). „Bei den vielen Gegensätzen zwischen liberaldemokratischer Demokratie amerikanischer Prägung und sowjetkommunistischer Mobilisierungsdiktatur und dem missionarischen Anspruch der beiden Hauptsieger des

127

Zweiten Weltkrieges war ihre Konfrontation von vornherein wahrschein-
lich und die Spaltung Europas in gegensätzliche Einflusssphären auf jeden
Fall die bequemere Lösung. Fremdheit, Neigung zu ideologischer Verall-
gemeinerung und Unerfahrenheit im Umgang mit fremden Mächten er-
schwerten die Verständigung auf beiden Seiten zusätzlich. Aber notwendig
war die Konfrontation in der Form, in der wir sie kennen, deswegen noch
lange nicht." (460, S. 291)

Der Kalte Krieg war andererseits sicherlich kein bloßes Missverständnis.
Angesichts der Repressionen im Ostblock und der amerikanischen „Ein-
dämmungspolitik" liegt diese Interpretation weit entfernt. Doch dass der
Kalte Krieg auch aus Fehlperzeptionen erwuchs, ist nicht von der Hand zu
weisen. Die Sowjetunion steigerte sich in eine Furcht vor dem „amerikanischen Imperialismus" hinein, und die USA in die Furcht vor der revolutionären Dynamik des Sowjetkommunismus. Bei näherem Hinsehen waren
viele Vorstellungen übertrieben, und immer wieder machten sich in beiden
Lagern Stimmen bemerkbar, die daran zweifelten, ob die Gegenseite wirklich so aggressiv und so mächtig war, wie die furchtsamen Dogmatiker be-
haupteten. Es kam zu einer Eskalation der Ängste und diese wiederum
löste neue Präventivmaßnahmen aus. Aus der „Strategie der Abschreckung", dem „Gleichgewicht des Schreckens" und der „atomaren Overkill-
Kapazität" wurde seit den 1950er-Jahren, besonders nach dem Koreakrieg,
regelrecht eine Wissenschaft gemacht.

Vietnamkrieg

Konnte die Kubakrise von 1962 noch in letzter Stunde entschärft werden, so erwies sich der wenige Jahre später aufflammende Vietnamkrieg als
besonders fatal. Er war die längste militärische Auseinandersetzung im
20. Jahrhundert, hat Hunderttausende von Opfern gefordert, eine ganze
Region auf Jahrzehnte hinaus verwüstet, der Supermacht USA die erste
Niederlage ihrer Geschichte beigebracht, die Nation gespalten und trau-
matisiert – und das Ganze infolge eines überdimensionierten Eindäm-
mungsdenkens, das jeden kommunistischen Erfolg als Etappensieg nach
dem Dominoprinzip betrachtete (454). Die „Dominotheorie" diente als Be-
gründung des amerikanischen Eingreifens: Wie bei einer Reihe senkrecht
hintereinander stehender Dominosteine der Fall eines einzigen Steins
nacheinander den Sturz der ganzen Reihe bewirkt, so ziehe der kommunistische Umsturz in einem Land weitere Umstürze in den Nachbarländern
nach sich. Ähnlich fatal, ja noch fataler für die Sowjetunion, wirkte sich
der Afghanistankrieg in den 1980er-Jahren aus, der den Untergang des
kommunistischen Systems beschleunigte. Mit Blick auf den Vietnamkrieg
sollte indes nicht vergessen werden, dass selten in der bisherigen Geschichte eine Friedensbewegung einen so deutlichen Beitrag zur Beendigung eines Krieges geleistet hat. Insgesamt unterschied sich die neue Friedensbewegung von älteren pazifistischen Bestrebungen durch die Breite
der Zusammenhänge, in der das Friedensziel fokussiert wurde: Der Pazifismus verknüpfte sich mit neuen sozialen Bewegungen, etwa der Ökolo-
gie- oder der Frauenbewegung.

**Ende des
Kalten Krieges**

Das Ende des Kalten Krieges 1989 mit dem Fall der Berliner Mauer
allein der westlichen Politik der Stärke zuzuschreiben, greift zu kurz. Entscheidend für seine Überwindung erwiesen sich auch die Entspannungs-
politik und der KSZE-Prozess („Konferenz für Sicherheit und Zusammen-

arbeit in Europa"), dessen Schlussakte in Helsinki am 1. August 1975 unterzeichnet wurde (462). Schließlich ist der personale Faktor nicht zu vernachlässigen: Die von Michail Gorbatschow ausgehende Revolution im Ostblock entsprang zu einem Teil aus dessen Einsicht in die desolate Lage des Sowjetimperiums.

Warum überhaupt gab es Rüstungsprozesse im Kalten Krieg, und gibt es sie noch heute? Ein ganzer internationaler Wissenschaftszweig ist den Triebkräften der Rüstungspolitik auf der Spur und hat mehrere theoretische Modelle entworfen. Drei erscheinen dabei als besonders wichtig: das Sicherheitsmodell, das Modell der innenpolitischen Faktoren und das Normenmodell. Unter dem Sicherheitsmodell lassen sich alle Theorien subsumieren, die Rüstung auf die Rahmenbedingungen des internationalen Systems zurückführen. Dessen im Grunde genommen anarchische Struktur sei die Ursache für Rüstungsprozesse, die, wenn sie in Gang gesetzt wurden, die Form eines Wettlaufs nach immer mehr oder qualitativ besseren Rüstungsgütern annehmen würden. Dadurch entstehe ein Sicherheitsdilemma: Die Aufrüstung des einen Staates bedrohe die Sicherheit des anderen; eine Kettenreaktion komme in Gang, die Rüstungsspirale drehe sich immer schneller. Ausschlaggebend dafür sei nicht unbedingt der Wunsch nach Überlegenheit, sondern die bloße Angst vor Unterlegenheit. Nach dem Ende des Kalten Krieges und der bipolar strukturierten Welt, die nun multipolar geworden ist, würden diese systemischen Ursachen von Rüstung sogar noch verstärkt. Da im Sicherheitsmodell die Rüstung von der systemischen Ebene her determiniert sei, folge, dass Rüstungskontrolle und Abrüstung auf der internationalen Ebene ansetzen müssen (463).

Das Modell der innenpolitischen Faktoren rückt die nationalen Akteure – Politik, Militär, Industrie, Bürokratie, Wissenschaft usw. – in den Mittelpunkt. In dieser Theorie ist Rüstungspolitik innengeleitet (468). Lange Zeit heftig diskutiert wurde die These vom „militärisch-industriellen Komplex", also eines dichten Netzes von Verflechtungen zwischen industriellen und militärischen Interessen, wobei es dem Militär vornehmlich um Budgeterweiterung und letztlich um Karrierechancen gehe. Diese These konnte fast beliebig ausgedehnt werden und ist oftmals zu einem politischen Kampfbegriff verkommen. Ins Gewicht fiel für viele auch ein „Rüstungskeynesianismus", also die Vorstellung, dass hohe Staatsausgaben zur Erhaltung der Vollbeschäftigung beitragen. Dabei ist allerdings zu fragen, ob diese finanziellen Mittel zwangsläufig dem Bereich der Rüstung zugute kommen müssen. Eine weitere Teilerklärung hebt die Eigendynamik technologischer Großprojekte hervor: Rüstungsprozesse werden danach aus wirtschaftspolitischen und -strategischen Gründen durch immer neue Folgeaufträge am Laufen gehalten. Um eine Aufrüstung zu stoppen, müssen nach diesen Spielarten des innergesellschaftlichen Modells einerseits die inneren Ursachen von Rüstung kontrolliert, andererseits gleichzeitig die friedenspolitischen Akteure gestärkt werden, um so ein Gegengewicht zu einer drohenden Militarisierung zu schaffen.

Eine ganz andere Erklärung als die beiden vorhergehenden Modelle bietet das Normenmodell an (458). Ihm zufolge liegen die Ursachen von Rüstung nicht im internationalen System und auch nicht in den innenpoli-

Rüstungspolitik und Rüstungstheorien

tischen Akteuren, sondern in der sozial konstruierten Bedeutung von Waffensystemen, Staatsidentitäten und internationalen Normen begründet. Rüstungsgüter seien nicht allein pure Technologie; sie trügen gleichzeitig sozial konstruierte Bedeutung wie Modernität, Effizienz, Unabhängigkeit. Um folglich Rüstung zu verhindern, müssten Waffensystemen andere Symboliken angeheftet werden. Diese Theorie ist durchaus plausibel: Jüngstes Beispiel für den Erfolg eines solchen „symbolischen" normativen Wandels bei konventionellen Waffen ist etwa die Kampagne gegen die Landminen, mit der es gelang, einer „gewöhnlichen" Waffe das Etikett „besonders grausam und unmenschlich" anzuheften. Dementsprechend setzt das Normenmodell auf starke transnationale Akteure und Friedensnetzwerke.

Friedenswahrung durch internationale Organisationen

Die außerordentlich gestiegene internationale Verflechtung stellt eine wichtige Grundtendenz seit 1945 dar. Dabei ist sicherlich zuerst an die UNO zu denken, die ursprünglich den Versuch bildete, das Kriegsbündnis der Gegner des „Dritten Reiches" in eine neue Weltordnung zu überführen und dabei auf den Prinzipien der kollektiven Sicherheit aufzubauen. Die Fehler des gescheiterten Völkerbundes nach 1919 sollten vermieden werden. Für eine Friedenswahrung kann die UNO selbst den institutionellen Rahmen vorgeben, sie kann eigene Initiativen entwickeln, sie kann Forum und Plattform sein und nicht zuletzt deshalb einen moralischen Druck auf die beteiligten Streitparteien ausüben. Sie kann als letzte Konsequenz UN-Friedenstruppen („Blauhelme") einsetzen. Aber die UNO ist eine Vertragsgemeinschaft von Staaten, kein Weltstaat; dieser Umstand setzt ihrem Wirken Grenzen. In Reaktion auf die Kriegsverbrechen im ehemaligen Jugoslawien beschloss der UN-Sicherheitsrat im Februar 1993 die Einsetzung eines internationalen Strafgerichts zur Verfolgung von Kriegsverbrechen, und 1998 traf eine internationale diplomatische Konferenz in Rom die Entscheidung, Grundlagen zur Errichtung eines ständigen Internationalen Strafgerichts (International Criminal Court, ICC) zu schaffen – ein wichtiger Schritt auf dem Weg zur Ächtung des Krieges. Seit dem 1. Juli 2002 ist das Statut des ICC wirksam. Schon 74 der 139 Unterzeichnerstaaten sind dem Gericht seit 1998 durch Ratifikation beigetreten, die Bundesrepublik Deutschland ebenso wie alle anderen EU-Staaten. Die amtierende US-Regierung hat allerdings ihre Unterzeichnung von 1998 zurückgezogen, weil sie politisch motivierte Anklagen gegen ihre Bürger, vor allem gegen ihre Blauhelmsoldaten, befürchtet. Dennoch ist die Errichtung des ICC, der in Den Haag sitzt, ein Meilenstein auf dem Weg zur globalen Durchsetzung und Sicherung des Rechts. Dieser neue Gerichtshof stellt freilich keine politische Institution dar. Er ist weder von einem Staat noch von der UNO abhängig. Vielmehr ist er ein unabhängiges Gericht, auf den die Vertragspartner einen Teil ihrer bisherigen nationalstaatlichen Souveränität übertragen haben. Es soll nur in den Fällen tätig werden, in denen ein an sich dazu berufener Nationalstaat schwerste Verbrechen nicht selbst verfolgen kann oder will (470).

Bei der internationalen Verflechtung ist indes nicht nur an die UNO zu denken, sondern darüber hinaus an die über 200 staatlich getragenen internationalen Organisationen (Inter Governmental Organisations, IGOs) und an die heute über 2300 nichtstaatlich getragenen internationalen Organisationen (Non Governmental Organisations, NGOs). Als weitere Grundtendenzen sind anzuführen: Seit 1945 ist die Zahl der souveränen Staaten stark angewachsen, vor allem als Folge der Dekolonisation. Sozioökonomische Ungleichheiten und regionale Ungleichgewichte großen Ausmaßes, etwa der Nord-Süd-Konflikt, wurden zu neuen Krisenherden.

Zwischen 1945 und 1992 sind nach der heute anerkannten Definition von „Krieg" (siehe dazu Kap. III., 1) 184 Kriege gezählt worden. Infolge der antikolonialen Befreiungskämpfe stieg die Zahl von Kriegen zwischen 1960 und 1966 besonders stark an, danach gab es ein ständiges Auf und Ab, bevor ab 1975 die Kurve scheinbar unaufhaltsam anstieg, um 1992 mit 52 geführten Kriegen den bisherigen Gipfelpunkt der Kriegsbelastung auf der Welt seit 1945 zu erreichen. Während Nordamerika in der zweiten Hälfte des 20. Jahrhunderts völlig kriegsfrei war, fanden an den Rändern Europas zwölf Kriege statt, in Lateinamerika 29, gefolgt vom Vorderen und Mittleren Orient mit 41 Kriegen, Afrika mit 48 und Asien mit 54 Kriegen (455, S. 302). Der Nahe Osten gilt seit den 1950er-Jahren als die gefährlichste Spannungszone der Erde und lange herrschte die Furcht, dass ein neuer Weltkrieg am ehesten über eine Nahostkrise ausbrechen könnte. Auch die Frage, was als ein echter Frieden und was „nur" als Waffenstillstand zu werten sei, musste sich angesichts der dortigen Spannungsfelder immer wieder aufs Neue stellen.

Kriegszonen und Kriegstypen nach 1945

Der vorherrschende Kriegstyp in der Epoche nach 1945 ist der innere Krieg. Nur eine relativ geringe Rolle spielt der klassische Staatenkrieg mit Grenzüberschreitungen, militärischen Frontlinien, Fahnen und dem gesamten Ensemble staatlicher Insignien, wenngleich er in besonderen Fällen, wie dem Golfkrieg von 1990/91, in der Öffentlichkeit spektakulär überbetont wurde.

Die „Dritte Welt", so hat Klaus Jürgen Gantzel seine vielfältigen Forschungen bilanziert, liegt mehr und mehr mit sich selbst im Krieg (455, S. 304). Das große zahlenmäßige Übergewicht innerer Kriege stellt für ihn „eine grundlegende historische Umwälzung" in der weltgesellschaftlichen Entwicklung dar, die mit den napoleonischen Kriegen zu Beginn des 19. Jahrhunderts begonnen hatte, aber erst nach dem Zweiten Weltkrieg an Dynamik gewann (455, S. 307). Die hauptsächliche Konfliktlinie auf der Welt nach 1945 entstand aus „dem Zusammenstoß zwischen bürgerlich-kapitalistischer Vergesellschaftung einerseits und traditionalen bzw. vorbürgerlichen Vergesellschaftungsformen andererseits" (455, S. 314) – ein Prozess, der zwei Seiten zugleich aufweise, eine gewaltsame und eine zivilisatorische. Die zivilisatorische bestehe in der Schaffung des staatlichen Gewaltmonopols und seiner befriedenden Folgen in Gestalt von Rechtsstaat, Demokratie, Gewaltenteilung, relativem Volkswohlstand und individueller Affektkontrolle.

Wie wurden die Kriege nach 1945 beendet? Relativ gering waren – das klingt überraschend – die Chancen eines Angreifers, seine Interessen durch einen militärischen Sieg durchzusetzen; dies gelang nur in rund einem Fünftel aller gezählten Kriege. „Sieg der angegriffenen Seite oder – was ebenfalls bedeutsam ist – Vermittlung von dritter Seite waren die häufigsten Formen der Kriegsbeendigung, wobei ein Vermittlungserfolg in internationalen Kriegen und intra-/international gemischten Kriegen eher zu erwar-

Friedensvermittlung

ten ist als in rein innerstaatlichen. Als Vermittler stand übrigens die viel ge-
scholtene UNO mit 41 Prozent aller Fälle im Vordergrund, gefolgt von den
Regionalorganisationen OAS (Organization of American States, Anm. d.
Vf.), OAU (Organization of African Unity, Anm. d. Vf.) und Arabische Liga
mit 21 Prozent. Insofern kommt dem seit dem späten 19. Jahrhundert und
besonders nach dem Zweiten Weltkrieg außerordentlich stark gewachse-
nen Grad internationaler Organisation eine wichtigere Rolle zu als gemeinhin angenommen." (455, S. 311 f.)

Zivilisierung und neue „gerechte" Kriege

Wenn es sich heute unter den Bedingungen der Globalisierung bei vielen Kriegen in der Dritten und vormals Zweiten Welt um einen konfliktiv
nachholenden Prozess sowohl kapitalistischer Vergesellschaftung als auch
bürgerlicher Staatskonsolidierung handelt, so bleibt die Frage dennoch
umstritten, ob die Zivilisierung dauerhaft gelingen wird (466). Hat das
Spektrum künftiger sicherheitspolitischer Gefährdungen und Risiken nach
der Überwindung der bipolaren Welt nicht sogar deutlich an Komplexität
zugenommen? Bevölkerungsexplosion, Migration, ökologische Katastrophen, Staatenerosionen und eine international agierende organisierte Kri-
minalität – werden sich neue Zonen der Unregierbarkeit ausbreiten (471)?
Gibt es andererseits neue „gerechte" Kriege? Für Jürgen Habermas etwa ist
ein akzeptabler Krieg theoretisch nur als Mittel zu einem guten Zweck
denkbar; der Krieg sei unter Umständen dann gerechtfertigt, wenn er den
„ersten Schritt zu einer effektiven weltbürgerlichen Ordnung markiert"
(456).

Politik der Identität

Man streitet sich einerseits kaum noch um die Berechtigung zur humanitären Intervention. Wie aber sollte eine Konfliktprävention aussehen, wenn
wir es andererseits mit völlig neuen Formen von Kriegen zu tun haben?
Die Konfliktforscherin Mary Kaldor hat anhand der jüngsten Konflikte auf
dem Balkan einen „neuen" Kriegstyp beschrieben (457). Maßgeblich für
ihn sei, dass von allen Seiten eine „Politik der Identität" verfolgt werde, die
sich – nicht zuletzt als Reaktion auf den ständig wachsenden Globalisie-
rungsdruck – aus kruden partikularistischen historischen Mythen speisen
und bis zu ethnischen Säuberungen reichen könne. Bisher vom Völkerrecht
beachtete Unterscheidungen zwischen Militär und Zivilbevölkerung verschwinden zusehends, in den kriegerischen Konflikten komme es zu einer
Art Rückkehr der Methoden des Mittelalters. Das Gegenrezept ist für Kaldor der „Kosmopolitismus", den sie auf Immanuel Kants „Weltbürgerrecht"
zurückführt. Genügt dies? Reichen die bisherigen Überlegungen zur Herstellung von Frieden auf nationaler und internationaler Ebene aus, die Frieden als ein umfassendes Projekt zur Zivilisierung begreifen?

Scheitert die Kultur des Friedens?

Als Ergebnis ihrer Beschäftigung mit Krieg und Frieden in historischer
Perspektive gelang es der Forschung gerade, Bausteine für eine Kultur des
Friedens zu gewinnen. Wie kann jedoch eine Kultur des Friedens aussehen, wo neuerdings die brutale Logik des Terrors vielerorts ihre fatale
Wirkung entfaltet? Kaldors These von den neuen Kriegen ist nach den Ter-
roranschlägen auf das New Yorker World Trade Center im September 2001
offenbar in Teilen bereits wieder überholt. Die neueste Form des Krieges
erscheint noch viel bedrohlicher. „Es lässt sich", so Herfried Münkler, „in
der Geschichte eine Reihe von Beispielen finden, wo sich Staaten im Krieg
befanden, aber nicht an den Kampfhandlungen teilgenommen haben. Aber

ein Krieg, bei dem nicht klar ist, wer eigentlich der Feind bzw. wer der eigentliche Feind ist, ist beispiellos." (464, S. 581)

Wenn der Feind der international organisierte Terrorismus ist, so stellt sich die Frage, wo er beheimatet ist. Um wen handelt es sich konkret? Die Gestalt des Feindes bleibt schemenhaft, und auch territorial ist er nicht genau zu definieren. Der Staat in seiner Funktion als Monopolist des Krieges, wie er sich seit dem 16. und 17. Jahrhundert herausgebildet hat, scheint der Vergangenheit anzugehören. Schlachtfelder haben keine klaren Fronten mehr, Hochhäuser und Dörfer werden zu Schauplätzen von Massakern. Auch die Zivilisierung der Krieger, die für die alten Kriege noch charakteristisch war, ist hinfällig, eine Rebarbarisierung der Kampfweise die Konsequenz. „Man hat den Terrorismus (…) als eine Kommunikationsstrategie bezeichnet, die Gewalt eher als eine Nachricht denn als direktes Mittel zur Brechung des gegnerischen Willens einsetzt: Bei den Angegriffenen soll Furcht und Schrecken verbreitet werden, in den eigenen Reihen dagegen Zuversicht und Zutrauen in die Fähigkeit, auch einen deutlich überlegenen Gegner in einem lange dauernden Konflikt besiegen zu können." (464, S. 588) So scheint insgesamt der klassische Staatenkrieg zu einem historischen Auslaufmodell geworden zu sein, und die neuen Kriege sind besonders durch drei Entwicklungen gekennzeichnet: erstens durch eine Entstaatlichung bzw. Privatisierung der kriegerischen Gewalt, zweitens durch eine Asymmetrisierung, d. h., es kämpfen nicht gleichartige Gegner miteinander, und drittens durch eine Autonomisierung, womit sich der Prozess beschreiben lässt, dass vordem militärisch eingebundene Gewaltformen sich verselbstständigen (465, S. 10 f.).

Wie könnten Erfolg versprechende Gegenstrategien aussehen? Aufgrund seiner Netzwerkstruktur entzieht sich der Terrorismus zunächst einem unmittelbaren Gegenschlag. Aber ohne ihre soziale Verankerung können diese terroristischen Netzwerke nicht gedeihen. „Das sind nicht nur die komplexen Finanzierungssysteme, denen mit verschärften Kontrollen von Kapitalströmen zu Leibe gerückt wird, sondern auch die staatenlosen Gebiete, in denen Ausbildungs- und Rekrutierungscamps terroristischer Gruppierungen liegen. Die Herstellung eines Mindestmaßes an Staatlichkeit im globalen Rahmen könnte langfristig darum ein wirksamerer Schlag gegen den Terrorismus sein als Luftangriffe auf Gebiete, in denen es kaum noch Ziele gibt." (464, S, 589)

Auch die alte Kunst des Friedensschlusses – wie sie uns in diesem Überblick seit 1648 immer wieder begegnet ist – und sonstige „einhegende" Regeln wirken nicht mehr im Zeitalter religiösen Fanatismus, und des Terrorismus und einer offenen Lust an der Gewalt (469). Wo Krieg als Medienspektakel regelrecht inszeniert wird, muss gefragt werden, welche Wirkungen dies auf die Erinnerungskulturen haben wird. Die Attentäter von New York konnten sicher sein, dass der amerikanische Fernsehsender CNN nur wenige Minuten benötigen würde, um mit seinen Kameras vor Ort zu sein. Zwischen den Anschlägen auf die beiden Zwillingstürme des World Trade Center lagen 18 Minuten. – Krieg und Frieden in der Medienöffentlichkeit, dieses Thema ist heute ein vordringliches Desiderat der transdisziplinären Forschung.

Terrorismus

Friedens-
strategien

Am Schluss bleiben Fragen, denn das Thema Krieg und Frieden hat, wie gesehen, neue Dimensionen bekommen. Welche Perspektiven müsste eine Friedensethik und eine Friedenspädagogik für das 21. Jahrhundert entwerfen? Verständigung, Toleranz, Gespräch und das Lernen von interkulturellem Zusammenleben können wohl nur die eine Seite sein. Die andere Seite wäre eine Art weltpolitische Neubesinnung, die Abschied nähme von einer nationalen Interessen-, Macht- und Prestigepolitik und Türen öffnen würde für eine Politik regionaler Versöhnung, Verständigung und Annäherung. Mit der Errichtung des Internationalen Strafgerichtshofes ist ein wichtiger Schritt getan. Hier wurde tatsächlich aus der Geschichte gelernt. Aber wie hätte heute – und morgen – eine Weltbürgergesellschaft auszusehen? Die Dringlichkeit „des Projekts Weltethos" (459) ist vielen heutzutage aufgegangen. Seine Umrisse sind noch unscharf.

Literatur

Einleitung/Überblick

(1) Hondrich, Karl Otto, Wieder Krieg, Frankfurt a. M. 2002.
(2) Kaplan, Robert D., Warum totaler Frieden so furchtbar ist wie totaler Krieg, in: Die Welt, 16. 4. 2002.
(3) Krumeich, Gerd, Sine ira et studio? Ansichten einer wissenschaftlichen Militärgeschichte, in: Thomas Kühne/Benjamin Ziemann (Hrsg.), Was ist Militärgeschichte, Paderborn usw. 2000, S. 91–102.
(4) Nietzsche, Friedrich, Die fröhliche Wissenschaft, in: Werke in 3 Bänden, Bd. 2, Darmstadt 1963.
(5) Sternberger, Dolf, Die Politik und der Friede, Frankfurt a. M. 1986.

III. Forschungsprobleme

1. Was ist Krieg? Was ist Frieden?

(6) Aron, Raymond, Penser la guerre. Clausewitz, 2 Bde., Paris 1976.
(7) Burkhardt, Johannes, Religionskrieg, in: Theologische Realenzyklopädie, hrsg. von Gerhard Krause und Gerhard Müller, Berlin/New York 1983, S. 681–687.
(8) Clauswitz, Carl von, Vom Kriege, hrsg. von Ulrich Marwedel, Stuttgart 1994.
(9) Czempiel, Ernst-Otto, Friede und Konflikt in der Gesellschaftslehre, in: Aus Politik und Zeitgeschichte B 20/74, S. 13–24.
(10) Ders., Friedensstrategien. Systemwandel durch internationale Organisationen, Demokratisierung und Wirtschaft, Paderborn 1986.
(11) Frieden, in: Theologische Realenzyklopädie, hrsg. von Gerhard Krause und Gerhard Müller, Berlin/New York 1983, S. 599–646.
(12) Galtung, Johann, Gewalt, Frieden und Friedensforschung, in: Dieter Senghaas (Hrsg.), Kritische Friedensforschung, Frankfurt a. M. 1971, S. 55–104.
(13) Gantzel, Klaus-Jürgen/Torsten Schwinghammer, Die Kriege nach dem Zweiten Weltkrieg 1945–1992. Daten und Tendenzen, Münster 1995.
(14) Hobbes, Thomas, Leviathan, hrsg. von Hermann Klenner, Stuttgart 1996.
(15) Hofmeister, Heimo, Der Wille zum Krieg oder die Ohnmacht der Politik. Ein philosophisch-politischer Traktat, Göttingen 2001.
(16) Janssen, Wilhelm, Frieden, in: Geschichtliche Grundbegriffe. Historisches Lexikon zur politisch-sozialen Sprache in Deutschland, hrsg. von Otto Brunner, Werner Conze und Reinhart Koselleck, Bd. 2, Stuttgart 1975, S. 543–591.
(17) Ders., Krieg, in: Geschichtliche Grundbegriffe. Historisches Lexikon zur politisch-sozialen Sprache in Deutschland, hrsg. von Otto Brunner, Werner Conze und Reinhart Koselleck, Bd. 3, Stuttgart 1982, S. 567–615.
(18) Kaiser, Karl, Friedensforschung in der Bundesrepublik, Göttingen 1970.
(19) Koppe, Karlheinz, Der vergessene Frieden. Friedensvorstellungen von der Antike bis zur Gegenwart, Opladen 2001.
(20) Kroener, Bernhard, Aggressives Verhalten und die Entstehung von Kriegen – ein fragwürdiger Zusammenhang, in: Amélie Schmidt-Mummendey/Hans D. Schmidt (Hrsg.), Aggressives Verhalten. Neue Ergebnisse der psychologischen Forschung, München 1976, S. 212–239.
(21) Kühne, Thomas (Hrsg.), Von der Kriegskultur zur Friedenskultur? Zum Mentalitätswandel in Deutschland seit 1945, Opladen 2000.
(22) Lorenz, Konrad, Das sogenannte Böse. Zur Naturgeschichte der Aggression, Wien 1969.
(23) Mansfield, Sue, The gestalts of war. An inquiry into its origins and meanings as a social institution, New York 1982.
(24) Mentzos, Stavros, Der Krieg und seine psychosozialen Funktionen, Göttingen 2002.
(25) Mitscherlich, Alexander, Die Idee des Friedens und die menschliche Aggressivität, Frankfurt a. M. 1969.
(26) Ohler, Norbert, Krieg und Frieden im Mittelalter, München 1997.
(27) Reinhard, Wolfgang, Geschichte der Staatsgewalt. Eine vergleichende Verfassungsgeschichte Europas von den Anfängen bis zur Gegenwart, München 1999.
(28) Repgen, Konrad, Kriegslegitimation in Alteuropa. Entwurf einer Historischen Typologie, in: Historische Zeitschrift 241 (1985), S. 27–49.
(29) (Rousseau, Jean-Jacques,) Oeuvres complètes de J.-J. Rousseau, ed. B. Gagnebin/M. Rymond et. al. Vol. 1–4, Paris 1959 ff.
(30) Senghaas, Dieter, Abschreckung und Frieden, Frankfurt a. M. 1972.
(31) Ders./Eva Senghaas, Si vis pacem, para pacem. Überlegungen zu einem zeitgemäßen Friedenskonzept, in: Leviathan 20 (1992), S. 230–251.

(32) Small, Melvin/J. David Singer, The War-Proneness of Democratic Regimes, in: Jerusalem Journal of International Studies 1, Nr. 4 (1976), S. 50–69.
(33) Sternberger, Dolf, Die Politik und der Friede, Frankfurt a. M. 1986.
(34) Timasheff, Nicholas S., War an Revoution, Sheed and Ward, New York 1965.
(35) Vowinckel, Gerhard (Hrsg.), Clausewitz-Kolloquium. Theorie des Krieges als Sozialwissenschaft, Berlin 1993.
(36) Wasmuth, Ulrike, Geschichte der deutschen Friedensforschung. Entwicklung – Selbstverständnis – politischer Kontext, Münster 1998.
(37) Wegner, Bernd, Einführung: Was kann Historische Kriegsursachenforschung leisten?, in: ders. (Hrsg.), Wie Kriege entstehen. Zum historischen Hintergrund von Staatenkonflikten, Paderborn usw. 2000, S. 9–21.
(38) Wright, Quincy, A Study of War, Chicago 1942 u. ö.

2. Moderne Militärgeschichte und Historische Friedensforschung

(39) Asche, Matthias/Anton Schindling (Hrsg.), Das Strafgericht Gottes. Kriegserfahrungen und Religion im Heiligen Römischen Reich Deutscher Nation im Zeitalter des Dreißigjährigen Krieges, Münster 2001.
(40) Berding, Helmut/Klaus Heller/Winfried Speitkamp (Hrsg.), Krieg und Erinnerung. Fallstudien zum 19. und 20. Jahrhundert, Göttingen 2000.
(41) Brinker-Gabler, Gisela (Hrsg.), Frauen gegen den Krieg, Frankfurt a. M. 1980.
(42) Bröckling, Ulrich/Sikora, Michael (Hrsg.), Armeen und ihre Deserteure. Vernachlässigte Kapitel einer Militärgeschichte der Neuzeit, Göttingen 1998.
(43) Burkhardt, Johannes (Hrsg.), Krieg und Frieden in der historischen Gedächtniskultur. Studien zur friedenspolitischen Bedeutung historischer Argumente und Jubiläen von der Antike bis zur Gegenwart, München 2000.
(44) Ders., Kriegsgrund Geschichte? 1870, 1813, 1756 – historische Argumente und Orientierungen bei Ausbruch des Ersten Weltkrieges, in: ders. u. a., Lange und kurze Wege in den Ersten Weltkrieg. Vier Augsburger Beiträge zur Kriegsursachenforschung, München 1996, S. 9–86.
(45) Buschmann, Nikolaus/Horst Carl (Hrsg.), Die Erfahrung des Krieges. Erfahrungsgeschichtliche Perspektiven von der Französischen Revolution bis zum Zweiten Weltkrieg, Paderborn usw. 2001.
(46) Dies., Zugänge zur Erfahrungsgeschichte des Krieges: Forschung, Theorie, Fragestellung, in: dies. (Hrsg.), Die Erfahrung des Krieges, S. 11–26.
(47) Czempiel, Ernst-Otto, Kluge Macht. Außenpolitik für das 21. Jahrhundert, München 1999.
(48) Dahlmann, Dittmar (Hrsg.), Kinder und Jugendliche in Krieg und Revolution. Vom Dreißigjährigen Krieg bis zu den Kindersoldaten Afrikas, Paderborn usw. 2000.
(48a) Deist, Wilhelm, Flottenrüstung und Flottenpropaganda, Stuttgart 1976.
(49) Delbrück, Hans, Geschichte der Kriegskunst im Rahmen der politischen Geschichte, 4 Bde., Berlin 1908–1920.
(50) Duchhardt, Heinz (Hrsg.), Der Westfälische Friede. Diplomatie, politische Zäsur, kulturelles Umfeld, Rezeptionsgeschichte, München 1998.
(51) Ders./Franz Knipping (Hrsg.), Handbuch der Internationalen Beziehungen in 9 Bänden, Paderborn usw. 1997 ff.
(52) Dülffer, Jost, Historische Friedensforschung, in: Neue Politische Literatur 35 (1990), S. 179–194.
(53) Gantet, Claire, La paix de Westphalie (1648). Une histoire sociale, XVIIe–XVIIIe siècles, Paris 2001.
(54) Hagemann, Karen, Männlicher Muth und teutsche Ehre. Nation, Krieg und Geschlecht in der Zeit der antinapoleonischen Kriege Preußens, Paderborn usw. 2001.
(55) Dies., Venus und Mars. Reflexionen zu einer Geschlechtergeschichte von Militär und Krieg, in: dies./Ralf Pröve (Hrsg.), Landsknechte, Soldatenfrauen und Nationalkrieger. Militär, Krieg und Geschlechterordnung im historischen Wandel, Frankfurt a. M. 1998, S. 13–48.
(56) Holsti, Kalevi J., Peace and War. Armed Conflicts and International Order 1648–1989, Cambridge 1991.
(57) Howard, Michael, Der Krieg in der europäischen Geschichte. Vom Ritterheer bis zur Atomstreitmacht, München 1981.
(58) Kienitz, Sabine, „Fleischgewordenes Elend". Kriegsinvalidität und Körperbilder als Teil einer Erfahrungsgeschichte des Ersten Weltkrieges, in: Nikolaus Buschmann/Horst Carl (Hrsg.), Die Erfahrung des Krieges. Erfahrungsgeschichtliche Perspektiven von der Französischen Revolution bis zum Zweiten Weltkrieg, Paderborn usw. 2001, S. 215–237.
(59) Krusenstjern, Benigna von/Hans Medick (Hrsg.), Zwischen Alltag und Katastrophe. Der Dreißigjährige Krieg aus der Nähe, Göttingen 1999.
(60) Kühne, Thomas/Benjamin Ziemann (Hrsg.), Was ist Militärgeschichte?, Paderborn usw. 2000.
(61) Dies., Militärgeschichte in der Erweiterung. Konjunkturen, Interpretationen, Konzepte, in: dies. (Hrsg.), Was ist Militärgeschichte, S. 9–46.

(62) Kuhn, Annette, Geschichtsunterricht und Friedenserziehung nach 1945, in: Brigitte Reich/Norbert H. Weber (Hrsg.), Unterricht im Dienste des Friedens. Bedingungen und Möglichkeiten einzelner Unterrichtsfächer zur Friedenserziehung in der Sekundarstufe I, Düsseldorf 1984, S. 173–187.

(63) Krumeich, Gerd, Militärgeschichte für eine zivile Gesellschaft, in: Christoph Cornelißen (Hrsg.), Geschichtswissenschaften. Eine Einführung, Frankfurt a.M. 2000, S. 178–193.

(64) Lappenküper, Ulrich, Morgenluft für die Internationalen Beziehungen in der Geschichtswissenschaft, in: Neue Politische Literatur 43 (1998), S. 368–378.

(65) Nolz, Bernhard/Wolfgang Popp (Hrsg.), Erinnerungsarbeit. Grundlage einer Kultur des Friedens, Münster usw. 2000.

(66) Opitz, Claudia, Von Frauen im Krieg zum Krieg gegen Frauen. Gewalt und Geschlechterbeziehungen aus historischer Sicht, in : L' Homme. Zeitschrift für Feministische Geschichtswissenschaft 3/1 (1992), S. 31–44.

(67) Pröve, Ralf, Vom Schmuddelkind zur anerkannten Subdisziplin? Die „neue Militärgeschichte" der Frühen Neuzeit – Perspektiven, Entwicklungen, Probleme, in: Geschichte in Wissenschaft und Unterricht 51 (2000), S. 597–612.

(68) Van Creveld, Martin, Frauen und Krieg, München 2001.

(69) Wette, Wolfram, Friedensforschung, Militärgeschichtsforschung, Geschichtswissenschaft. Aspekte einer Kooperation, in: Aus Politik und Zeitgeschichte B 7/74, S. 3–29.

(70) Ders., Geschichte und Frieden. Aufgaben historischer Friedensforschung, in: Lehren aus der Geschichte? Historische Friedensforschung, hrsg. von der Hessischen Stiftung für Friedens- und Konfliktforschung u. a., Frankfurt a.M. 1990, S. 14–60.

(71) Wolfrum, Edgar, Krieg und Frieden in der Erinnerung. Zum Verhältnis von Geschichtskultur, Friedensfertigkeit und Bellizismus vom Ancien Régime bis zum Zeitalter der Weltkriege und der Dekolonisation, in: Benjamin Ziemann (Hrsg.), Perspektiven der Historischen Friedensforschung, Essen 2002, S. 303–340.

3. *„Ewiger Frieden" – Die Erfindung des Friedens in der Neuzeit*

(72) Anderson, M. S., The Rise of Modern Diplomacy 1450–1919, London/New York 1993.

(73) Aretin, Karl Ottmar Freiherr von, Das Reich. Friedensgarantie und europäisches Gleichgewicht 1648–1806, Stuttgart 1986.

(74) Baumgart, Winfried, Die großen Friedensschlüsse der Neuzeit (1435–1945). Ein Forschungsüberblick, in: Geschichte in Wissenschaft und Unterricht 29 (1978), S. 778–806.

(75) Beutin, Wolfgang, Kants Schrift „Zum ewigen Frieden" (1795) und die zeitgenössische Debatte, in: ders. (Hrsg.), Hommage à Kant. Kants Schrift „Zum ewigen Frieden", Hamburg 1996, S. 97–126.

(76) Burke, Peter, Did Europe exist before 1700?, in: History of European Ideas 1 (1980), S. 1–29.

(77) Burkhardt, Johannes, Das größte Friedenswerk der Neuzeit. Der Westfälische Frieden in neuer Perspektive, in: Geschichte in Wissenschaft und Unterricht 49 (1998), S. 592–612.

(78) Ders./Stephanie Haberer (Hrsg.), Das Friedensfest. Augsburg und die Entwicklung einer neuzeitlichen Toleranz-, Friedens- und Festkultur, Berlin 2000.

(78a) Burkhardt, Johannes, Frühe Neuzeit. 16.–18.Jahrhundert, Königstein/Ts. 1985.

(79) Bußmann, Klaus/Heinz Schilling (Hrsg.), 1648 – Krieg und Frieden in Europa, 3 Bde. (Ausstellungskatalog), München 1998.

(80) Dann, Otto, Die Friedensdiskussion der deutschen Gebildeten im Jahrzehnt der Französischen Revolution, in: Wolfgang Huber (Hrsg.), Historische Beiträge zur Friedensforschung, München 1970, S. 95–133.

(81) Dehio, Ludwig, Gleichgewicht oder Hegemonie? Betrachtungen über ein Grundproblem der neueren Staatengeschichte, Neuauflage Zürich 1996 (1. Aufl. 1948).

(82) Dickmann, Fritz, Der Westfälische Frieden, Münster (5. Aufl.) 1972.

(83) Dietze, Anita und Walter (Hrsg.), Ewiger Friede? Dokumente einer deutschen Diskussion um 1800, München 1989.

(84) Duchhardt, Heinz, Balance of Power und Pentarchie. Internationale Beziehungen 1700–1785 (= Handbuch der Geschichte der internationalen Beziehungen, Bd. 4), Paderborn usw. 1997.

(85) Ders. (Hrsg.), Der Westfälische Friede. Diplomatie, politische Zäsur, kulturelles Umfeld, Rezeptionsgeschichte, München 1998.

(86) Ders., Münster und der Westfälische Friede – Kollektives Gedächtnis und Erinnerungskultur im Wandel der Zeiten, in: ders. (Hrsg.)., Der Westfälische Friede. Diplomatie, politische Zäsur, kulturelles Umfeld, Rezeptionsgeschichte, München 1998, S. 853–863.

(87) Ders., Gleichgewicht der Kräfte, Convenance, Europäisches Konzert. Friedenskongresse und Friedensschlüsse vom Zeitalter Ludwigs XIV. bis zum Wiener Kongreß, Darmstadt 1976.

(88) Ders., Frieden, Friedensvertrag, Friedensforschung. Anmerkungen zu einer Neuerscheinung, in: Zeitschrift für Historische Forschung 8 (1981), S. 469–479.

(89) Ders. (Hrsg.), Bibliographie zum Westfälischen Frieden, Münster 1996.

(90) Ders., „Westphalian System". Zur Problematik einer Denkfigur, in: Historische Zeitschrift 269 (1999), S. 305–315.

(91) François, Etienne, Die unsichtbare Grenze. Protestanten und Katholiken in Augsburg 1648–1806, Sigmaringen 1991.

(92) François, Etienne/Claire Gantet, Vergangenheitsbewältigung im Dienst des Friedens und der konfessionellen Identität. Die Friedensfeste in Süddeutschland nach 1648, in: Johannes Burkhardt (Hrsg.), Krieg und Frieden in der historischen Gedächtniskultur. Studien zur friedenspolitischen Bedeutung historischer Argumente und Jubiläen von der Antike bis zur Gegenwart, München 2000, S. 125–136.

(93) Fisch, Jörg, Krieg und Frieden im Friedensvertrag. Eine universalhistorische Studie über Grundlagen und Formelemente des Friedensschlusses, Stuttgart 1979.

(94) Gantet, Claire, La paix de Westphalie (1648). Une histoire sociale, XVIIe–XVIIIe siècles, Paris 2001.

(95) Geismann, Georg, Kants Rechtslehre vom Weltfrieden, in: Zeitschrift für philosophische Forschung 37 (1983), S. 362–388.

(96) Gerhardt, Volker, Immanuel Kants Entwurf „Zum ewigen Frieden". Eine Theorie der Politik, Darmstadt 1995.

(97) Habermas, Jürgen, Kants Idee des Ewigen Friedens – aus dem historischen Abstand von 200 Jahren, in: Kritische Justiz 28 (1995), S. 293–319.

(98) Haller, Johannes, Die Epochen der deutschen Geschichte, Stuttgart/Berlin 1923.

(99) Hofmann, Hasso, Bilder des Friedens oder Die vergessene Gerechtigkeit, München 1997.

(100) Hokkanen, Kari, Krieg und Frieden in der politischen Tagesliteratur Deutschlands zwischen Baseler und Lunéviller Frieden (1795–1801), Jyäskylä 1975.

(101) Hohrath, Daniel/Klaus Gerteis (Hrsg.), Die Kriegskunst im Lichte der Vernunft. Militär und Aufklärung im 18. Jahrhundert (= Aufklärung 11. Jg. 1999, Heft 2, und 12. Jg. 2000, Heft 1).

(102) Howard, Michael, Die Erfindung des Friedens. Über Krieg und die Ordnung der Welt, Lüneburg 2001.

(103) Janssen, Wilhelm, Die Anfänge des modernen Völkerrechts in der neuzeitlichen Diplomatie, Stuttgart 1965.

(104) Jaspers, Karl, Kants „Zum ewigen Frieden", in:

Wesen und Wirkung des Menschen. Festschrift für Helmuth Plessner, hrsg. von Konrad Ziegler, Göttingen 1957, S. 131–152.

(105) Kant, Immanuel, Zum ewigen Frieden. Ein philosophischer Entwurf, Stuttgart 1996.

(106) Kaulbach, Hans Martin, Die Idee von Europa in den Allegorien des Friedens, in: Le cheminement de l'idée européene dans les idéologies de la paix et de la guerre. Actes du colloque international organisé a l'Université de Besançon 1990, Besançon 1991, S. 461–480.

(107) Kersting, Wolfgang, Philosophische Friedenstheorie und globale Rechts- und Friedensordnung, in: Zeitschrift für Politik 44 (1997) S. 278–303.

(108) Klippel, Diethelm/Michael Zwanzger, Krieg und Frieden im Naturrecht des 18. und 19. Jahrhunderts, in: Werner Rösener (Hrsg.), Staat und Krieg. Vom Mittelalter bis zur Moderne, Göttingen 2000, S. 136–155.

(109) Kremer, Bernd Mathias, Der Westfälische Friede in der Deutung der Aufklärung. Zur Entwicklung des Verfassungsverständnisses im Hl. Röm. Reich Deutscher Nation vom Konfessionellen Zeitalter bis ins späte 18. Jahrhundert, Tübingen 1989.

(110) Lake, David A., Powerful Pacifists. Democratic States and War, in: American Political Science Review 86 (1992), S. 24–37.

(111) Langer, Claudia, Reform nach Prinzipien. Untersuchungen zur politischen Theorie Immanuel Kants, Stuttgart 1986.

(112) Layne, Christopher, Kant or Can't. The Myth of Democratic Peace, in: International Security 19 (1994), S. 5–49.

(113) Lingens, Karl-Heinz, Internationale Schiedsgerichtsbarkeit und Jus Publicum Europaeum 1648–1794, Berlin 1988.

(114) Lutz, Heinrich, Friedensideen und Friedensprobleme in der Frühen Neuzeit, in: Gernot Heiss (Hrsg.), Friedensbewegungen: Bedingungen und Wirkungen, München 1984, S. 28–54.

(115) Lutz-Bachmann, Matthias, Kants Friedensidee und das rechtsphilosophische Konzept einer Weltrepublik, in: ders./James Bohmann (Hrsg.), Frieden durch Recht: Kants Friedensidee und das Problem einer neuen Weltordnung, Frankfurt a. M. 1996, S. 25–44.

(116) Miller, Lynn H., Global Order. Values and Power in International Politics, Boulder/London 1995.

(117) Mühleisen, Hans-Otto, Zum ewigen Frieden …, in: Theo Stammen/Gisela Riescher/Wilhelm Hofmann (Hrsg.), Hauptwerke der politischen Theorie, Stuttgart 1997, S. 251–255.

(118) Münkler, Herfried, Von Kriegsfürsten und Friedensstiftern, in: Die Zeit, 2. 8. 2001.

(119) Nagl-Docekal, Herta, Immanuel Kants Philosophie des Friedens und was die Friedensbewegung der Gegenwart daraus gewinnen kann, in: Gernot Heiss/Heinrich Lutz (Hrsg.), Friedensbewegungen: Bedingungen und Wirkungen, München 1984, S. 55–74.

(120) Neuhaus, Helmut, Das Reich in der Frühen Neuzeit, München 1997.

(121) Nusser, Karl-Heinz, Rawls und die „Revolution des Friedens". Kants Nähe zur realistischen Interpretation der internationalen Beziehungen, in: Zeitschrift für Politik 44 (1997), S. 351–366.

(122) Pekarek, Marcel, Absolutismus als Kriegsursache. Die französische Aufklärung zu Krieg und Frieden, Stuttgart usw. 1997.

(123) Raumer, Kurt von, Ewiger Friede. Friedensrufe und Friedenspläne seit der Renaissance, München 1953.

(124) Rajewski, Christiane/Dieter Riesenberger (Hrsg.), Wider den Krieg. Große Pazifisten von Immanuel Kant bis Heinrich Böll, München 1987.

(125) Repgen, Konrad, Dreißigjähriger Krieg und Westfälischer Friede. Studien und Quellen, Paderborn usw. 1998.

(126) Roeck, Bernd, Die Feier des Friedens, in: Heinz Duchhardt (Hrsg.), Der Westfälische Friede. Diplomatie, politische Zäsur, kulturelles Umfeld, Rezeptionsgeschichte, München 1998, S. 633–659.

(127) Scheler, Max, Die Idee des Friedens und der Pazifismus, Berlin 1931.

(128) Schilling, Heinz, Höfe und Allianzen. Deutschland 1648–1763, Berlin 1994.

(129) Ders., Reichs-Staat und frühneuzeitliche Nation der Deutschen oder teilmodernisiertes Reichssystem. Überlegungen zu Charakter und Aktualität des Alten Reiches, in: Historische Zeitschrift 272 (2001), S. 377–395.

(130) Schönemann, Bernd, Die Rezeption des Westfälischen Friedens durch die deutsche Geschichtswissenschaft, in: Heinz Duchhardt (Hrsg.), Der Westfälische Friede. Diplomatie, politische Zäsur, kulturelles Umfeld, Rezeptionsgeschichte, München 1998, S. 805–825.

(131) Schmale, Wolfgang, Das 17. Jahrhundert und die neuere europäische Geschichte, in: Historische Zeitschrift 264 (1997), S. 587–611.

(132) Schmidt, Georg, Geschichte des Alten Reiches. Staat und Nation in der Frühen Neuzeit 1495–1806, München 1999.

(133) Vogl, Martin, Friedensvisionen und Friedenspraxis in der Frühen Neuzeit 1500–1649, Augsburg 1996.

4. Die Ära der Französischen Revolution als Wendezeit von Krieg und Frieden

(134) Bald, Detlef, Bürgerliche Militärreform – eine Chance zur Zivilisierung der Politik?, in: Jost Dülffer (Hrsg.), Kriegsbereitschaft und Friedensordnung in Deutschland 1800–1814, Münster 1995, S. 202–210.

(135) Baudissin, Wolf Graf von, Die Bedeutung der Reformen aus der Zeit deutscher Erhebung für die Gegenwart, in: ders., Soldat für den Frieden. Entwürfe für eine zeitgemäße Bundeswehr, München 1969, S. 86–94.

(136) Berding, Helmut, Das geschichtliche Problem der Freiheitskriege 1813–1814, in: Karl Otmar Freiherr von Aretin/Gerhard A. Ritter (Hrsg.), Europa zwischen Revolution und Restauration 1797–1815, Stuttgart 1987, S. 201–215.

(137) Bertaud, Jean-Paul, La Révolution armée. Les soldats-citoyens de la Révolution française, Paris 1979.

(138) Blanning, Timothy C. W., Die Ursprünge der französischen Revolutionskriege, in: Bernd Wegner (Hrsg.), Wie Kriege entstehen. Zum historischen Hintergrund von Staatenkonflikten, Paderborn usw. 2000, S. 175–189.

(139) Ders., The French Revolution: Class War or Culture Clash?, London 1998.

(140) Blessing, Werner K., Umbruchkrise und „Verstörung". Die „Napoleonische" Erschütterung und ihre sozialpsychologische Bedeutung, in: Zeitschrift für Bayerische Landesgeschichte 42 (1979), S. 75–106.

(141) Boll, Friedhelm, Joseph Görres. Vom ewigen Frieden zum kulturgeschichtlich begründeten deutschen Hegemonieanspruch, in: Jost Dülffer (Hrsg.), Kriegsbereitschaft und Friedensordnung in Deutschland 1800–1814, Münster 1995, S. 76–94.

(142) Brandt, Peter, Einstellungen, Motive und Ziele von Kriegsfreiwilligen 1813/14: Das Freikorps Lützow, in: Jost Dülffer (Hrsg.), Kriegsbereitschaft und Friedensordnung in Deutschland 1800–1814, Münster 1995, S. 211–233.

(143) Büsch, Otto, Militärsystem und Sozialleben im alten Preußen 1713–1807. Die Anfänge der sozialen Militarisierung der preußisch-deutschen Gesellschaft, Berlin 1962.

(144) Carl, Horst, Der Mythos des Befreiungskrieges. Die „martialische Nation" im Zeitalter der Revolutions- und Befreiungskriege 1792–1815, in: Dieter Langewiesche/Georg Schmidt (Hrsg.), Föderative Nation: Deutschlandkonzepte von der Reformation bis zum Ersten Weltkrieg, München 2000, S. 63–82.

(145) Dann, Otto, Vernunftfrieden und nationaler

Krieg. Der Umbruch im Friedensverhalten des deutschen Bürgertums zu Beginn des 19. Jahrhunderts, in: Wolfgang Huber/Johannes Schwertfeger (Hrsg.), Kirche zwischen Krieg und Frieden. Studien zur Geschichte des deutschen Protestantismus, Stuttgart 1976, S. 178–201.

(146) Dufraisse, Roger, Französische Zollpolitik, Kontinentalsperre und Kontinentalsystem im Deutschland der napoleonischen Zeit, in: Helmut Berding/Hans-Peter Ullmann (Hrsg.), Deutschland zwischen Revolution und Restauration, Düsseldorf 1981, S. 328–352.

(147) Echternkamp, Jörg, Der Aufstieg des deutschen Nationalismus (1740–1840), Frankfurt a. M./New York 1998.

(148) Fehrenbach, Elisabeth, Vom Ancien Régime zum Wiener Kongreß, München (3. Aufl.) 1993.

(149) Dies., Die Ideologisierung des Krieges und die Radikalisierung der Französischen Revolution, in: Dieter Langewiesche (Hrsg.), Revolution und Krieg. Zur Dynamik historischen Wandels seit dem 18. Jahrhundert, Paderborn usw. 1989, S. 57–66.

(150) Förster, Stig, Der Weltkrieg, 1792–1815. Bewaffnete Konflikte und Revolutionen in der Weltgesellschaft, in: Jost Dülffer (Hrsg.), Kriegsbereitschaft und Friedensordnung in Deutschland 1800–1814, Münster 1995, S. 17–38.

(151) Fregosi, Paul, Dreams of Empire. Napoleon and the First World War, 1792–1815, London 1989.

(152) Furet, François, Terreur, in: Dictionnaire critique de la Révolution française, hrsg. von ders./Mona Ozouf, Paris 1988, S. 156–169.

(153) Ders., 1789 – Vom Ereignis zum Gegenstand der Geschichtswissenschaft, Frankfurt a. M. 1980.

(154) Gestrich, Andreas, Kirchliche Kriegsmentalität in Württemberg um 1800, in: Jost Dülffer (Hrsg.), Kriegsbereitschaft und Friedensordnung in Deutschland 1800–1814, Münster 1995, S. 183–201.

(155) Hagemann, Karen, Mannlicher Muth und teutsche Ehre. Nation, Krieg und Geschlecht in der Zeit der antinapoleonischen Kriege Preußens, Paderborn usw. 2001.

(156) Dies., Nation, Krieg und Geschlechterordnung. Zum kulturellen und politischen Diskurs in der Zeit der antinapoleonischen Erhebung Preußens 1806–1815, in: Geschichte und Gesellschaft 22 (1996), S. 562–591.

(157) Hellmuth, Eckhardt, Die „Wiedergeburt Friedrichs des Großen" und der „Tod fürs Vaterland". Zum patriotischen Selbstverständnis in Preußen in der zweiten Hälfte des 18. Jahrhunderts, in: Aufklärung 10 (1998), S. 23–54.

(158) Herberg-Rothe, Andreas, Die Entgrenzung des Krieges bei Clausewitz, in: Johannes Kunisch/Herfried Münkler (Hrsg.), Die Wiedergeburt des Krieges aus dem Geist der Revolution. Studien zum bellizistischen Diskurs im ausgehenden 18. und beginnenden 19. Jahrhunderts, Berlin 1999, S. 185–210.

(159) Heydemann, Günter, Napoleonische Fremdherrschaft, Befreiungskriege und Anfänge der deutschen Burschenschaft bis 1818 in der Geschichtswissenschaft der DDR, in: Darstellungen und Quellen zur Geschichte der deutschen Einheitsbewegung im neunzehnten und zwanzigsten Jahrhundert, Bd. 10, Heidelberg 1978, S. 7–104.

(160) Ibbeken, Rudolf, Preußen 1807–1813. Staat und Volk als Idee und Wirklichkeit, Köln 1970.

(161) Janssen, Wilhelm, Johann Valentin Embser und der vorrevolutionäre Bellizismus in Deutschland, in: Johannes Kunisch/Herfried Münkler (Hrsg.), Die Wiedergeburt des Krieges aus dem Geist der Revolution. Studien zum bellizistischen Diskurs im ausgehenden 18. und beginnenden 19. Jahrhunderts, Berlin 1999, S. 43–56.

(162) Jeismann, Michael, Das Vaterland der Feinde. Studien zum nationalen Feindbegriff und Selbstverständnis in Deutschland und Frankreich 1792–1918, Stuttgart 1992.

(163) Kunisch, Johannes, Von der gezähmten zur entfesselten Bellona. Die Umwertung des Krieges im Zeitalter der Revolutions- und Freiheitskriege, in: ders., Fürst – Gesellschaft – Krieg. Studien zur bellizistischen Disposition des absoluten Fürstenstaates, Köln usw. 1992, S. 203–226.

(164) Ders./Herfried Münkler (Hrsg.), Die Wiedergeburt des Krieges aus dem Geist der Revolution. Studien zum bellizistischen Diskurs des ausgehenden 18. und beginnenden 19. Jahrhunderts, Berlin 1999.

(165) Meinecke, Friedrich, Das Zeitalter der deutschen Erhebung 1795–1815, Neudruck Göttingen 1963 (1. Aufl. 1906).

(166) Mosse, George L., Die Nationalisierung der Massen. Von den Befreiungskriegen bis zum Dritten Reich, Frankfurt a. M. (3. Aufl.) 1993.

(167) Münchow-Pohl, Bernd von, Zwischen Reform und Krieg. Untersuchungen zur Bewußtseinslage in Preußen 1809–1812, Göttingen 1987.

(168) Münkler, Herfried, „Wer sterben kann, wer will denn den zwingen" – Fichte als Philosoph des Krieges, in: Johannes Kunisch/Herfried Münkler (Hrsg.), Die Wiedergeburt des Krieges aus dem Geist der Revolution. Studien zum bellizistischen Diskurs im ausgehenden 18. und beginnenden 19. Jahrhunderts, Berlin 1999, S. 241–260.

(169) Nipperdey, Thomas, Deutsche Geschichte 1800–1866. Bürgerwelt und starker Staat, München 1983.

(170) Palmer, Robert R., The World Revolution or

the West, 1763–1801, in: Political Science Quarterly 69 (1954), S. 1–14.

(171) Parker, Geoffrey, The Military Revolution. Military Innovation and the Rise of the West, 1500–1800, Cambridge 1988.

(172) Planert, Ute, Zwischen Partizipation und Restriktion. Frauenemanzipation und nationales Paradigma von der Aufklärung bis zum Ersten Weltkrieg, in: Dieter Langewiesche/Georg Schmidt (Hrsg.), Föderative Nation: Deutschlandkonzepte von der Reformation bis zum Ersten Weltkrieg, München 2000, S. 387–428.

(173) Dies., Staat und Krieg an der Wende zur Moderne. Der deutsche Südwesten um 1800, in: Werner Rösener (Hrsg.), Staat und Krieg. Vom Mittelalter bis zur Moderne, Göttingen 2000, S. 159–180.

(174) Reichardt, Rolf E., Das Blut der Freiheit. Französische Revolution und demokratische Kultur, Frankfurt a. M. 1998.

(175) Ritter, Gerhard, Staatskunst und Kriegshandwerk. Das Problem des „Militarismus" in Deutschland, Bd. 1. Die altpreußische Tradition (1740–1890), München 1954.

(176) Schmidt, Georg, Teutsche Kriege: Nationale Deutungsmuster und integrative Wertvorstellungen im frühneuzeitlichen Reich, in: Dieter Langewiesche/Georg Schmidt (Hrsg.), Föderative Nation: Deutschlandkonzepte von der Reformation bis zum Ersten Weltkrieg, München 2000, S. 33–61.

(177) Schmidt, Georg, Der Rheinbund und die deutsche Nationalbewegung, in: Heiner Timmermann (Hrsg.), Die Entstehung der Nationalbewegung in Europa 1750–1849, Berlin 1993, S. 29–44.

(178) Schmitt, Eberhard, Einführung in die Geschichte der Französischen Revolution, München (2. Aufl.)1980.

(179) Secher, René, Le génocide franco-français: La Vendée-Vengé, Paris 1986.

(180) Siemann, Wolfram, Vom Staatenbund zum Nationalstaat. Deutschland 1806–1871, München 1995.

(181) Soboul, Albert, Die Große Französische Revolution, Frankfurt a. M. 1973.

(182) Spiess, Hans-Bernd (Hrsg.), Die Erhebung gegen Napoleon 1806–1815, Darmstadt 1981.

(183) Stübig, Heinz, Die preußische Heeresreform in der Geschichtsschreibung der Bundesrepublik Deutschland, in: Militärgeschichtliche Mitteilungen 48 (1990), S. 27–40.

(184) Thamer, Hans-Ulrich, „Freiheit oder Tod". Zur Heroisierung und Ästhetisierung von Krieg und Gewalt in der Ikonographie in der Französischen Revolution, in: Johannes Kunisch/Herfried Münkler (Hrsg.), Die Wiedergeburt des Krieges aus dem Geist der Revolution. Studien zum bellizistischen Diskurs im ausgehenden 18. und beginnenden 19. Jahrhunderts, Berlin 1999, S. 75–91.

(185) Ders., Die gespaltene Erinnerung. Vergangenheit und Gegenwart in den Revolutionsjubiläumsfeiern 1889, 1939, 1989 in Frankreich und Deutschland, in: Geschichte und Gegenwartsbewußtsein. Festschrift für Karl-Ernst Jeismann zum 65. Geburtstag, Münster 1990, S. 535–558.

(186) Vovelle, Michel, Die Französische Revolution – Soziale Revolution und Umbruch der Mentalitäten, München 1982.

(187) Winkler, Heinrich August (Hrsg.), Nationalismus, Königstein/Ts. (2. Aufl.) 1985.

5. Staat und Krieg

(188) Angelow, Jürgen, Von Wien nach Königgrätz. Die Sicherheitspolitik des Deutschen Bundes im europäischen Gleichgewicht (1815–1866), München 1996.

(189) Ders., Kalkül und Prestige. Der Zweibund am Vorabend des Ersten Weltkrieges, Köln usw. 2000.

(190) Baumgart, Winfried, Europäisches Konzert und nationale Bewegung. Internationale Beziehungen 1830–1878 (= Handbuch der Geschichte der Internationalen Beziehungen, Bd. 6), Paderborn usw. 1999.

(191) Ders. (Hrsg.), Akten zur Geschichte des Krimkrieges, Serie I, 1–3; II, 1–2; IV, 3–4, München 1979–94.

(192) Ders., Der Friede von Paris. Studien zum Verhältnis von Kriegsführung, Politik und Friedensbewahrung, München/Wien 1972.

(193) Burg, Peter, Der Wiener Kongreß. Der Deutsche Bund im europäischen Staatensystem, München 1994.

(194) Burkhardt, Johannes, Der Dreißigjährige Krieg als frühmoderner Staatsbildungskrieg, in: Geschichte in Wissenschaft und Unterricht 45 (1994), S. 487–499.

(195) Ders., Der Dreißigjährige Krieg, Frankfurt a. M. 1992.

(196) Ders., Die Friedlosigkeit der Frühen Neuzeit. Grundlegung einer Theorie der Bellizität Europas, in: Zeitschrift für Historische Forschung 24 (1997), S. 509–574.

(197) Ders., Alte oder neue Kriegsursachen? Die Kriege Bismarcks im Vergleich zu den Staatsbildungskriegen der Frühen Neuzeit, in: Walther L. Bernecker/Volker Dotterweich (Hrsg.), Deutschland in den Internationalen Beziehungen des 19. und 20. Jahrhunderts. Festschrift für Josef Becker zum 65. Geburtstag, München 1996, S. 43–69.

(198) Carr, William, The Origins of the Wars of German Unification, London/New York 1991.

(199) Craig, Gordon A., Geschichte Europas im 19. und 20. Jahrhundert, Bd. 1, München 1978.

(200) Doering-Manteuffel, Anselm, Die deutsche Frage und das europäische Staatensystem 1815–1871, München 1993.

(201) Duchhardt, Heinz, Das Zeitalter des Absolutismus, München (3. Aufl.) 1998.

(202) Dülffer, Jost/Martin Kröger/Rolf-Harald Wippich, Vermiedene Kriege. Deeskalation von Konflikten der Großmächte zwischen Krimkrieg und Erstem Weltkrieg 1865–1914, München 1997.

(203) Ders., Friedrich Gentz – Kampf gegen die Revolution und für das europäische Gleichgewicht, in: ders. (Hrsg.), Kriegsbereitschaft und Friedensordnung in Deutschland 1800–1814, Münster 1995, S. 40–56.

(204) Fehrenbach, Elisabeth, Vom Ancien Régime zum Wiener Kongreß, München (3. Aufl.) 1993.

(205) Dies., Die Reichsgründung in der deutschen Geschichtsschreibung, in: Theodor Schieder/Ernst Deuerlein (Hrsg.), Reichsgründung 1870/71, Stuttgart 1970, S. 259–290.

(206) Griewank, Karl, Der Wiener Kongreß und die europäische Restauration 1814/15, Leipzig (3. Aufl.) 1963.

(207) Hildebrand, Klaus, Deutsche Außenpolitik 1871–1918, München (2. Aufl.) 1994.

(208) Ders., Das vergangene Reich. Deutsche Außenpolitik von Bismarck bis Hitler 1871–1945, Stuttgart 1995.

(209) Hintze, Otto, Wesen und Wandlung des modernen Staates, in: ders., Staat und Verfassung. Gesammelte Abhandlungen zur Verfassungsgeschichte, Göttingen (3. Aufl.) 1970, S. 480 (Aufsatz erstmals 1931 erschienen).

(210) Keeley, L.H., War before Civilization: The Myth of Peaceful Savage, Oxford 1996.

(211) Kennedy, Paul M., Aufstieg und Fall der großen Mächte. Ökonomischer Wandel und militärischer Konflikt von 1500 bis 2000, Frankfurt a.M. 1991.

(212) Kissinger, Henry A., Das Gleichgewicht der Großmächte. Metternich, Castelereagh und die Neuordnung Europas 1812–1822, Zürich 1986 (1. Aufl. 1962).

(213) Kocka, Jürgen, Das lange 19. Jahrhundert. Arbeit, Nation und bürgerliche Gesellschaft (= Gebhardt. Handbuch der deutschen Geschichte, 10., völlig neu bearbeitete Auflage, Bd. 13), Stuttgart 2001.

(214) Kolb, Eberhard, Der Kriegsausbruch 1870. Politische Entscheidungsprozesse und Verantwortlichkeiten in der Julikrise, Göttingen 1970.

(215) Ders. (Hrsg.), Europa und die Reichsgründung, München 1980.

(216) Ders., Der Weg aus dem Krieg. Bismarcks Politik im Krieg und die Friedensanbahnung 1870/71, München 1990.

(217) Krippendorff, Ekkehart, Staat und Krieg. Die historische Logik politischer Unvernunft, Frankfurt a.M. 1985.

(218) Ders., Kritik der Außenpolitik, Frankfurt a.M. 2000.

(219) Kroener, Bernhard R., Herrschaftsverdichtung als Kriegsursache. Wirtschaft und Rüstung der europäischen Großmächte im Siebenjährigen Krieg, in: Bernd Wegner (Hrsg.), Wie Kriege entstehen. Zum historischen Hintergrund von Staatenkonflikten, Paderborn usw. 2000, S. 145–173.

(220) Kunisch, Johannes, La guerre – c'est moi! Zum Problem der Staatenkonflikte im Zeitalter des Absolutismus, in: ders., Fürst – Gesellschaft – Krieg. Zur bellizistischen Disposition des absoluten Fürstenstaates, Köln usw. 1992, S. 1–41.

(221) Lambert, Andrew D., The Crimean War. British Grand Strategy 1853–56, Manchester/New York 1990.

(222) Langewiesche, Dieter, „Revolution von oben"? Krieg und Nationalstaatsgründung in Deutschland, in: ders. (Hrsg.), Revolution und Krieg. Zur Dynamik historischen Wandels seit dem 18. Jahrhundert, Paderborn 1989, S. 117–133.

(223) Mann, Golo, Friedrich Gentz. Geschichte eines europäischen Staatsmannes, Zürich 1947.

(224) Meinecke, Friedrich, Die Idee der Staatsräson in der neueren Geschichte, Stuttgart 1957.

(225) Mommsen, Wolfgang J., Großmachtstellung und Weltpolitik. Die Außenpolitik des Deutschen Reiches 1870–1914, Frankfurt a.M./Berlin 1993.

(226) Müller, Klaus, Quellen zur Geschichte des Wiener Kongresses 1814/15, Darmstadt 1986.

(227) Münkler, Herfried, Staat, Krieg und Frieden: Die verwechselte Wechselbeziehung, in: Reiner Steinweg (Hrsg.), Kriegsursachen, Frankfurt a.M. 1987, S. 135–144.

(228) Paulmann, Johannes, Pomp und Politik. Monarchenbegegnungen in Europa zwischen Ancien Régime und Erstem Weltkrieg, Paderborn usw. 2000.

(229) Raumer, Kurt von, 1648/1815: Zum Problem internationaler Friedensordnung im alten Europa, in: Forschungen und Studien zur Geschichte des Westfälischen Friedens. Vorträge bei dem Colloquium französischer und deutscher Historiker vom 28. April–30. April 1963 in Münster, Münster 1965, S. 109–126.

(230) Schilling, Heinz, Krieg und Frieden in der werdenden Neuzeit – Europa zwischen Staatenbellizität, Glaubenskrieg und Friedensbereitschaft, in: Klaus Bußmann/Heinz Schilling (Hrsg.), 1648:

Krieg und Frieden in Europa. Politik, Religion, Recht und Gesellschaft, München 1998, S. 13–22.

(231) Schilling, Lothar, Kaunitz und das Renversement des alliances. Studien zur außenpolitischen Konzeption Wenzel Anton von Kaunitz, Berlin 1994.

(232) Schöllgen, Gregor Das Zeitalter des Imperialismus, München (3. Aufl.) 1994.

(233) Ders., Die Macht in der Mitte Europas. Stationen deutscher Außenpolitik von Friedrich dem Großen bis zur Gegenwart, München 1992.

(233a) Schulze-Wessel, Martin, Rußlands Blick auf Preußen. Die polnische Frage in der Diplomatie und der politischen Öffentlichkeit des Zarenreiches und des Sowjetstaates 1697–1947, Stuttgart 1995.

(234) Tilly, Charles, The Formation of National State in Western Europe, Princeton 1975.

(235) Wehler, Hans-Ulrich, Deutsche Gesellschaftsgeschichte. Dritter Band: Von der „Deutschen Doppelrevolution" bis zum Beginn des Ersten Weltkrieges 1849–1914, München 1995.

(236) Ders., Nationalstaat und Krieg, in: Werner Rösener (Hrsg.), Staat und Krieg. Vom Mittelalter bis zur Moderne, Göttingen 2000, S. 225–240.

(237) Ders., Bismarck und der Imperialismus. Köln 1969.

(238) Wentker, Hermann, Zerstörung der Großmacht Rußland? Die britischen Kriegsziele im Krimkrieg, Göttingen/Zürich 1993.

(239) Winkler, Heinrich August, Der lange Weg nach Westen. Band I: Deutsche Geschichte vom Ende des Alten Reiches bis zum Untergang der Weimarer Republik, München 2000.

6. Militär und Gesellschaft –
  ### Friedensbewegung und Gesellschaft

(240) Becker, Frank, Bilder von Krieg und Nation. Die Einigungskriege in der bürgerlichen Öffentlichkeit Deutschlands 1864–1913, München 2001.

(241) Beckett, Ian F. W. (Hrsg.), The Army and the Curragh Incident 1914, London 1986.

(242) Boll, Friedhelm, Frieden ohne Revolution? Friedensstrategien der deutschen Sozialdemokratie vom Erfurter Programm 1891 bis zur Revolution von 1918, Bonn 1980.

(243) Brock, Peter, Freedom from War. Nonsectarian Pacifism 1814–1914, Toronto usw. 1991.

(244) Conze, Werner/Martin Geyer/Rudolf Stumpf, Militarismus, in: Geschichtliche Grundbegriffe. Historisches Lexikon zur politisch-sozialen Sprache in Deutschland, hrsg. von Otto Brunner, Werner Conze und Reinhart Koselleck, Bd. 4, Stuttgart 1978, S. 1–47.

(245) Cooper, Sandi E., Patriotic Pacifism. Waging War on War in Europe, 1815–1914, New York/Oxford 1991.

(246) Dülffer, Jost/Karl Holl (Hrsg.), Bereit zum Krieg. Kriegsmentalität im wilhelminischen Deutschland 1890–1914. Beiträge zur historischen Friedensforschung, Göttingen 1986.

(247) Förster, Stig, Ein alternatives Modell? Landstreitkräfte und Gesellschaft in den USA 1775–1865, in: Ute Frevert (Hrsg.), Militär und Gesellschaft im 19. und 20. Jahrhundert, Stuttgart 1997, S. 94–118.

(248) Förster, Stig, Der doppelte Militarismus. Deutsche Hochrüstungspolitik zwischen Status-quo-Sicherung und Aggression 1890–1913, Stuttgart 1985.

(249) Frevert, Ute (Hrsg.), Militär und Gesellschaft im 19. und 20. Jahrhundert, Stuttgart 1997.

(250) Dies., Gesellschaft und Militär im 19. und 20. Jahrhundert: Sozial-, kultur- und geschlechtergeschichtliche Annäherungen, in: dies. (Hrsg.), Militär und Gesellschaft im 19. und 20. Jahrhundert, Stuttgart 1997, S. 7–14.

(250a) Dies., Das jakobinische Modell. Allgemeine Wehrpflicht und Nationsbildung in Preußen-Deutschland, in: dies. (Hrsg.), Militär und Gesellschaft im 19. und 20. Jahrhundert, Stuttgart 1997, S. 17–47.

(251) Dies., Die kasernierte Nation. Militärdienst und Zivilgesellschaft in Deutschland, München 2001.

(252) Grebing, Helga u. a., Der „deutsche Sonderweg" in Europa 1806–1945. Eine Kritik, Stuttgart 1945.

(253) Herzfeld, Hans, Der Militarismus als Problem der neueren Geschichte, in: Schola 1 (1946), S. 41–67.

(254) Ders., Zur neueren Literatur über das Heeresproblem in der deutschen Geschichte, in: Vierteljahreshefte für Zeitgeschichte 4 (1956), S. 361–386.

(255) Hillgruber, Andreas, Großmachtpolitik und Militarismus im 20. Jahrhundert. Drei Beiträge zum Kontinuitätsproblem, Düsseldorf 1974.

(256) Holl, Karl, Pazifismus in Deutschland, Frankfurt a. M. 1988.

(257) Ders., Pazifismus, in: Geschichtliche Grundbegriffe. Historisches Lexikon zur politisch-sozialen Sprache in Deutschland, hrsg. v. Otto Brunner, Werner Conze, und Reinhart Koselleck, Stuttgart 1978, S. 767–787.

(258) Jahr, Christoph, British Prussianism – Überlegungen zu einem europäischen Militarismus im 19. und frühen 20. Jahrhundert, in: Wolfram Wette (Hrsg.), Militarismus in Deutschland 1871 bis 1945, Münster usw. 1999, S. 293–309.

(259) Jaun, Rudolf, Vom Bürger-Militär zum Soldaten-Militär. Die Schweiz im 19. Jahrhundert, in: Ute Frevert (Hrsg.), Militär und Gesellschaft im 19. und 20. Jahrhundert, Stuttgart 1997, S. 48–77.

(260) Keegan, John, Die Kultur des Krieges, Berlin 1998.

(261) Kocka, Jürgen, Der „deutsche Sonderweg" in der Diskussion, in: German Studies Reviews 5 (1982), S. 365–379.

(262) Kroener, Bernhard R., Militär in der Gesellschaft. Aspekte einer neuen Militärgeschichte der Frühen Neuzeit, in: Benjamin Ziemann/Thomas Kühne (Hrsg.), Was ist Militärgeschichte?, Paderborn usw. 2000, S. 283–299.

(263) Ders./Ralf Pröve (Hrsg.), Krieg und Frieden. Militär und Gesellschaft in der Frühen Neuzeit, Paderborn usw. 1996.

(264) Kühne, Thomas, Das deutsche Kaiserreich 1871–1918 und seine politische Kultur: Demokratisierung, Segmentierung, Militarisierung, in: Neue Politische Literatur 43 (1998), S. 206–263.

(265) Langewiesche, Dieter, Die deutsche Revolution von 1848/49 und die vorrevolutionäre Gesellschaft. Forschungsstand und Forschungsperspektiven, Teil II, in: Archiv für Sozialgeschichte 31 (1991), S. 331–443.

(266) Ders., Entmythologisierung des „deutschen Sonderweges" oder auf dem Wege zu neuen Mythen, in: Archiv für Sozialgeschichte 21 (1981), S. 527–532.

(267) Messerschmidt, Manfred, Das neue Gesicht des Militarismus in der Zeit des Nationalsozialismus, in: Wolfram Wette (Hrsg.), Militarismus in Deutschland 1871 bis 1945, Münster usw. 1999, S. 81–93.

(268) Mommsen, Hans, Militär und zivile Militarisierung in Deutschland 1914 bis 1938, in: Ute Frevert (Hrsg.), Militär und Gesellschaft im 19. und 20. Jahrhundert, Stuttgart 1997, S. 265–276.

(269) Morre, Barrington Jr., Social origins of dictatorship and democracy, Boston 1966.

(270) Müller, Sabrina, Soldaten in der deutschen Revolution von 1848/49, Paderborn usw. 1999.

(271) Nipperdey, Thomas, War die wilhelminische Gesellschaft eine Untertanen-Gesellschaft?, in: ders., Nachdenken über die deutsche Geschichte, München 1985, S. 208–224.

(272) Pröve, Ralf, Der Soldat in der „guten Bürgerstube". Das frühneuzeitliche Einquartierungssystem und die sozioökonomischen Folgen, in: Bernhard R. Kroener/Ralf Pröve (Hrsg.), Krieg und Frieden. Militär und Gesellschaft in der Frühen Neuzeit, Paderborn usw. 1996, S. 191–217.

(273) Ders., Stadtgemeinschaftlicher Republikanismus und die „Macht des Volkes". Civile Organisationsformen und kommunale Leitbilder politischer Partizipation in den deutschen Staaten vom Ende des 18. Jahrhunderts bis zur Mitte des 19. Jahrhunderts, Göttingen 2001.

(274) Ders., Politische Partizipation und soziale Ordnung. Das Konzept der „Volksbewaffnung" und die Funktion der Bürgerwehren 1848/49, in: Wolfgang Hartwig (Hrsg.), Revolution in Deutschland und Europa 1848/49, Göttingen 1998, S. 109–132.

(275) Riesenberger, Dieter, Für Humanität und Frieden. Das Internationale Rote Kreuz 1863–1977, Göttingen 1992.

(276) Ders., Geschichte der Friedensbewegung in Deutschland. Von den Anfängen bis 1933, Göttingen 1985.

(277) Rohkrämer, Thomas, Der Militarismus der „kleinen Leute". Die Kriegervereine im Deutschen Kaiserreich 1871–1914, München 1990.

(278) Schikorsky, Isa (Hrsg.), „Wenn doch dies Elend ein Ende hätte". Ein Briefwechsel aus dem Deutsch-Französischen Krieg 1870/71, Köln usw. 1999.

(279) Schultz, Helga, Berlin 1650–1800. Sozialgeschichte einer Residenz, Berlin (2. Aufl.) 1992.

(280) Siemann, Wolfram, Die deutsche Revolution von 1848/49, Frankfurt a. M. 1985.

(281) Sikora, Michael, Das 18. Jahrhundert. Die Zeit der Deserteure, in: Ulrich Bröckling/Michael Sikora (Hrsg.), Armee und ihre Deserteure. Vernachlässigte Kapitel einer Militärgeschichte der Neuzeit, Göttingen 1998, S. 86–111.

(282) Spencer, Herbert, Der militante und der industrielle Gesellschaftstyp, in: Volker R. Berghahn (Hrsg.), Militarismus, Köln 1975, S. 40–60 (Aufsatz erstmals 1886 erschienen).

(283) Taylor, Alan John Percivale, The course of German history, London 1945.

(284) Toynbee, Arnold, Krieg und Kultur. Der Militarismus im Leben der Völker, Stuttgart 1950.

(285) Trox, Eckhard, Militärischer Konservativismus. Kriegervereine und „Militärpartei" in Preußen zwischen 1815 und 1848/49, Stuttgart 1990.

(286) Ulrich, Bernd/Jakob Vogel/Benjamin Ziemann (Hrsg.), Untertan in Uniform. Militär und Militarismus im Kaiserreich 1871–1914. Quellen und Dokumente, Frankfurt a. M. 2001.

(287) Vogel, Detlef, Militarismus – unzeitgemäßer Begriff oder modernes historisches Hilfsmittel?, in: Militärgeschichtliche Mitteilungen 1 (1986), S. 9–35.

(288) Vogel, Jakob, Nationen im Gleichschritt. Der Kult der „Nation in Waffen" in Deutschland und Frankreich, 1871–1914, Göttingen 1997.

(289) Wehler, Hans-Ulrich, Wie „bürgerlich" war das Deutsche Kaiserreich?, in: Jürgen Kocka (Hrsg.),

Bürger und Bürgerlichkeit im 19. Jahrhundert, Göttingen 1987, S. 243–280.

(290) Ders., Der Fall Zabern von 1913/14 als eine Verfassungskrise des Wilhelminischen Kaiserreichs, in: ders., Krisenherde des Kaiserreichs, Göttingen 1970, S. 65–83.

(291) Ders., „Deutscher Sonderweg" oder allgemeine Probleme des westlichen Kapitalismus?, in: Merkur 35 (1981), S. 478–487.

(292) Wette, Wolfram, Für eine Belebung der Militarismusforschung, in: ders. (Hrsg.), Militarismus in Deutschland 1871 bis 1945, Opladen 1999, S. 13–37.

(293) Willems, Egon, Der preußisch-deutsche Militarismus. Ein Kulturkomplex im sozialen Wandel, Köln 1984.

7. „Totaler Krieg" – Vorläufer und Vollendung

(294) Afflerbach, Holger, Italien im Ersten Weltkrieg – Forschungstrends und neuere Literatur, in: Neue Politische Literatur 39 (1994), S. 224–246.

(295) Aron, Raymond, Les guerres en chaine, Paris 1951.

(296) Audoin-Rouzeau, Stéphane, Von den Kriegsursachen zur Kriegskultur. Neuere Forschungstendenzen zum Ersten Weltkrieg in Frankreich, in: Neue Politische Literatur 39 (1994), S. 203–217.

(296a) Bartov, Omer, The Eastern Front, 1941–1945. German Troops and the Barbarisation of Warfare, Houndmills ets. 1985.

(297) Behrenbeck, Sabine, Zwischen Trauer und Heroismus. Vom Umgang mit Kriegstod und Niederlage nach 1918, in: Jörg Duppler/Gerhard P. Groß (Hrsg.), Kriegsende 1918. Ereignis, Wirkung, Nachwirkung, München 1999, S. 315–339.

(297a) Dies., Der Kult um die toten Helden. Nationalsozialistische Mythen, Riten und Symbole 1923–1945, Vierow bei Greifswald 1996.

(298) Bendick, Rainer, Kriegserwartung und Kriegserfahrung. Der Erste Weltkrieg in deutschen und französischen Schulgeschichtsbüchern (1900–1939/45), Pfaffenweiler 1999.

(299) Beßlich, Barbara, Wege in den „Kulturkrieg". Zivilisationskritik in Deutschland 1890–1914, Darmstadt 2000.

(300) Bley, Helmut, Kolonialherrschaft und Sozialstruktur in Deutsch-Südwestafrika 1894–1914, Hamburg 1968.

(301) Boemeke, Manfred F./Gerald D. Feldman/Elisabeth Glaser (Hrsg.), The Treaty of Versailles. A Reassessement after 75 Years, Cambridge 1998.

(302) Brandt, Peter, Der Erste Weltkrieg und die europäische Arbeiterbewegung, in: Geschichte in Wissenschaft und Unterricht 47 (1996), S. 225–238.

(303) Browning, Christopher R., Judenmord. NS-Politik, Zwangsarbeit und das Verhalten der Täter, Frankfurt a. M. 2001.

(304) Buchheit, Eva, Der Briand-Kellog-Pakt von 1928. Machtpolitik oder Friedensstreben?, Münster 1998.

(305) Chickering, Roger, Das Deutsche Reich und der Erste Weltkrieg, München 2002.

(306) Ders., Militärgeschichte als Totalgeschichte im Zeitalter des totalen Krieges, in: Thomas Kühne/Benjamin Ziemann (Hrsg.), Was ist Militärgeschichte?, Paderborn usw. 2000, S. 301–312.

(307) Daniel, Ute, Arbeiterfrauen in der Kriegsgesellschaft. Beruf, Familie und Politik im Ersten Weltkrieg, Göttingen 1989.

(308) Dehio, Ludwig, Gleichgewicht oder Hegemonie? Betrachtungen über ein Grundproblem der neueren Staatengeschichte, München 1948.

(309) Deist, Wilhelm, Verdeckter Militärstreik im Kriegsjahr 1918?, in: Wolfram Wette (Hrsg.), Der Krieg des kleinen Mannes. Eine Militärgeschichte von unten, München/Zürich 1992, S. 146–172.

(310) Dickmann, Fritz, Die Kriegsschuldfrage auf der Friedenskonferenz von Paris, München 1964.

(311) Dreyer, Michael/Oliver Lemcke, Die deutsche Diskussion um die Kriegsschuldfrage 1918/19, Berlin 1993.

(312) Dülffer, Jost, Versailles und die Friedensschlüsse des 19. und 20. Jahrhunderts, in: Gerd Krumeich (Hrsg.), Versailles 1919. Ziele – Wirkung – Wahrnehmung, Essen 2001, S. 17–34.

(313) Duppler, Jörg/Gerhard P. Groß (Hrsg.), Kriegsende 1918. Ereignis, Wirkung, Nachwirkung, München 1999.

(314) Epkenhans, Michael, Neuere Forschungen zur Geschichte des Ersten Weltkrieges, in: Archiv für Sozialgeschichte 38 (1998), S. 458–487.

(315) Fetscher, Iring, Joseph Goebbels im Berliner Sportpalast 1943: „Wollt ihr den totalen Krieg?", Hamburg 1998.

(316) Fischer, Fritz, Griff nach der Weltmacht. Die Kriegszielpolitik des kaiserlichen Deutschland 1914/18, Düsseldorf 1961.

(317) Ders., Krieg der Illusionen. Die deutsche Politik von 1911 bis 1914, Düsseldorf 1969.

(318) Förster, Stig/Jörg Nagler (Hrsg.), On the Road to Total War: The American Civil War and the German Wars of Unification, 1861–1871, 2 Bde., New York 1996.

(319) Ders., Vom Volkskrieg zum totalen Krieg? Der Amerikanische Bürgerkrieg 1861–1865, der Deutsch-Französische Krieg 1870/71 und die Anfänge moderner Kriegsführung, in: Deutschland in den internationalen Beziehungen des 19. und 20. Jahrhunderts. Festschrift für Josef Becker zum 65. Geburtstag, München 1996, S. 71–92.

(320) Ders., Das Zeitalter des totalen Krieges, 1861–1945. Konzeptionelle Überlegungen für einen historischen Strukturvergleich, in: Mittelweg 36 8 (1999), Heft 6, S. 12–29.

(321) Ders., Der deutsche Generalstab und die Illusion des kurzen Krieges, 1871–1914. Metakritik eines Mythos, in: Militärgeschichtliche Mitteilungen 54 (1995), S. 61–95.

(322) Frei, Norbert, Vergangenheitspolitik. Die Anfänge der Bundesrepublik und die NS-Vergangenheit, München 1996.

(323) Ders./Hermann Kling (Hrsg.), Der nationalsozialistische Krieg, Frankfurt a. M. 1990.

(324) French, David, „Had We Known How Bad Things Were in Germany, We Might Have Got Stiffer Terms": Great Britain and the German Armistice, in: Manfred F. Boemeke/Gerald D. Feldman/Elisabeth Glaser (Hrsg.), The Treaty of Versailles. A Reassessment after 75 Years, Cambridge 1998, S. 69–86.

(325) Geiss, Immanuel, Der lange Weg in die Katastrophe. Die Vorgeschichte des Ersten Weltkrieges 1815–1914, München/Zürich 1990.

(326) Gerlach, Christian, Kalkulierte Morde. Die deutsche Wirtschafts- und Vernichtungspolitik in Weißrussland 1941 bis 1944, Hamburg 1999.

(327) Geyer, Michael, Krieg als Gesellschaftspolitik. Anmerkungen zu neueren Arbeiten über das Dritte Reich im Zweiten Weltkrieg, in: Archiv für Sozialgeschichte 26 (1986), S. 557–601.

(328) Goldhagen, Daniel Jonah, Hitlers willige Vollstrecker. Ganz gewöhnliche Deutsche und der Holocaust, Berlin 1996.

(329) Graml, Hermann, Europas Weg in den Krieg. Hitler und die Mächte 1939, München 1990.

(330) Greven, Michael Th./Oliver von Wrochem (Hrsg.), Der Krieg in der Nachkriegszeit. Der Zweite Weltkrieg in Politik und Gesellschaft der Bundesrepublik, Opladen 2000.

(331) Groote, Wolfgang von, Historische Vorbilder des Feldzuges 1914 im Westen, in: Militärgeschichtliche Mitteilungen 47 (1990), S. 33–55.

(332) Gruchmann, Lothar, Totaler Krieg. Vom Blitzkrieg zur bedingungslosen Kapitulation, München 1991.

(333) Hamburger Institut für Sozialforschung (Hrsg.), Verbrechen der Wehrmacht. Dimensionen des Vernichtungskrieges 1941–1944. Ausstellungskatalog, Hamburg 2002.

(334) Hankel, Gerd/Gerhard Stuby, Die Aufarbeitung von Verbrechen durch internationale Strafgerichte, in: Petra Bock/Edgar Wolfrum (Hrsg.), Um-

kämpfte Vergangenheit. Geschichtsbilder, Erinnerung und Vergangenheitspolitik im internationalen Vergleich, Göttingen 1999, S. 247–268.

(335) Heinemann, Ulrich, Die verdrängte Niederlage. Politische Öffentlichkeit und Kriegsschuldfrage in der Weimarer Republik, Göttingen 1983.

(336) Henke, Klaus-Dietmar, Die amerikanische Besetzung Deutschlands, München 1995.

(337) Herbert, Ulrich, Best. Biographische Studien über Radikalismus, Weltanschauung und Vernunft 1903–1989, Bonn 1996.

(338) Ders., Vernichtungspolitik. Neue Antworten und Fragen zur Geschichte des Holocaust, in: ders. (Hrsg.), Nationalsozialistische Vernichtungspolitik 1939–1945. Neue Forschungen und Kontroversen, Frankfurt a. M. 1998, S. 9–66.

(339) Ders., Fremdarbeiter. Politik und Praxis des „Ausländer-Einsatzes" in der Kriegswirtschaft des Dritten Reiches, Berlin usw. 1985.

(340) Ders./Axel Schildt (Hrsg.), Kriegsende in Europa. Vom Beginn des deutschen Machtzerfalls bis zur Stabilisierung der Nachkriegsordnung 1944–1948, Essen 1998.

(341) Herbst, Ludolf, Der Totale Krieg und die Ordnung der Wirtschaft. Die Kriegswirtschaft im Spannungsfeld von Politik, Ideologie und Propaganda 1939–1945, München 1982.

(342) Hettling, Manfred, Täter und Opfer? Die deutschen Soldaten in Stalingrad, in: Archiv für Sozialgeschichte 35 (1995), S. 515–531.

(343) Hilberg, Raul, Täter, Opfer, Zuschauer. Die Vernichtung der Juden 1933–1945, Frankfurt a. M. 1992.

(344) Hildebrand, Klaus, Deutsche Außenpolitik 1871–1918, München (4. Aufl.) 1994.

(345) Ders., Das Dritte Reich, München (5. Aufl.) 1995.

(346) Ders./Jürgen Schmädecke/Klaus Zernack (Hrsg.), 1939. An der Schwelle zum Weltkrieg. Die Entfesselung des Zweiten Weltkrieges und das internationale System, Berlin 1990.

(347) Hillgruber, Andreas, Endlich genug über Nationalsozialismus und Zweiten Weltkrieg? Forschungsstand und Literatur, Düsseldorf 1982.

(348) Hirschfeld, Gerhard/Gerd Krumeich (Hrsg.), Keiner fühlt sich mehr als Mensch … Erlebnis und Wirkung des Ersten Weltkrieges, Essen 1993.

(349) Ders./Gerd Krumeich/Dieter Langewiesche/Hans-Peter Ullmann (Hrsg.), Kriegserfahrungen. Studien zur Mentalitätsgeschichte des Ersten Weltkrieges, Essen 1997.

(350) Hofer, Walter, Die Entfesselung des Zweiten Weltkrieges. Mit Dokumenten, Frankfurt a. M. 1965.

(351) Howard, Michael, A Thirty Years' War? The Two World Wars in Historical Perspective, in: Transactions of the Royal Historical Society, 6. Ser., Bd. 3, 1993, S. 171–184.

(352) Ders., Der Erste Weltkrieg – eine Neubetrachtung, in: Jay Winter/Geoffrey Parker/Mary R. Habeck (Hrsg.), Der Erste Weltkrieg und das 20. Jahrhundert, Hamburg 2002, S. 19–33.

(353) Jacobsen, Hans-Adolf, Kommissarbefehl und Massenexekutionen sowjetischer Kriegsgefangener, in: Hans Buchheim u. a., Anatomie des SS-Staates, Bd. 2, München 1967, S. 137–232.

(354) Jäger, Wolfgang, Historische Forschung und politische Kultur in Deutschland. Die Debatte 1914–1980 über den Ausbruch des Ersten Weltkrieges, Göttingen 1984.

(355) Keegan, John, Der Erste Weltkrieg. Eine europäische Tragödie, Reinbek bei Hamburg 2000.

(356) Kennan, George F., The Decline of Bismarck's European Order. Franco-Russian Relations 1875–1890, Princeton 1979.

(357) Ders., The War to End War, in: ders., At a Century's Ending: Reflections, 1982–1995, New York 1996.

(358) Kienitz, Sabine, „Fleischgewordenes Elend". Kriegsinvalidität und Körperbilder als Teil einer Erfahrungsgeschichte des Ersten Weltkrieges, in: Nikolaus Buschmann/Horst Carl (Hrsg.), Die Erfahrung des Krieges. Erfahrungsgeschichtliche Perspektiven von der Französischen Revolution bis zum Zweiten Weltkrieg, Paderborn usw. 2001, S. 215–237.

(359) Knock, Thomas J., Wilsonian Concepts and International Realities at the End of the War, in: Manfred F. Boemeke/Gerald D. Feldman/Elisabeth Glaser (Hrsg.), The Treaty of Versailles. A Reassessment after 75 Years, Cambridge 1998, S. 111–129.

(360) Kocka, Jürgen, Klassengesellschaft im Krieg. Deutsche Sozialgeschichte 1914–1918, Göttingen 1973.

(361) Kolb, Eberhard, Die Weimarer Republik (= Oldenbourg Grundriß der Geschichte), München 1984.

(362) Koselleck, Reinhart, Kriegerdenkmale als Identitätsstiftung der Überlebenden, in: Odo Marquard/Karlheinz Stierle (Hrsg.), Identität, München 1979, S. 255–276.

(363) Krüger, Gesine, Kriegsbewältigung und Geschichtsbewusstsein. Realität, Deutung und Verarbeitung des deutschen Kolonialkrieges in Namibia 1904 bis 1907, Göttingen 1999.

(364) Krüger, Peter, Deutschland und die Reparationen 1918/19, Stuttgart 1973.

(365) Krumeich, Gerd, Aufrüstung und Innenpolitik in Frankreich vor dem Ersten Weltkrieg. Die Einführung der dreijährigen Dienstpflicht 1913–1914, Wiesbaden 1980.

(366) Ders., Kriegsalltag vor Ort. Regionalgeschichtliche Neuerscheinungen zum Ersten Weltkrieg in Deutschland, in: Neue Politische Literatur 39 (1994), S. 187–202.

(367) Ders., Einführende Bemerkungen, in: Jörg Duppler/Gerhard P. Groß (Hrsg.), Kriegsende 1918. Ereignis, Wirkung, Nachwirkung, München 1999, S. 161–164.

(368) Ders., Versailles, in: Peter Schöttler/Patrice Veit/Michael Werner (Hrsg.), Plurales Deutschland – Allemagne Plurielle, Göttingen 1999, S. 271–283.

(369) Ders. (Hrsg.), Versailles 1919. Ziele – Wirkung – Wahrnehmung, Essen 2001.

(370) Kruse, Wolfgang, Krieg und nationale Integration. Eine Neuinterpretation des sozialdemokratischen Burgfriedensschlusses 1914/15, Essen 1993.

(371) Kühne, Thomas, Der nationalsozialistische Vernichtungskrieg und die „ganz normalen" Deutschen. Forschungsprobleme und Forschungstendenzen der Gesellschaftsgeschichte des Zweiten Weltkriegs, in: Archiv für Sozialgeschichte 39 (1999), S. 580–662, und 40 (2000), S. 440–486.

(372) Ders., Kameradschaft – „das Beste im Leben des Mannes". Die deutschen Soldaten des zweiten Weltkrieges in erfahrungs- und geschlechtergeschichtlicher Perspektive, in: Geschichte und Gesellschaft 22 (1996), S. 504–529.

(373) Ders., Die Viktimisierungsfalle. Wehrmachtsverbrechen, Geschichtswissenschaft und symbolische Ordnung des Militärs, in: Michael Th. Greven/Oliver von Wrochem (Hrsg.), Der Krieg in der Nachkriegszeit. Der Zweite Weltkrieg in Politik und Gesellschaft der Bundesrepublik, Opladen 2000, S. 183–196.

(374) Kumpfmüller, Michael, Die Schlacht von Stalingrad. Metamorphosen eines deutschen Mythos, München 1996.

(375) Kundrus, Birthe, Kriegsfrauen. Familienpolitik und Geschlechterverhältnisse im Ersten und Zweiten Weltkrieg, Hamburg 1995.

(376) Latzel, Klaus, Deutsche Soldaten – nationalsozialistischer Krieg? Kriegserlebnis – Kriegserfahrung 1939–1945, Paderborn usw. 1998.

(377) Longerich, Peter, Politik der Vernichtung. Eine Gesamtdarstellung der nationalsozialistischen Judenverfolgung, München 1998.

(378) Ludendorff, Erich, Der totale Krieg, München 1935.

(379) Mai, Gunther, Das Ende des Kaiserreichs. Politik und Kriegsführung im Ersten Weltkrieg, München 1987.

(380) Manoscheck, Walter (Hrsg.), Die Wehrmacht im Rassenkrieg. Der Vernichtungskrieg hinter der Front, Wien 1996.

(381) Mason, Tim, Social Policy in the Third Reich, Oxford 1953.

(382) Massie, Robert K., Die Schalen des Zorns. Großbritannien, Deutschland und das Heraufziehen des Ersten Weltkrieges, Frankfurt a. M. 1993.

(383) Messerschmidt, Manfred, Das Verhältnis von Wehrmacht und NS-Staat und die Frage der Traditionsbildung, in: ders., Militärgeschichtliche Aspekte des deutschen Nationalstaates, Düsseldorf 1988, S. 233–255.

(384) Ders., Die Wehrmacht im NS-Staat. Zeit der Indoktrination, Hamburg 1969.

(385) Michalka, Wolfgang (Hrsg.), Der Erste Weltkrieg. Wirkung, Wahrnehmung, Analyse, München/Zürich 1994.

(386) Mommsen, Hans, Nationalsozialismus oder Hitlerismus?, in: Manfred Bosch (Hrsg.), Persönlichkeit und Struktur in der Geschichte, Düsseldorf 1977, S. 52–71.

(387) Ders./Manfred Grieger, Das Volkswagenwerk und seine Arbeiter im Dritten Reich, Düsseldorf 1996.

(388) Mommsen, Wolfgang J., Die Urkatastrophe Deutschlands. Der Erste Weltkrieg 1914–1918 (= Gebhardt. Handbuch der deutschen Geschichte, Bd. 17), Stuttgart 2002.

(389) Ders., Der Topos vom unvermeidlichen Krieg: Außenpolitik und öffentliche Meinung im Deutschen Reich im letzten Jahrzehnt vor 1914, in: ders., Der autoritäre Nationalstaat. Verfassung, Gesellschaft und Kultur im deutschen Kaiserreich, Frankfurt a. M. 1990, S. 380–406.

(390) Ders., Kriegsalltag und Kriegserlebnis im Ersten Weltkrieg, in: Militärgeschichtliche Zeitschrift 59 (2000), S. 125–138.

(391) Müller, Klaus-Jürgen, Kriegsausbruch 1939. Der Wille zum Krieg und die Krise des internationalen Systems, in: Bernd Wegner (Hrsg.), Wie Kriege entstehen. Zum historischen Hintergrund von Staatenkonflikten, Paderborn usw. 2000, S. 253–282.

(392) Müller, Rolf-Dieter/Gerd R. Ueberschär (Hrsg.), Hitlers Krieg im Osten 1941–1945. Ein Forschungsbericht, Darmstadt 2000.

(393) Müller, Sven Oliver, Zweierlei Kriegsausbrüche. Neue Tendenzen in der Kultur- und Politikgeschichte des Ersten Weltkrieges, in: Archiv für Sozialgeschichte 41 (2001), S. 556–565.

(394) Nagler, Jörg, Nationale Minoritäten im Krieg. „Feindliche Ausländer" und die amerikanische Heimatfront während des Ersten Weltkriegs, Hamburg 2000.

(395) Naimark, Norman M., Die Russen in Deutschland. Die sowjetische Besatzungszone 1945 bis 1949, Berlin 1997.

(396) Naumann, Klaus (Hrsg.), Nachkrieg in Deutschland, Hamburg 2001.

(397) Neitzel, Sönke, Der Einsatz der deutschen Luftwaffe über dem Atlantik und der Nordsee 1939–1945, Bonn 1995.

(398) Niedhart, Gottfried (Hrsg.), Kriegsbeginn 1939. Entfesselung oder Ausbruch des Zweiten Weltkrieges, Darmstadt 1976.

(399) Ders./Dieter Riesenberger (Hrsg.), Lernen aus dem Krieg. Deutsche Nachkriegszeiten 1918 und 1945, München 1992.

(400) Parker, Richard A. C., Chamberlain and Appeasement: British Policy and the Coming of the Second World War, London 1993.

(401) Pöhlmann, Markus, Kriegsgeschichte und Geschichtspolitik: Die amtliche deutsche Militärgeschichtsschreibung 1914–1956, Paderborn usw. 2002.

(402) Pohl, Dieter, Die Holocaust-Forschung und Goldhagens Thesen, in: Vierteljahrshefte für Zeitgeschichte 45 (1997), S. 1–48.

(403) Prantl, Heribert (Hrsg.), Wehrmachtsverbrechen. Eine deutsche Kontroverse, Hamburg 1997.

(404) Radlmaier, Steffen (Hrsg.), Der Nürnberger Lernprozess. Von Kriegsverbrechern und Starreportern, Frankfurt a. M. 2001.

(405) Raithel, Thomas, Das „Wunder" der inneren Einheit. Studien zur deutschen und französischen Öffentlichkeit bei Beginn des Ersten Weltkrieges, Bonn 1996.

(406) Rauchensteiner, Manfred, Der Tod des Doppeladlers. Österreich-Ungarn und der Erste Weltkrieg, Graz usw. 1993.

(407) Rebentisch, Dieter, Führerstaat und Verwaltung im Zweiten Weltkrieg. Verfassungsentwicklung und Verwaltungspolitik 1939–1945, Stuttgart 1988.

(408) Recker, Marie-Luise, Nationalsozialistische Sozialpolitik im Zweiten Weltkrieg, München 1985.

(409) Dies., Die Außenpolitik des Dritten Reiches, München 1990.

(410) Reimann, Aribert, Der große Krieg der Sprachen. Untersuchungen zur historischen Semantik in Deutschland und England zur Zeit des Ersten Weltkrieges, Essen 2000.

(411) Rohlfes, Joachim, Europäische Friedensschlüsse 1648–1815 – 1919/20, in: Geschichte in Wissenschaft und Unterricht 53 (2002), S. 241–250.

(412) Schäfer, Hermann, Regionale Wirtschaftspolitik in der Kriegswirtschaft. Staat, Industrie und Verbände während des Ersten Weltkrieges in Baden, Stuttgart 1983.

(413) Schaffer, Ronald, America in the Great War. The Rise of the War Welfare State, New York/Oxford 1991.

(414) Schieder, Wolfgang, Spanischer Bürgerkrieg

und Vierjahresplan. Zur Struktur nationalsozialistischer Außenpolitik, in: ders./Christof Dipper (Hrsg.), Der Spanische Bürgerkrieg in der internationalen Politik (1936–1939), München 1976, S. 162–190.

(415) Schivelbusch, Wolfgang, Die Kultur der Niederlage. Der amerikanische Süden 1865, Frankreich 1871, Deutschland 1918, Berlin 2001.

(416) Schneider, Michael, Die „Goldhagen-Debatte". Ein Historikerstreit in der Mediengesellschaft, in: Archiv für Sozialgeschichte 37 (1997), S. 460–481.

(417) Schreiber, Gerhard, Der Zweite Weltkrieg, München 2002.

(418) Schulz, Gerhard, Revolutionen und Friedensschlüsse 1917–1920, München (5. Aufl.) 1980.

(419) Schumacher, Frank, Heulende Wildnis. Wie Amerikas Kolonialkrieg auf den Philippinen, 1899 bis 1902, in einen Alptraum mündete, in: Die Zeit, 27. 6. 2002.

(420) Schwabe, Klaus, Wissenschaft und Kriegsmoral. Die deutschen Hochschullehrer und die politischen Grundfragen des Ersten Weltkrieges, Göttingen 1969.

(421) Soutou, Georges-Henri, L'or et le sang. Les buts de guerre économiques de la Première Guerre Mondiale, Paris 1989.

(422) Spraul, Gunter, Der „Völkermord" an den Herero. Untersuchungen zu einer neuen Kontinuitätsthese, in: Geschichte in Wissenschaft und Unterricht 12 (1988), S. 713–739.

(423) Stevenson, David, French War Aims and Peace Planning, in: Manfred F. Boemeke/Gerald D. Feldman/Elisabeth Glaser (Hrsg.), The Treaty of Versailles. A Reassessment after 75 Years, Cambridge 1998, S. 87–109.

(424) Stöcker, Michael, „Augusterlebnis 1914" in Darmstadt. Legende und Wirklichkeit, Darmstadt 1994.

(425) Süchtig-Hänger, Andrea, „Kindermörder". Die Luftangriffe auf Paris, London und Karlsruhe im Ersten Weltkrieg und ihre vergessenen Opfer, in: Dittmar Dahlmann (Hrsg.), Kinder und Jugendliche in Krieg und Revolution. Vom Dreißigjährigen Krieg bis zu den Kindersoldaten Afrikas, Paderborn usw. 2000, S. 73–92.

(426) Taylor, Telford, Die Nürnberger Prozesse. Hintergründe, Analysen und Erkenntnisse aus heutiger Sicht, München 1994.

(427) Thiele, Hans-Günther (Hrsg.), Die Wehrmachtsausstellung. Dokumentation einer Kontroverse, Bonn 1997.

(428) Thoss, Bruno, Weltkrieg und Systemkrise. Der Erste Weltkrieg in der westdeutschen Forschung 1945–1984, in: Jürgen Rohwer (Hrsg.), Neue Forschungen zum Ersten Weltkrieg. Literaturberichte und Bibliographien von 30 Mitgliedsstaaten der „Commission internationale d' histoire militaire comparée, Koblenz 1985, S. 31–80.

(429) Ueberschär, Gerd R., Dresden 1945 – Symbol für Luftkriegsverbrechen, in: Wolfram Wette/ders. (Hrsg.), Kriegsverbrechen im 20. Jahrhundert, Darmstadt 2001, S. 382–396.

(430) Ders. (Hrsg.), Der Nationalsozialismus vor Gericht. Die alliierten Prozesse gegen Kriegsverbrecher und Soldaten 1943–1952, Frankfurt a. M. 1999.

(431) Ullrich, Volker, Kriegsalltag und deutsche Arbeiterschaft 1914–1918, in: Geschichte in Wissenschaft und Unterricht 43 (1992), S. 220–230.

(432) Ders., Zwischen Verhandlungsfrieden und Erschöpfungskrieg. Die Friedensfrage in der deutschen Reichsleitung Ende 1915, in: Geschichte in Wissenschaft und Unterricht 37 (1986), S. 397–419.

(433) Ulrich, Bernd, Feldpostbriefe des Ersten Weltkrieges – Möglichkeiten und Grenzen einer alltagsgeschichtlichen Quelle, in: Militärgeschichtliche Mitteilungen 53 (1994), S. 73–83.

(434) Ders., Die umkämpfte Erinnerung. Überlegungen zur Wahrnehmung des Ersten Weltkrieges in der Weimarer Republik, in: Jörg Duppler/Gerhard P. Groß (Hrsg.), Kriegsende 1918. Ereignis, Wirkung, Nachwirkung, München 1999, S. 367–376.

(435) Verhey, Jeffrey, Der „Geist von 1914" und die Erfindung der Volksgemeinschaft, Hamburg 2000.

(436) Vogt, Werner, Ein blutiger Auftakt zum 20. Jahrhundert. Der Burenkrieg 1899–1902, in: Neue Zürcher Zeitung, 1./2. 6. 2002.

(437) Volkmann, Hans-Erich (Hrsg.), Ende des Dritten Reiches – Ende des Zweiten Weltkrieges. Eine perspektivische Rückschau, München 1995.

(438) Wall, Richard/Jay Winter (Hrsg.), The Upheaval of War. Family, Work and Welfare in Europa, 1914–1918, Cambridge/New York 1988.

(439) Wegner, Bernd, Kriegsgeschichte – Politikgeschichte – Gesellschaftsgeschichte. Der Zweite Weltkrieg in der westdeutschen Historiographie der siebziger und achtziger Jahre, in: Jürgen Rohwer/Hildegard Müller (Hrsg.), Neue Forschungen zum Zweiten Weltkrieg. Literaturberichte und Bibliographien aus 67 Ländern, Koblenz 1990, S. 102–129.

(440) Weinberg, Gerhard L., Eine Welt in Waffen. Die globale Geschichte des Zweiten Weltkrieges, Stuttgart 1995.

(441) Wendt, Bernd-Jürgen, Großdeutschland. Außenpolitik und Kriegsvorbereitung des Hitler-Regimes, München 1987.

(442) Wette, Wolfram, Die Wehrmacht. Feindbilder, Vernichtungskrieg, Legenden, Frankfurt a. M. 2002.

(443) Ders./Gerd R. Ueberschär (Hrsg.), Kriegsverbrechen im 20. Jahrhundert, Darmstadt 2001.

(444) Wildt, Michael, Generation des Unbedingten. Das Führungskorps des Reichssicherheitshauptamtes, Hamburg 2002.

(445) Winkler, Heinrich August, Sozialer Umbruch zwischen Stalingrad und Währungsreform?, in: Geschichte und Gesellschaft 16 (1990), S. 403–409.

(446) Winter, Jay, Cultural Politics and the First World War. Recent anglo-american historiographical trends, in: Neue Politische Literatur 39 (1994), S. 218–223.

(447) Ders./Geoffrey Parker/Mary R. Habeck (Hrsg.), Der Erste Weltkrieg und das 20. Jahrhundert, Hamburg 2002.

(448) Wolfrum, Edgar, Zwischen Geschichtsschreibung und Geschichtspolitik. Forschungen zu Flucht und Vertreibung nach dem Zweiten Weltkrieg, in: Archiv für Sozialgeschichte 36 (1996), S. 500–522.

(449) Würtenberger, Thomas/Gernot Sydow, Versailles und das Völkerrecht, in: Gerd Krumeich (Hrsg.), Versailles 1919. Ziele – Wirkung – Wahrnehmung, Essen 2001, S. 35–52.

(450) Zur Nieden, Susanne von, Alltag im Ausnahmezustand. Frauentagebücher im zerstörten Deutschland 1943–1945, Berlin 1993.

IV. Ausblick

(451) Bald, Detlef, Hiroshima 1945. Ein Exempel der Realpolitik, in: Wolfram Wette/Gerd R. Ueberschär (Hrsg.), Kriegsverbrechen im 20. Jahrhundert, Darmstadt 2001, S. 433–446.

(452) Broszat, Martin/Klaus-Dietmar Henke/Hans Woller (Hrsg.), Von Stalingrad zur Währungsreform. Zur Sozialgeschichte des Umbruchs in Deutschland, München 1988.

(453) Dülffer, Jost, Jalta, 4. Februar 1945. Der Zweite Weltkrieg und die Entstehung der bipolaren Welt, München 1998.

(454) Frey, Marc, Geschichte des Vietnamkrieges. Die Tragödie in Asien und das Ende des amerikanischen Traums, München 2000.

(455) Gantzel, Klaus Jürgen, Über die Kriege nach dem Zweiten Weltkrieg: Tendenzen, ursächliche Hintergründe, Perspektiven, in: Bernd Wegner (Hrsg.), Wie Kriege entstehen. Zum historischen Hintergrund von Staatenkonflikten, Paderborn usw. 2000, S. 299–318.

(456) Habermas, Jürgen, Wider die Logik des Krieges. Ein Plädoyer für Zurückhaltung, aber nicht gegenüber Israel, in: Die Zeit, 15. 2. 1991.

(457) Kaldor, Mary, Neue und alte Kriege. Organisierte Gewalt im Zeitalter der Globalisierung, Frankfurt a. M. 2000.

(458) Katzenstein, Peter J. (Hrsg.), The Culture of National Security: Norms and Identity in Word Politics, New York 1996.

(459) Küng, Hans, So wird Frieden möglich. Zwölf Thesen, in: Chrismon 12 (2002), S. 35–37.

(460) Loth, Wilfried, Der Krieg, der nicht stattfand: Ursprünge und Überwindung des Kalten Krieges, in: Bernd Wegner (Hrsg.), Wie Kriege entstehen. Zum historischen Hintergrund von Staatenkonflikten, Paderborn usw. 2000, S. 285–298.

(461) Ders., Die Teilung der Welt. Geschichte des Kalten Krieges 1941–1955, München 1980.

(462) Ders., Helsinki, 1. August 1975: Entspannung und Abrüstung, München 1998.

(463) Mearsheimer, John J., Back to the Future, in: International Security, Bd. 15, No. 1 (1990), S. 5–56.

(464) Münkler, Herfried, Sind wir im Krieg? Über Terrorismus, Partisanen und die neuen Formen des Krieges, in: Politische Vierteljahresschrift 42 (2001), S. 581–589.

(465) Ders., Die neuen Kriege, Reinbek bei Hamburg 2002.

(466) Nusser, Karl-Heinz (Hrsg.), Krieg und Frieden unter den Bedingungen der Globalisierung – Machtbalance, Interdependenz und Gewaltächtung (= Themenheft der Zeitschrift für Politik, Jg. 44, Heft 3 1997).

(467) Rühl, Lothar, Machtpolitik und Friedensstrategie, Hamburg 1974.

(468) Sagan, Scott D., Why do States Build Nuclear Weapons? Three Models in Search of a Bomb, in: International Security, Bd. 21, No. 3 (1996/97), S. 54–86.

(469) Sofsky, Wolfgang, Zeiten des Schreckens. Amok, Terror, Krieg, Frankfurt a. M. 2002.

(470) Schmidt-Häuer, Christian, Im Namen der Völker. Der Internationale Strafgerichtshof nimmt seine Arbeit auf – trotz des Widerstands der USA, in: Die Zeit, 27. 6. 2002.

(471) Wandinger, Thomas M., Ursachen von Konflikten und Kriegen im 21. Jahrhundert. Konsequenzen für die westlichen Industriestaaten, in: Aus Politik und Zeitgeschichte B 20/2001, S. 6–16.

Personen- und Sachregister